Todos los libros de Linkgua Ediciones cuentan con modelos de Inteligencia Artificial entrenados por hispanistas. Pregúntale al chat de tu libro lo que desees acerca de la obra o su autor/a.

Para **ebooks**: Accede a nuestro modelo de IA a través de este enlace.

Para **libros impresos**: Escanea el código QR de la portada con tu dispositivo móvil.

Obtén análisis detallados de nuestros libros, resúmenes, respuestas a tus preguntas y accede a nuestras ediciones críticas generativas para una experiencia de lectura más enriquecedora.

La transparencia y el respeto hacia la autoría de las fuentes utilizadas son distintivos básicos de nuestro proyecto. Por ello, las respuestas ofrecen, mediante un sistema de citas, las fuentes con las que han sido elaboradas.

Marcelino Menéndez y Pelayo

Historia de los heterodoxos españoles

Libro V

Créditos

Título original: *Historia de los heterodoxos españoles.*

© 2024, Red ediciones S.L.

e-mail: info@linkgua.com

Diseño de cubierta: Michel Mallard.

ISBN tapa dura: 978-84-1126-458-7.
ISBN rústica: 978-84-9816-625-5.
ISBN ebook: 978-84-9897-098-2.

Cualquier forma de reproducción, distribución, comunicación pública o transformación de esta obra solo puede ser realizada con la autorización de sus titulares, salvo excepción prevista por la ley. Diríjase a CEDRO (Centro español de Derechos Reprográficos, www.cedro.org) si necesita fotocopiar, escanear o hacer copias digitales de algún fragmento de esta obra.

Sumario

Créditos _____ **4**

Brevísima presentación _____ **7**
   La vida _____ 7
   La historia antigua de los heterodoxos _____ 7

Libro quinto _____ **9**

Capítulo I. Sectas místicas. Alumbrados. Quietistas. Miguel de Molinos.
Embustes y milagrerías _____ **11**
   I. Orígenes de la doctrina _____ 11
   II. Un fraile alumbrado en tiempo de Cisneros. La beata de Piedrahita. Alumbrados de Toledo. Noticia de sus errores. Proceso de Magdalena de la Cruz _____ 15
   III. La doctrina de los alumbrados en el Cathecismo de Carranza. Proceso de varios santos varones falsamente acusados de iluminismo: el venerable Juan de Ávila, los primeros jesuitas, fray Luis de Granada, santa Teresa, san Juan de la Cruz, etc. ___ 20
   IV. Los alumbrados de Llerena. Hernando Álvarez y el padre Chamizo. Cuestiones del padre La Fuente con los jesuitas _____ 31
   V. Los alumbrados de Sevilla. La beata Catalina de Jesús y el padre Villalpando. Edicto de gracia del Cardenal Pacheco. El padre Méndez y las cartas de don Juan de la Sal, obispo de Bona. Impugnaciones de la herejía de los alumbrados por el doctor Farfán de los Godos y el maestro Villava _____ 37
   VI. Otros procesos de alumbrados en el siglo XVII. La beata María de la Concepción. Las monjas de san Plácido y fray Francisco García Calderón _____ 46
   VII. El quietismo. Miguel de Molinos (1627-1696). Exposición de la doctrina de su Guía espiritual _____ 50
   VIII. Proceso y condenación de Molinos. Ídem de los principales quietistas italianos. Bula de Inocencio XI _____ 59
   IX. El quietismo en Francia. El padre Le Combe y Juana Guyón. Concepción de las «Máximas de los santos», de Fenelón _____ 69
   X. El quietismo y la mística ortodoxa _____ 74

Capítulo II. Judaizantes. La sinagoga de Ámsterdam _____ **79**
   I. Vicisitudes generales de la secta _____ 79

II. Médicos judaizantes. Amato Lusitano (Juan Rodrigo de Castello-Branco). Abraham Zacuth. Rodrigo de Castro. Elías de Montalto _____84
III. Filósofos, controversistas y librepensadores. La filosofía atomística entre los judíos: Isaac Cardoso. Los impugnadores judíos de Espinosa: Orobio de Castro. Un materialista en la sinagoga de Ámsterdam: Uriel da Costa _____89
IV. Poetas, novelistas y escritores de amena literatura. Esteban Rodríguez de Castro. Moseh Pinto Delgado. David Abenatar Melo. Israel López Laguna. Antonio Enríquez Gómez. Miguel Leví de Barrios _____100

Capítulo III. Moriscos. Literatura aljamiada. Los plomos del Sacro-Monte_____ 115
I. Vicisitudes generales de la raza hasta su expulsión _____115
II. Literatura aljamiada de los moriscos españoles_____132
III. Los plomos del Sacro-Monte de Granada. Su condenación_____137

Capítulo IV. Artes mágicas, hechicerías y supersticiones en los siglos XVI y XVII 142
I. Las artes mágicas en las obras de sus impugnadores: Francisco de Vitoria, Pedro Ciruelo, Benito Pererio, Martín del Río_____142
II. Principales procesos de hechicería. Nigromantes sabios: El doctor Torralba. Las brujas de Navarra. Auto de Logroño _____155
III. La hechicería en la amena literatura _____169

Epílogo. Resistencia ortodoxa _____ 179
I. La Casa de Austria en sus relaciones con el Luteranismo. Supuesta herejía de doña Juana la Loca, Carlos V y el príncipe don Carlos_____179
II. Espíritu general de la España del siglo XVI. Reformas de órdenes religiosas. Compañía de Jesús. Concilio de Trento. Prelados sabios y santos _____185
III. La Inquisición. Supuesta persecución y opresión del saber. La lista de sabios perseguidos, de Llorente _____190
IV. Prohibición de libros. Historia externa del «Índice expurgatorio» _____201
V. El Índice expurgatorio internamente considerado. Desarrollo de la ciencia española bajo la Inquisición _____208

Libros a la carta _____ 225

Brevísima presentación

La vida

Marcelino Menéndez y Pelayo. (1856-1912). España.

Estudió en la Universidad de Barcelona (1871-1873) con Milá y Fontanals, en la de Madrid (1873), y en Valladolid (1874), donde hizo amistad con el ultraconservador Gurmesindo Laverde, que lo apartó de su liberalismo.

Trabajó en las bibliotecas de Portugal, Italia, Francia, Bélgica y Holanda (1876-1877) y ejerció de catedrático de la Universidad de Madrid (1878). En 1880 fue elegido miembro de la Real Academia española, diputado a Cortes entre 1884 y 1892 y fue director de la Real Academia de la Historia. Al final de su vida recuperó su liberalismo inicial.

La historia antigua de los heterodoxos

Sin la historia eclesiástica (ha dicho Hergenroether) no hay conocimiento completo de la ciencia cristiana, ni de la historia general, que tiene en el cristianismo su centro. Si el historiador debe ser teólogo, el teólogo debe ser también historiador para poder dar cuenta del pasado de su Iglesia a quien le interrogue sobre él o pretenda falsearlo. [...] Nada envejece tan pronto como un libro de historia. [...] El que sueñe con dar ilimitada permanencia a sus obras y guste de las noticias y juicios estereotipados para siempre, hará bien en dedicarse a cualquier otro género de literatura, y no a éste tan penoso, en que cada día trae una rectificación o un nuevo documento. La materia histórica es flotante y móvil de suyo, y el historiador debe resignarse a ser un estudiante perpetuo...

A pesar de que, como admitía Menéndez Pelayo en las «Advertencias preliminares» a la segunda edición de *La historia de los heterodoxos españoles* de 1910, «nada envejece tan pronto como un libro de historia», ésta sigue siendo una obra sumamente erudita y un documento de incomparable interés para entender el pensamiento conservador de un sector significativo de la sociedad española de principios del siglo XX.

Libro quinto

Capítulo I. Sectas místicas. Alumbrados. Quietistas. Miguel de Molinos. Embustes y milagrerías

I. Orígenes de la doctrina. II. Un fraile alumbrado en tiempo de Cisneros. La beata de Piedrahita. Alumbrados de Toledo. Noticia de sus errores. *Proceso de Magdalena de la Cruz*. III. La doctrina de los alumbrados en el *Cathecismo* de Carranza. Procesos de varios santos varones falsamente acusados de iluminismo: El Venerable Juan de Ávila, los primeros Jesuitas, fray Luis de Granada, santa Teresa, san Juan de la Cruz, etc. IV. Los alumbrados de Llerena. Hernando Álvarez y el padre Chamizo. Cuestiones del padre La Fuente con los jesuitas. V. Los alumbrados de Sevilla. La beata Catalina de Jesús y el padre Villalpando. *Edicto de gracia* del cardenal Pacheco. El padre Méndez y las cartas de don Juan de la Sal, obispo de Bona. Impugnaciones de la herejía de los alumbrados por el doctor Farfán de los Godos y el maestro Villava. VI. Otros procesos de alumbrados en el siglo XVII. La beata María de la Concepción. Las monjas de san Plácido y fray Francisco García Calderón. VII. El quietismo. Miguel de Molinos (1627-1696). Exposición de la doctrina de su *Guía espiritual*. VIII. Proceso y condenación de Molinos. Ídem de los principales quietistas italianos. Bula de Inocencio XI. IX. El quietismo en Francia. El padre Le Combe y Juana Guyón. Condenación de las *Máximas de los santos*, de Fenelón. X. El quietismo y la mística ortodoxa.

I. Orígenes de la doctrina

¡Con qué pocas ideas viven una secta y un siglo! Bastóles a los protestantes la doctrina de la justificación por los solos méritos de Cristo y sin la eficacia de las obras. Bastóles a los alumbrados y quietistas la idea de la contemplación pura, en que, perdiendo el alma su individualidad, abismándose en la infinita Esencia, aniquilándose por decirlo así, llega a tal estado de perfección e irresponsabilidad, que el pecado cometido entonces no es pecado.

Lejos de ser esta herejía una secuela o degeneración de nuestra grande escuela mística, es muy anterior en su desarrollo al crecimiento de esta escuela. No nace en el siglo XVII, ni tampoco en el XVI, ni aún en la Edad media, sino que se remonta a los primeros siglos cristianos. Y aún no había cristianismo en el mundo, cuando ya enseñaban las brahmanes o gimnosofistas de la India que el fin último y la perfección del hombre consiste en la extinción y aniquilación de la actividad propia hasta identificarse con Dios, y librarse así de las cadenas de la transmigración. Todo el panteísmo indio descansa en el mismo principio, que no rechazan los yoguis o discípulos de Patandjali. Y sabido es que los budistas, con ser ateos, según la opinión más recibida, ponen por término y corona de su sistema el nirwana, es decir, la muerte y aniquilación absoluta de la conciencia individual. Y, sin embargo, la moral de los budistas, por una rara inconsecuencia, es pura y severa, en cuanto lo consentían las nieblas de la ciega gentilidad.

La escuela neoplatónica de Alejandría, por una parte, y el gnosticismo, por otra, resucitaron casi simultáneamente estas enseñanzas orientales: y desde Simón Mago hasta los *ofitas* y carpocracianos, desde éstos hasta los nicolaítas, cainitas y adamitas, que más que sectas religiosas fueron ocultas asociaciones de malhechores y forajidos, enseñóse, con gran séquito y lamentables efectos morales, que, siendo todo puro para los puros, los actos cometidos durante el éxtasis y en la contemplación de la mónada primera eran inocentes aunque pareciesen pecaminosos. ¿Quién iba a juzgar ni condenar a los elegidos, a los perfectos, a los creyentes, a los que poseían la absoluta sabiduría, pues nada menos que esto quería decir el nombre de *gnósticos*? Todos los *gnósticos* son iluminados; pero ninguno se parece tanto a los de España como Carpocrates hasta en el menosprecio absoluto de las buenas obras, de las prácticas exteriores y de toda vida activa.

Por otro camino y sin tropezar en nefandas impurezas, enseñaron Plotino, Porfirio y Jámblico que, en la unión extática, el alma y Dios se hacen uno, quedando el alma como aniquilada por el golpe intuitivo, hasta olvidarse de que está unida al cuerpo y perder, finalmente, la noción de su propia existencia. Pero tenían por cosa dificilísima el llegar a esta unión; Plotino no la alcanzó más que cuatro veces, y esto después de muchas purificaciones, sobriedad y silencio, mortificando y haciendo callar los sentidos. Jámblico, o quien quiera que sea el autor del libro de los Misterios de los egipcios, exageró estas ideas hasta el delirio.

Este pseudomisticismo enervador y enfermizo es muy antiguo en España. Le profesaron los *agapetas*, le difundieron en Galicia los priscilianistas y duró, en tenebrosos conciliábulos, hasta el fin de la monarquía sueva. Permaneció en el siglo XIII con los albigenses de Cataluña y León, y, no ahogado del todo por el humo de las hogueras que encendió san Fernando, volvió a salir a la superficie en el XVI, era tristísima en que se removió todo cieno.

Los begardos de Cataluña y Valencia sostenían que el hombre puede llegar a tal perfección, que se torne impecable hasta de pensamiento, sin que para alcanzar este estado de impecabilidad y beatitud, en que puede concederse libremente al cuerpo cuanto desee, ya que la raíz de la sensualidad está domeñada y muerta, aprovechen nada oraciones ni ayunos. En consonancia con tales principios, enseñaban los discípulos de Durán de Baldach, de fray Bonanato y de Jacobo Yuste la intuición de Dios en vista real; condenaban la veneración de la hostia consagrada y de la humanidad de Cristo, porque apartaba de la pura contemplación, y coronaban su sistema defendiendo la licitud de todo acto carnal. Mucho duró esta abominable herejía; solían predicarla frailes vagabundos, escapados de su convento y dados al trato de mujeres y a la mendicación viciosa. Con todo, aquí abundaron menos que en Italia, Alemania y Provenza.

De esta secta nació la de los fratricellos, llamados en España herejes de Durango, cuyo corifeo fue fray Alonso de Mella, en 1442.

La herejía, pues, peinaba las canas a principios del siglo XVI; pero entonces retoñó con más brío, influyendo en su crecer muy varias circunstancias.

Fue la primera el nacimiento de la Reforma, que, proclamando el examen individual, la inspiración privada y el menosprecio de las obras, vino a cobijar bajo su manto a todo género de ilusos, fanáticos y malvados, desde los anabaptistas y Tomás Munzer hasta las beatas de Toledo y Llerena.

Fue la segunda una espantosa corrupción de costumbres, de la cual nos dan bien amargo testimonio, no solo las obras literarias del tiempo de los reyes católicos, desde la Celestina hasta el *Cancionero de burlas* provocantes a risa, sino los pormenores de la reforma claustral, iniciada y cumplida por Cisneros; las lamentaciones de los ascéticos y algunas causas de la Inquisición, especialmente una escandalosísima contra los Jerónimos de Guadalupe. En tiempos semejantes era natural que los hipócritas y malvados, menos cínicos o más hábiles, intentasen ocultar sus fechorías so capa de religión y buscasen el amparo de cualquier doctrina ancha, ya fuese el luteranismo, que por boca de fray Martín les gritaba: «Sé pecador, peca fuertemente, porque tu naturaleza es el pecado; pero ten fe y confianza robusta y alégrate y regocíjate en Cristo»; ya la superstición de los alumbrados, que daba el alma a Dios, y el cuerpo al demonio.

Añádase a todo esto la influencia de los místicos alemanes más o menos sospechosos de panteísmo y quietismo. No se leía otra cosa; apenas había libros españoles de devoción en los primeros años del siglo XVI, y éstos no eran de primer orden. Faltaban, además, catecismos; faltaba sólida instrucción dogmática en la gran masa del pueblo y hasta en los conventos de monjas; y si es verdad que circulaban entre la gente piadosa libros tan maravillosos y de tan pura doctrina como el Kempis, que entonces llamaban Contemptus mundi; la Escala espiritual, de san Juan Clímaco; algunos tratadillos de san Buenaventura, las Epístolas de santa Catalina de Siena y pocos más, impresos casi todos magníficamente por orden y a expensas del cardenal Cisneros, también lo era que con ellos compartían el aplauso y aún los oscurecían y eran más leídos que ellos, por ser más favorables a la embriaguez contemplativa, los de Taulero, Suso, Ruysbroeck (a quien llamaban aquí Ruysbrochio), Henrico Herph y Dionisio Cartujano, por el cual, e indirectamente, venía a influir el maestro Eckhart, principal fautor del quietismo y panteísmo entre estos alemanes. Por eso obró sabiamente el inquisidor don Fernando de Valdés al vedar en su *Índice* el Espejo de perfección, llamado por otro nombre Theologia mystica, de Henrico Herpio; el De los cuatro postrimeros trances, de Dionisio Richel; las Instituciones, de Taulero; todos los cuales corrían traducidos al castellano y vienen a deponer contra la absurda opinión de Rousselot, que niega toda influencia de la mística alemana entre nosotros. Sí que la tuvo, y muy funesta.

Como Eckhart había sido condenado en Roma; como en Taulero y Suso, con ser varones piadosísimos, se notaban pasajes sospechosos, Lutero y los suyos pusieron en las nubes a estos místicos del siglo XIV y hasta los miraron como predecesores y maestros suyos, como *testes veritatis*. Y, amalgamando sus doctrinas y las de Melanchton y las que le sugirió su propio fanatismo, se levantó Juan de Valdés, el más notable de nuestros iluminados, a defender en las *Consideraciones divinas* no solo el quietismo, sino la doctrina, enteramente molinosista en profecía, de que «con satisfacer el apetito se mortifican mejor los afectos», lo cual atenúa luego con mil primores y repulgos de expresión, sin duda para no escandalizar los castos oídos de Julia Gonzaga.

Si de tal modo se torcían espíritus tan rectos y delicados como el del autor del *Diálogo de la lengua*, ¿qué había de hacer el populacho rudo, salvaje e ignorante; qué los frailes malos, groseros, concupiscentes y enojados de los rigores de la Orden; las monjas sin vocación, las beatas con puntas de celestinas, los soldados que volvían de Italia infestados con todos los vicios del *bel paese*?

De aquí, por una parte, una relajación bestial, cuyos pormenores no siempre son para referidos, y de otra, un fanatismo increíble, un enjambre de falsos milagros, de embustes y extravagancias, que dieron bien en que entender al Santo oficio. Providencial fue su establecimiento; ¿qué hubiéramos sido sin él con tales elementos dentro de casa y el mal ejemplo de fuera?

Y la Inquisición hizo cuanto en lo humano cabía por atajar el mal; no perdonó ni a uno solo de los embaucadores. Jamás dio cuartel al falso misticismo; y, si no pudo cortarle de raíz, porque más fácilmente se curan las herejías que nacen de error del entendimiento que las que van envueltas en depravada voluntad y torpe lujuria, extinguió, sin embargo, los focos principales, las más numerosas congregaciones de la secta y la dejó reducida a casos aislados. Procedamos con el orden y claridad posibles en esta embrollada historia.

II. Un fraile alumbrado en tiempo de Cisneros. La beata de Piedrahita. Alumbrados de Toledo. Noticia de sus errores. Proceso de Magdalena de la Cruz

Cuando fray Francisco Ximénez estaba más seriamente ocupado en la reforma de los claustrales, avisóle el custodio de la provincia de Castilla, fray Antonio de Pastrana, que un franciscano de Ocaña, alumbrado con las tinieblas de Satanás, había comenzado a predicar una supuesta revelación que decía haber tenido, conforme a la cual el susodicho fraile debía juntarse con diversas mujeres santas para engendrar en ellas profetas. Apenas lo supo el provincial, le mandó encarcelar y castigarle de tal modo, que a los pocos días abjuró de su error.[1] He aquí la primera vez que suena el nombre de alumbrados.

Los partidarios de ésta y otras impuras herejías solían llamarse entonces, con voz latina o italiana, iluminados.[2] En 1498 los acusaba de nefandos vicios el chistoso médico de Fernando el Católico, doctor Francisco de Villalobos, en su poema sobre las pestíferas bubas, indicándonos a la vez que los tales iluminados

---

[1] Papeles sobre reformación de regulares, citados por don Vicente de la Fuente en el tomo 5, página 232 de su *Historia eclesiástica*.
[2] Begardos e Beguinos los llama Melchor Cano en su parecer sobre el *Cathecismo*, de Carranza.

(sic) venían de Italia, pero que había mucha pestilencia de ellos entre nosotros, por lo cual convenía que se los curase con azotes, frío, cárceles y hambre. Los versos no son para citados.[3]

No eran raros los casos de milagrería y embaucamientos. Uno de los más antiguos de que queda noticia es el de la beata de Piedrahita. No era mujer viciosa, pero sí fanática e iluminada. Hija de un labrador de la sierra de Ávila y criada en Salamanca, diose con tal fervor a la oración y a la vida contemplativa, que llegó a creer que tenía coloquios con nuestro Señor Jesucristo y que iba siempre acompañada de María santísima. Permanecía en éxtasis largas horas, sin mover ni pie ni mano, y se decía y creía esposa del Salvador. Los más la tenían por santa; algunos pocos la llamaban ilusa. La examinaron muchos teólogos, y hubo entre ellos discordias de pareceres. El nuncio de su santidad y los obispos de Vich y de Burgos no se atrevieron a decidir si el espíritu que hablaba en aquella mujer era celeste o diabólico. La Inquisición la formó proceso por sospechas de iluminismo; pero, como no resultaba error claro y positivo y la beata tenía altos protectores, la causa quedó indecisa. Acaeció esto en 1511.[4]

En 1529 se descubrió en Toledo una secreta congregación de alumbrados o dexados casi todos idiotas y sin letras. Unos fueron condenados a azotes, otros a cárceles. El cronista Alonso de Santa Cruz nos ha dejado una larga relación de sus errores.[5]

Su doctrina era una mezcla de luteranismo y de iluminismo fanático. Decían que el amor de Dios en el hombre es Dios y negaban el hábito de caridad infuso. Afirmaban que en el dexamiento o éxtasis se alcanzaba tal perfección, que los

---

3   *Sumario de la medicina, con un tratado sobre los Pestíferas bubas*, por el licenciado Villalobos, estudiante en Salamanca, hecho a contemplación del muy magnífico e ilustre señor el marqués de Astorga, enmendado e corregido por él mismo, imprimido en la ciudad de Salamanca, a sus expensas de Antonio de Barreda, librero. Año del nacimiento del Salvador de MCCCXC y VIII (fol. 18. V.º, col. I); y en Morejón, *Historia de la medicina española* (Madrid, Jordán, 1842), tomo 1, páginas 362 y siguientes.

4   Pedro Mártir, *Opus Epistolarum*, páginas 428 a 489, y Llorente, tomo 2, páginas 252 a 284.

5   Comiença la *Chrónica del muy alto y muy poderoso, cathólico y justo príncipe don Carlos, emperador de Alemania y rey de Romanos y de España, primero de este nombre, y de las Indias Occidentales del mar Océano* etc. Compuesta por Alonso de Santa Cruz, su cosmógrafo mayor. (Códice 193 de la Biblioteca Laurenciana, de Florencia, fondo Mediceo-Palatino, cap. 5 de la página 4.ª, el cual trata De un auto que se hizo en Toledo de ciertas gentes que se llaman Alumbrados y las opiniones erróneas que tenían.)

hombres no podían pecar mortal ni aun venialmente, y que dexado o alumbrado era libre y exento de toda potestad y no tenía que dar cuenta de sus actos ni al mismo Dios, puesto que se dexaba o entregaba a Él. De aquí deducían el quietismo absoluto, la ineficacia de los méritos propios, de la oración vocal, de los ayunos y abstinencias, de las obras de misericordia, de todos los actos exteriores de adoración. No tomaban agua bendita, ni se hincaban de rodillas, ni veneraban las imágenes, ni oían a los predicadores; llamaban a la hostia consagrada pedazo de massa; a la cruz, un palo, y a las genuflexiones, idolatría. Tenían por supremo triunfo el aniquilar la propia voluntad y en el éxtasis o dexamiento resistían todos los pensamientos buenos y acariciaban los malos. No inquirían ni escudriñaban cuidadosamente los secretos de la Sagrada Escritura, sino que esperaban que Dios se los revelase. Tenían por ilícito el juramento y por interesadas las peticiones del *Pater Noster*.

Eran, en suma, más protestantes que los protestantes mismos, sobre todo si creemos a Santa Cruz, que les atribuye otros errores aún más peregrinos y radicales; hasta la negación del infierno.[6] Lejos de llorar la pasión de Cristo, hacían

---

6 «Afirmaban que no había infierno... Afirmaban que el Padre había encarnado como el Hijo, y que en la bienaventuranza había fe, y que los que lloraban sus pecados eran propietarios de sí mismos... Dezían que no eran necessarios los actos exteriores de la adoración; que hazellos era imperfección, y que las obras que se hazían con fe y esperanza y caridad no se hazían por amor de Dios, sino por propio interés... Dezían más: que lo que dictaba la razón *in genere boni*, como era oír Missa o sermón, que la voluntad no se debía de conformar a ello, porque se presumía que todo acto que procedía de la voluntad era pecado. Dezían que meditándose Cristo crucificado no era medio para unirse el alma con Dios; vedaban que no se oyesse la pasión de Cristo y la meditación y ejercicio de ella. Dezían también que más enteramente venía Dios en el ánima del hombre que en la hostia consagrada... Tenían que no estaba la suma perfección en servir a Dios, ni hacer penitencia, ni guardar sus mandamientos, y que ataviar la imagen de nuestra señora y sacarla en procesión era idolatría; y dezían, que levantarse al Evangelio y hacer las otras humillaciones y señales ordenadas por la Iglesia, no era otra cosa sino jugar con el cuerpo en la Iglesia, y que bastaba que las palabras de la Consagración se pronunciassen interiormente, sin pronunciarlas con la boca... y que el Preste en el momento de la Missa no debía pedir cossa alguna, sino estarse suspenso, y que la confesión no era de iure divino... y que aquella palabra del Evangelio que dezía que el que perdiesse su ánima en este mundo la hallaría en el otro, se entendía a la letra del dicho dexamiento. Afirmaban que no se habían de guardar los Concilios Ecuménicos, y que nadie se había de obligar a ellos. Afirmaban más: que no se había de leer ningún libro por fin de ser consolada el ánima con la comunicación de la Escritura,

todo placer y regocijo en Semana santa. Afirmaban que el Padre había encarnado como el Hijo. Creían que hablaban con el mismo Dios ni más ni menos que con el corregidor de Escalona. Para acordarse de nuestra Señora miraban el rostro a una mujer en vez de mirar una imagen. Llamaban al acto matrimonial unión con Dios. La principal dogmatizadora de la secta parece haber sido una beata toledana llamada Isabel de la Cruz, asistida por cierto padre Alcázar.

Casi al mismo tiempo pasaba en Córdoba por santa una monja del convento de santa Isabel de los Ángeles, de la Orden de santa Clara, llamada Magdalena de la Cruz, natural de la villa de Aguilar. Su proceso ha sido publicado íntegro por Campán, y fuera prolijo extractar aquel cúmulo de absurdos, que solo indirectamente pueden entrar en una historia de los heterodoxos, ya que Magdalena de la Cruz, lo mismo que la priora de Lisboa y otras monjas milagreras, no profesaban doctrina alguna ni puede considerárselas como afiliadas a ninguna secta.

Magdalena de la Cruz declaró en 3 de mayo de 1546, ante los inquisidores de Córdoba y Jaén, que, siendo todavía de edad de siete años, la indujo el demonio a fingir santidad y a simular la crucifixión. Un día, el mismo Satanás se le apareció en forma de Jesús crucificado y le estigmatizó los dedos de la mano.[7] A los doce años hizo pacto expreso con dos demonios íncubos, llamados Balbán y Pitonio, que se le aparecían en diversas formas: de negro, de toro, de camello, de fraile de san Jerónimo, de san Francisco, y le revelaban las cosas ausentes y lejanas para que ella se diese aires de profetisa. Como tantas otras monjas milagreras, Magdalena de la Cruz fingía llagas en las manos y en el costado y permanecía insensible aunque le picasen con agujas. Durante la comunión y en la misa solía caer en éxtasis o lanzar gritos y simular visiones. Por espacio de diez o doce años fingió alimentarse no más que con la hostia consagrada, aunque comía y se regalaba en secreto. Llevó sus sacrílegas invenciones

---

    y tenían que por la vida presente no podía el hombre saber si estaba alguno en estado de gracia o no, y que amaba a su ánima o hacía algo por su salvación, que la perdía; y, finalmente, afirmaban que, aunque Adán no pecara, no entrara nadie en el cielo, si el Hijo de Dios no naciera.»

7   Véase el *Proceso de Magdalena de la Cruz*, páginas 462 a 506 del tomo 2 de las Memorias de Francisco de Enzinas. (Edición de la Sociedad de Historia de Bélgica. Bruselas 1863.) La copia que sirvió para la traducción es del Museo Británico (Egerton Collection 337).

hasta el absurdo extremo de afirmar con insistencia que había dado a luz al Niño Jesús y que por su intercesión habían salido sesenta almas del purgatorio. Como buena alumbrada, no tenía reparo en decir que era impecable y que ni a Dios mismo debía dar cuenta de sus actos y que era santa desde el vientre de su madre. Solía declarar que no veía, como los demás, el santísimo sacramento en forma de hostia, sino de cruz unas veces, y otras de niño con muchos ángeles en derredor. Aseguraba haber recibido del Salvador el don de la virginidad y que Él le había dicho en el coro: *Filia mea tu es, et ego hodie genui te*. En suma: visión intuitiva, don de profecía, éxtasis e insensibilidad física, todos los síntomas de los convulsionarios, andan mezclados en la peregrina historia de esta mujer, que no fue solo hipócrita de santidad, sino enferma de males nerviosos y casi demente. Logró crédito grande dentro de su Orden; fue elegida abadesa tres veces, en 1533, 1536 y 1539, y por espacio de treinta y ocho años casi todos la tuvieron por santa, hasta el inquisidor general don Alonso Manrique, que vino a verla desde Sevilla y que se encomendaba a sus oraciones. La emperatriz le mandó su retrato y las mantillas con que se bautizó su hijo, el que fue después Felipe II. Hasta en los púlpitos se la ensalzaba, y a esto contribuía el ser afable y humilde en su trato y muy discreta y oportuna en cuanto decía. Corrían de boca en boca sus vaticinios; decíase que por segunda vista había anunciado la batalla de Pavía y prisión del rey Francisco. Ella misma escribió, por encargo de sus confesores, su vida y el relato de las gracias espirituales que había alcanzado.

Al fin vino a descubrirse la impostura, y en 1.º de enero de 1544, Magdalena de la Cruz fue encarcelada en el Santo oficio de Córdoba. Vistas sus confesiones, se la declaró vehementer suspecta de herejía; y, teniendo consideración a su vejez, a sus enfermedades, a la Santa Orden en que había profesado, a lo espontáneo de sus confesiones y a lo sincero de su arrepentimiento, se la condenó a hacer pública abjuración de *vehementi* con una cuerda de esparto al cuello y un cirio en la mano y a vivir reclusa perpetuamente en un monasterio de la Orden, siendo la última de toda la comunidad en el coro, en el capítulo y en el refectorio, sin recibir por espacio de tres años el sacramento de la eucaristía, salvo en peligro de muerte, ni poder hablar con nadie, a excepción de su prelado, vicario y confesores. La abjuración se verificó en 3 de mayo de 1546, con mucha concurrencia de grandes señores y del pueblo.[8]

III. La doctrina de los alumbrados en el Cathecismo de Carranza. Proceso de varios santos varones falsamente acusados de iluminismo: el venerable Juan de Ávila, los primeros jesuitas, fray Luis de Granada, santa Teresa, san Juan de la Cruz, etc.

Quien atentamente haya leído la censura de Melchor Cano a los *Comentarios*, de Carranza, no habrá dejado de advertir la frecuencia con que el insigne dominico nota y censura en el libro de su adversario y compañero de hábito proposiciones de alumbrados tanto a más que de luteranos. El menosprecio de las obras de caridad; el dar a entender que puede alcanzarse certidumbre de la gracia; la confusa y ambigua preposición de que la fe viva no sufre malas obras, en la cual se apoyaban los alumbrados para defender la impecabilidad de los justos; la proposición declarada y repetida en tantos lugares de que «para acertar en todo negocio, aun de los humanos, no hay otro camino que cierto sea sino consultar a Dios que alumbre nuestra razón», con lo cual parece inclinarse Carranza al sistema de la inspiración interior del Espíritu santo que «da cognoscimiento de las cosas criadas, más claro e más limpio que por ninguna ciencia natural»; los encarecimientos del sábado perpetuo, que parecían conducir al desprecio de la vida activa, y el decir, citando mal un texto de san Pablo, que «si la razón estuviesse en su grado e no se abatiesse a las bajezas de la carne, quedaría el, hombre... sin pecado, aunque ardiesse la sensualidad en sus pasiones, como en vivas llamas», todo esto es calificado por Melchor Cano de doctrina de alumbrados. «E de esta doctrina que el autor aquí pone se persuadían los alumbrados del reino de Toledo, hijos de los begardos o beguinos, que los perfectos no tenían necesidad de la oración vocal ni de señales e ceremonias exteriores, porque están tan bien dispuestos de dentro que las voces e señales de fuera no les ayudan, antes en alguna manera le son impedimento.»

Y, en efecto, Carranza, hablando de la oración vocal y de las ceremonias sensibles, llega a decir, lo mismo que los herejes de Toledo, que, «alcanzando

---

[8] Véase Llorente, tomo 2, páginas 35 a 51, en el cual, así como en el *Proceso*, pueden verse los demás pormenores que aquí por brevedad no extracto. También dice algo Francisco de Enzinas en sus *Memorias* (páginas 224 a 229 de la edición de Campán).

el fin, cesan los medios» y que los perfectos «no tienen necesidad de andar con estos instrumentos».

Sabiamente advierte el autor *De locis theologicis* que no han de hacerse en términos tan generales, como quería Carranza, las ponderaciones de la vida contemplativa, porque el error de los alumbrados en esta parte procedía de dar como regla general lo que era útil en dos o tres casos particulares y tratándose de almas favorecidas con extraordinarios dones espirituales y muy adelantadas en la vía de la perfección.

De aquí el que los varones prácticos y prudentes dieran en tener por peligrosos los libros místicos en lengua vulgar, cosa que hoy nos parece extremada y que hace que muchos declamen contra la Inquisición al ver escrito, por ejemplo, en sus primeros *Índice*s el nombre de fray Luis de Granada. Pero, si se atiende a la malicia y peligros de aquellos tiempos, en que una tras otra surgían congregaciones de fanáticos y hordas de contemplativos en Toledo, en Llerena, en Sevilla, se juzgarán con más indulgencias las prohibiciones de Valdés, aunque sean la de la *Guía de pecadores* y el *Tratado de la oración y meditación* en sus primeras ediciones. Ya nos advierte Melchor Cano que «fray Luis de Granada pretendió hacer contemplativos e perfectos a todos e enseñar al pueblo en castellano lo que a pocos dél conviene, porque muy pocos pretenderán ir a la perfección por aquel camino de fray Luis, que no se desbaraten en los ejercicios de la vida activa competentes a sus estados. E por el provecho de algunos pocos dar por escripto doctrina en que muchos peligran... siempre se tuvo por indiscreción perjudicial al bien público e contraria al seso y prudencia».[9]

Todo esto nos parece algo sacado de quicios, y no puede negarse que la aspereza natural de su condición, la extremosidad de su índole y quizá algún oculto resentimiento de intra claustra guiaban la pluma de Melchor Cano. Si no, ¿cómo hubiera afirmado que los libros de fray Luis contenían doctrinas de alumbrados y otras contrarias a la fe y religión católica?... Pero disculpable es alguna exageración en los que veían de cerca el peligro. No se les censure con demasiada dureza si alguna vez arrancaron con la cizaña el trigo y, atentos solo a desarraigar la embriaguez contemplativa, el falso misticismo, enervador de la voluntad, lepra del alma, fuente del orgullo y de la insania, hirieron a veces el mis-

---

9 Páginas 597 de la *Vida de Melchor Cano*, por don Fermín Caballero.

ticismo verdadero y procesaron, acabando siempre por reconocer su inocencia, a doctos y piadosos varones, venerados hoy algunos de ellos en los altares.

Así fue encarcelado por breves días en Sevilla el venerable Juan de Ávila, apóstol de Andalucía, pero pronto se reconoció la pureza de su vida y la buena doctrina de sus sermones, y el inquisidor Manrique, que mucho le admiraba, no solo mandó ponerle en libertad, sino que le hizo predicar un día de fiesta en la iglesia de san Salvador. «Y en apareciendo en el púlpito, comenzaron a sonar las trompetas con grande aplauso y consolación de la ciudad», dice fray Luis de Granada.[10]

Y tuvo el maestro Ávila por dichosa esta prisión, afirmando que en ella había aprendido más que en todos los años de estudio.

Entre las tribulaciones suscitadas contra la Compañía de Jesús muy desde comienzos, no fue la menos grave la acusación de alumbrados que recayó hasta en el santo fundador y en muchos de los primeros y más esclarecidos varones de la Compañía. Y eso que en pocas partes puede aprenderse tan bien como en el libro de los *Ejercicios*, de san Ignacio, la diferencia entre el bueno y el mal espíritu, el verdadero y el engañoso; como que el conocimiento que allí se da no es tanto especulativo como práctico, y más que para saber, para obrar.

Con todo eso, hubo sospechas de la doctrina de san Ignacio, y ya cuando estudiaba en Alcalá, en 1526, hicieron pesquisa y comenzaron a formar proceso los inquisidores de Toledo; pero, no hallando culpa, no se pasó adelante por entonces, contentándose el vicario general, licenciado Juan de Figueroa, con advertir a él y a sus tres compañeros que mudasen de hábito y no vistiesen de

---

10 *Vida del venerable maestro Juan de Ávila*, cap. 4 § 6: «Y así acaesció a este padre, pues sus palabras fueron calumniadas y denunciadas en el Santo oficio, diciendo dél que cerraba la puerta de la salvación a los ricos y otras cosas desta calidad. Por lo cual los señores inquisidores de Sevilla mandaron que estuviese recogido hasta averiguarse su causa. Era entonces vivo el maestro Párraga, regente del Colegio de sancto Thomás, persona a quien autorizaban muchas letras, edad y sanctidad. Este, pues, conosciendo la virtud y sanctidad desde padre y el grande fructo que hacía con su doctrina, me contó que le aconsejaba muy ahincadamente que tachase los testigos que habían depuesto contra él, alegando que como un hombre en su legítima defensión puede matar a su agresor, así puede tachar los testigos que le infaman. Mas ni con esta razón ni con otras pudo acabar con él esto, alegando que estaba muy confiado en Dios y en su inocencia, y que ésta le salvaría».

Véase, además, Llorente c.14 a. 2.

sayal para no dar en ojos con la novedad a la gente de la escuelas. Más adelante, y por fútiles pretextos, el vicario tuvo en las cárceles eclesiásticas a Ignacio y a los suyos no menos que cuarenta y dos días, aunque a la postre hubo de reconocer su inocencia, mandándoles solo que en cuatro años se abstuviesen de enseñar al pueblo las cosas de la fe, pues aún no habían estudiado teología.[11]

De Alcalá fue el santo a Salamanca, donde el vicario y parte de los dominicos de san Esteban comenzaron a murmurar de su doctrina y a reprenderle, porque, no siendo teólogo, hablaba en público de las cosas de la fe. De aquí deducían temerariamente: que san Ignacio debía de ser alumbrado y moverse por espíritu fanático y creer que tenía revelaciones del Espíritu santo. Le delataron, pues, al provisor del obispo (bachiller Frías), que no solo le encarceló, sino que le trató durísimamente en la prisión, cargándoles de grillos y cadenas. Ignacio entregó el libro de los *Ejercicios* para que examinara y calificara su doctrina. Cuatro jueces, «hombres todos graves y de muchas letras», vieron el libro e interrogaron a san Ignacio sobre cosas de teología muy recónditas y exquisitas, a las cuales respondió con admirable discreción y sabiduría. A los veintidós días de prisión se le puso en libertad, reconociéndose en la sentencia que «era hombre de vida y doctrina limpia y entera, sin mácula ni sospecha, y que podía enseñar al pueblo, como antes lo hacía, y hablar de las cosas divinas», guardándose solo de meterse en muchas honduras, como, v. gr., declarar la diferencia entre el pecado mortal y venial hasta que hubiese estudiado cuatro años de teología. San Ignacio contestó que obedecería solo mientras estuviese en la jurisdicción de Salamanca, pues no era justo que, por una parte, se declarase inculpable su vida y buena su doctrina y, por otra, se le quitase la facultad de hablar libremente de las cosas de Dios. «Y pues él era libre y señor de sí para ir donde quisiese, él miraría lo que le cumplía.»[12]

Y, en efecto, fue a estudiar a la Sorbona de París, y allí prosiguió aconsejando y doctrinando a los estudiantes, sobre todo a los españoles. Con esto volvió a levantarse contra él la borrasca pasada, y tomó a ser denunciado al inquisidor general, Mateo Ory. Pero los cargos eran niñerías y vanidades, y con presentarse

---

11 *Vida del padre Ignacio de Loyola*, por el padre Pedro de Rivadeneyra (lib.1, cap. 14, *Cómo le prendieron en Alcalá y le dieron por libre*).
12 *Vida*, etc., 1.1 c.16. Me valgo siempre de la última y hermosa edición del libro del padre Rivadeneyra (Madrid, Tello, 1880), dirigida por el padre Miguel Mir, S. I.

espontáneamente Ignacio a dar cuenta de su doctrina al inquisidor y someter a su examen el libro de los *Ejercicios*, de que Ory gustó tanto, que hizo copiarle para sí, se sosegó la tormenta, logrando san Ignacio un testimonio público de su inocencia.[13]

Pero aún tuvo que pasar por más duras pruebas el santo fundador. En Venecia le acusaron sus émulos de «hereje iluminado y fanático, fugitivo de España, donde le habían quemado en estatua, y preso también en París». Hízose una información judicial, y todo aquel cúmulo de falsas suposiciones vino a tierra. El nuncio apostólico, Hierónimo Veralo, dio al santo un nuevo testimonio de la entereza de su vida y doctrina.[14]

Todo esto no bastó para aquietar a los émulos de la naciente Compañía, que en Roma, y en 1538, reprodujeron con más vigor sus antiguas acusaciones. Predicaba allí un fraile agustino llamado Agustín Piamontés, sembrando en sus sermones no pocos yerros luteranos. Hacíanle la contra los jesuitas, y, enojados con esto ciertos caballeros españoles amigos del fraile, determinaron vengarse de ellos, tomando por instrumento de su venganza a un estudiante de París, a quien decían Miguel, amigo falso de san Ignacio. Comenzó a murmurar Miguel de los *Ejercicios espirituales*, y aun arrojóse a decir que Íñigo era hombre perdido y facineroso, que en España, en París y en Venecia había sido tres veces condenado por hereje. Conoció el Fundador que aquello no era menos que ardid de Satanás para ahogar la Compañía en sus principios, y dispúsose a la resistencia, logrando probar su inocencia en términos que el acusador Miguel fue desterrado de Roma por sentencia del gobernador y los demás se retractaron públicamente ante el cardenal de Nápoles, creyendo los jueces que con esto podía acabarse el pleito aunque no se diera sentencia. Pero otros eran los pensamientos de san Ignacio, que derechamente se fue al papa, y logró que se hiciera información de testigos, que lo fueron el vicario Figueroa, que le había preso y absuelto en Alcalá, el inquisidor Ory y el doctor Gaspar de Doctis, su juez de Venecia. Y vistos, además, los públicos instrumentos y sentencias que presentó Ignacio de España, París, Venecia, Vicenza, Bolonia, Ferrara y Siena en favor de él y de sus compañeros, los absolvió en toda forma el gobernador Bernardino Corsini, declarando vanas y de toda verdad ajenas las cosas que se

---

13   Lib. 2, cap. 2 de su *Vida*.
14   Cap. 6, lib. 2 de la *Vida*.

les imputaban, y a ellos hombres de mucha virtud y muy buenos. El fraile causa de esta tempestad acabó por hacerse luterano, y lo mismo dos de los acusadores, viniendo el uno a morir en las cárceles de Roma, arrepentido y consolado por los Padres de la Compañía, en 1559.[15]

Llorente afirma[16] que también el segundo prepósito general, Diego Laínez, fue delatado a la Inquisición por luterano y alumbrado; pero nadie hizo caso de tal delación. Lo que parece es que los agentes del arzobispo Valdés en Roma hablaban mal de Laínez y querían mezclarle en la causa de Carranza. Así resulta de una carta del padre Rivadeneyra a Antonio Araoz, fecha en 1.º de agosto de 1566, que Llorente cita sin decir de dónde la toma, según su costumbre. Y tan leve fundamento le basta para escribir el nombre de Laínez en el catálogo de los sabios y piadosos varones procesados por la Inquisición; como si fuera lo mismo recibir una delación y no darla curso que procesar. Verdad es que pone también a san Ignacio, que jamás tuvo que ver con la Inquisición, sino con tribunales eclesiásticos ordinarios, y tres de ellos fuera de España. Con tal conciencia escribía aquel secretario del Santo oficio.

Tampoco a san Francisco de Borja, tercer general de la Orden, procesó la Inquisición; porque no son proceso las declaraciones de algunos protestantes de Valladolid que trataron de comprometerle, ni menos las hablillas y rumores de Melchor Cano y de los agentes del arzobispo Valdés en Roma. Sabido es que el egregio obispo de Canarias tuvo toda su vida odio y animadversión loca contra los jesuitas, y que su poderoso entendimiento se cegó hasta el extremo de decir en carta a fray Juan de Regla, confesor de Carlos V, que «aquéllos eran los alumbrados y dexados que el demonio tantas veces sembró en la Iglesia desde los *gnósticos* hasta ahora».[17]

Pero de estas ferocidades de Melchor Cano no participaba la Inquisición, ni tampoco la Orden de santo Domingo, en la cual tenía el naciente instituto, a la vez que acérrimos contradictores, amigos entusiastas. Nadie lo era tanto como fray Luis de Granada, que escribiendo a un jesuita en 31 de marzo de 1556, se quejaba así de la escandalosa agresión de su sabio e intemperante hermano

---

15   Lib. 2, cap. 14 de la *Vida*.
16   Cap. 29 a. 2.
17   Véase Cienfuegos, *Vida de san Francisco de Borja*, lib. 4, cap. 15 § 2, y Caballero, *Vida de Melchor Cano*, página 353 y apéndice, n.º 44.

de hábito: «Lo que aquel Padre toma por medio para abatirlos, toma Dios por remedio para levantarlos, y más verdad es que él barbecha para Vuessas Reverencias que Vuessas Reverencias para el Antecristo... Yo no tendría por inconveniente que por parte del Consejo de la Inquisición se pusiese silencio a persona que escandaliza el pueblo, poniendo boca en estado que la Iglesia tiene tan aprobado y llamado uñas del Antecristo a los que no pueden probar que son herejes».

Nadie fue acusado de iluminismo con tanta porfía y tenacidad como fray Luis de Granada. Y se comprende: era el más notable de los místicos que hasta entonces habían escrito en lengua castellana, y todo libro de mística en romance parecía sospechoso. Pero es falso que la Inquisición le procesara. Lo que aconteció fue lo siguiente:

Por los años de 1586 gozaba fama grande de santidad en Lisboa sor María de la Visitación, priora del convento de la Anunziada.[18] Tenía largos éxtasis, decía haber recibido especiales favores de la divinidad. y mostraba, en pies, manos y costado, siete llagas o marcas rojas, que todos los viernes se abrían y manaban sangre; las cuales llagas le había impreso con rayos de fuego Cristo crucificado. Todos los jueves, al Ave María, sentía en su cabeza los dolores de la corona de espinas. Veíanse en torno de la dicha monja extraños resplandores y claridades. A veces, como arrebatada por sobrenatural poder, se levantaba del suelo durante la oración y quedaba suspensa en el aire. Y otras cien maravillas

---

18 Véase *Enjambre de los falsos milagros y visiones del demonio, con que María de la Visitación, priora de la Anunziada de Lisboa, engañó a muy muchos: y de como fue descubierta y castigada*. (Por Cipriano de Valera, al fin del *Tratado del papa y de la missa*.) Valera dice haber tomado sus noticias de un libro francés de fray Esteban de Lusiñán, dominico, cuyo título traduce así: *Los grandes milagros y las santísimas llagas que han acontecido a la reverenda madre priora*, por el presente año de 1586, en la ciudad de Lisboa, en el reino de Portugal, de la orden de los frailes predicadores, aprobados por el reverendo padre fray Luis de Granada y por otras personas de fe... En París, en la Imprenta de Juan Besaut, 1586.

—*Copia verdadera de la sentencia que se pronunció en Lisboa a siete días del mes de Noviembre de 1588 contra María de la Visitación*, Priora que fue del Monasterio de la Anunziada de la dicha ciudad. (Pliego de cuatro hojas, en letra de tortis, reimpreso por Usoz al fin del tomo 8 de sus Reformistas.)

—*Comedia famosa de la vida y muerte de la Monja de Portugal*, del doctor Mira de Mescua. (Parte 33 de *Comedias Nuevas*. Madrid, por José Fernández de Buendía, 1670.)

a este tenor. No era alumbrada, sino embustera; las llagas eran simuladas, y la santidad fingida; pero casi todos le dieron crédito, y como tantos otros, fray Luis de Granada, que era un santo varón, tan cándido como elocuente, incapaz de sospechar tanta hipocresía y maraña. Y lo que él sentía díjoselo a otros de palabra y por escrito, contribuyendo a aumentar con su reputación de virtud y ciencia y su autoridad de provincial de santo Domingo el crédito de santidad de aquella monja.

No todos los que entraron en este negocio pecaban de igual candidez, y dícenos expresamente fray Agustín Salucio que había en el fondo de toda aquella milagrería un fin político y anticastellano, pretendiendo los adversarios de la sucesión de Felipe II dar crédito de profetisa a aquella mujer y valerse de ella para sus planes.[19]

Al fin, la Inquisición entró en sospechas, y algunas monjas de su propio convento delataron a sor María. El cardenal Alberto mandó hacer una averiguación, y, aunque la priora estuvo en un principio negativa, acabó por confesar de plano que parte de las llagas eran pintadas y que otras se las abría con un cuchillo y que todas sus revelaciones, suspensiones y arrebatamientos eran ficción y trapacería suya para deslumbrar a los incautos.

En 7 de noviembre de 1588 se la condenó a privación del cargo de priora y de voz activa y pasiva en su comunidad, a cárcel perpetua en un monasterio fuera de Lisboa y a ciertos ayunos, disciplinas y rudas penitencias. Parece que se arrepintió de todo e hizo desde entonces muy loable vida. Y, como había cundido tanto la fama de su santidad y hasta se habían pintado cuadros de ella con las llagas, mandáronse quitar y borrar, así como recoger todos los papeles, escrituras y reliquias que ella daba y los suyos habían divulgado.

La tribulación de fray Luis de Granada fue grande. Él y fray Juan de las Cuevas y fray Gaspar de Aveiro, confesor de la priora, habían examinado las llagas en

---

19 *Vida de fray Luis de Granada*, compuesta por el licenciado Muñoz, donde puede verse un escrito muy notable de fray Agustín Salucio, que algún tiempo creyó en las llagas de la priora. De ella dice que «era moza, noble y de buen parecer... y sobre todo esto de mayor simplicidad de cuantas se han visto... Era tan simple como una niña de seis años». Realmente, los medios que usó para abrirse las llagas fueron de los más primitivos, torpes y rudimentarios.

25 de noviembre de 1587 y las habían declarado reales y verdaderas,[20] sin sospecha de engaño ni falsía. Realmente, fray Luis no vio a la monja, porque estaba casi ciego, y su buen deseo y sencillez le engañaron. Quiso, con todo eso, dar pública muestra de su desengaño, y escribió el admirable *Sermón de las caídas públicas*, sobre el texto de san Pablo: *Quis infirmatur et ego non infirmor? Quis scandalizatur et ego non uror?* que parece haber sido la postrera de sus obras, aunque no es producción de entendimiento ni de estilo cansados. «Dos males —dice el Tulio español— se siguen cuando alguna persona de reputación de virtud cae en algún error o pecado público. El uno es descrédito de la virtud de los que son verdaderamente buenos, pareciendo a los ignorantes que no se debe fiar de ninguno, pues éste que lo parecía vino a dar tan gran caída. El otro es desmayo y cobardía de los flacos, que por esta ocasión vuelven atrás o desisten de sus buenos ejercicios. Y en estos casos, así como son diversos los juicios de los hombres, así también lo son sus afectos y sentimientos, porque, unos lloran, otros ríen, otros desmayan; lloran los buenos, ríen los malos, y los flacos desmayan y aflojan en la virtud, y el común de las gentes se escandaliza.»

Pocas veces se ha escrito con más elocuencia sobre el pecado de escándalo, especialmente en las caídas de personas religiosas. Los efectos del sermón, aunque no llegó a pronunciarse, fueron admirables para alentar a los flacos y tibios. Pocos días después de haberle acabado, en 31 de diciembre de 1588, expiraba santamente fray Luis de Granada, sin que antes ni después de su muerte molestara la Inquisición su persona ni su memoria ni fuera obstáculo nada de esto para que se entablara su proceso de beatificación. De sus primeros libros, vedados en el *Índice* de Valdés, hablaremos en otra parte. Y ahora es de añadir que fue el venerable granadino muy amigo del Santo oficio y de él escribió hermosamente en el mismo *Sermón de las caídas* que «era muro de la Iglesia, columna de la verdad, guarda de la fe, tesoro de la religión cristiana, arma contra los herejes, lumbrera contra los engaños del enemigo y toque en que se prueba la fineza de la doctrina, si es falsa o verdadera».

---

20 Véase *Examen que se hizo en 25 de noviembre de 1587 años a la Madre Priora de la Anunziada en Portugal*, hecha por fray Juan de las Cuevas y fray Luis de Granada, confesores de S. A., y fray Caspar Davera (sic), confesor de la Madre Priora. (Biblioteca Colombina, de Sevilla, tomo 118 de Varios. Tengo copia que me facilitó don Adolfo de Castro.)

Y piedra de toque fue también para la doctrina de la sublime reformadora del Carmelo. Suele decirse, con pasión y sin fundamento, que la Inquisición persiguió a santa Teresa. Esta persecución es tan fabulosa como las anteriores. Lo que hubo fueron denuncias, exámenes y calificaciones, de que ni santa Teresa ni nadie puede librarse, porque a nadie se le canoniza en vida y porque la Iglesia, única maestra y regla de fe, aún no había sentenciado ni aprobado su espíritu. Y, cuando pululaban los alumbrados y las alumbradas y el fanatismo místico quería alzar la cabeza en los conventos de monjas, natural era que se examinase despacio la enseñanza de una mujer que discurría de palabra y por escrito sobre las más sutiles cuestiones de teología mística. No juzguemos por nuestras impresiones y devociones de hoy, sino pongámonos en el siglo XVI, y la conducta de la Inquisición nos parecerá prudentísima.

Cuando comenzaba la fundación del convento de san José de Ávila, vinieron vinieron algunos con mucho misterio a decir a santa Teresa «que andaban los tiempos recios», y que podría ser que la delatasen a los inquisidores. «A mí —añade la santa— me cayó esto en gracia y me hizo reír... y dije que de eso no temiesen, que harto mal sería para mi alma si en ella hubiese cosa que fuese de suerte que yo temiese la Inquisición; que si pensase que había para qué, yo me la iría a buscar, y que si era levantado, que el Señor me libraría y quedaría con ganancia.» (Capítulo 33 de su *Vida*.)

Cierto es que la Inquisición tuvo recogido el libro de su Vida; pero conviene aclarar el cómo y porqué. Santa Teresa había escrito su Vida en 1561 por mandato de su confesor, fray Pedro Ibáñez, y tornó a escribirla con muchos aumentos en 1565. El manuscrito anduvo en poder de varias damas de la corte. Quiso verle la voluntariosa y liviana princesa de Éboli, y le guardó con tan poco recato, que hasta sus pajes y dueñas le leyeron, e hicieron mucha risa de las visiones y éxtasis de la santa. Más adelante, la de Éboli se enojó con santa Teresa y sus monjas, que de resultas salieron de Pastrana, y para vengarse de ellas delató el libro a la Inquisición de Toledo. Allí estuvo diez años, y fue examinado por fray Fernando del Castillo y otros teólogos, que nada malo encontraron. En 1588 le imprimió fray Luis de León por una copia que tenía la duquesa de

Alba. El original que estuvo en la Inquisición es el mismo que hoy se conserva en El Escorial[21] en el camerín de las reliquias.

De la persecución suscitada en 1578 contra las Carmelitas Descalzas de Sevilla, discípulas de santa Teresa, nos dejó escrita larga relación la venerable priora María de san José. Atribúyela en parte a la enemistad de los Padres Calzados contra el padre Gracián y la reforma carmelitana, y en parte, a la delación de una novicia que estando para profesar salió de la Orden y, de acuerdo con ciertos clérigos, acusó a santa Teresa y a sus monjas de alumbradas en tiempo en que se habían levantado los herejes de Llerena. «Habíanos dejado nuestra Madre —prosigue María de san José— un confesor clérigo, siervo de Dios, aunque ignorante, confuso y sin letras ni experiencia... Le comencé a ir a la mano en algunas cosas en que se estremecía en el gobierno del convento... Y él andaba desbaratándome la casa y libertando a las monjas de la obediencia.»

Este clérigo, y con él dos monjas, «la una lega y la otra simplecilla», dieron nuevos memoriales a la Inquisición y al provincial contra santa Teresa, María de san José y el padre Gracián. «Y estaban ya los mantos en casa, porque entendieron que, en llegando los papeles luego nos mandarían ir... Y supimos que por momentos aguardaban que viniesen por nosotras, a lo menos por mí... Nuestro Señor me dio tan buen ánimo que estaba deseando llegase aquella hora... Al fin como debían de ser las cosas como las que la otra había dicho, y ya las habían averiguado, no hicieron caso de ellas.»[22]

Esta fue toda la persecución inquisitorial contra santa Teresa y sus monjas ya que de las discordias entre Descalzos y Calzados no hay para que hablar aquí, por ser rencillas domésticas y no cuestiones de ortodoxia. La acusación de alumbrado se había convertido en un lugar común, y salió a relucir contra todos los reformadores del Carmen. San Juan de la Cruz fue delatado tres o cuatro veces a las Inquisiciones de Toledo, Sevilla y Valladolid; pero jamás encarcelado ni molestado por el Santo oficio, y sí únicamente por los frailes mal avenidos con la reforma. Ni la Inquisición puso tacha ni mácula en su doctrina ni en sus

---

21   Véase La Fuente (don Vicente). Introducciones al *Libro de la vida de santa Teresa*, en el tomo 1 de los *Escritos de la santa*, recogidos y anotados por él con extraordinaria diligencia para la *Biblioteca de autores españoles*.

22   *Historia de los descalzos y descalzas carmelitas*, por la venerable María de san José. (Manuscrito de la Biblioteca Nacional, publicado por don Vicente de la Fuente, páginas 555 y siguientes del tomo 1 de su edición de santa Teresa.)

escritos, con ser una y otros del más recóndito y extraordinario misticismo y más expuesto a torcidas interpretaciones.

Solo de paso consignaré que émulos ignorantes o maldicientes pusieron también la consabida tacha a san José de Calasanz, fundador de las Escuelas Pías; al ilustre místico jesuita Baltasar Álvarez y al Beato Patriarca de Valencia, don Juan de Ribera.

IV. Los alumbrados de Llerena. Hernando Álvarez y el padre Chamizo. Cuestiones del padre La Fuente con los jesuitas

En tiempo del obispo don fray Martín de Córdoba —escribe el dominico fray Alonso Fernández, elegantísimo historiador de Plasencia—[23] se levantó una gente en Extremadura, en la ciudad de Llerena y pueblos comarcanos, que, engañada de las leyes bestiales de la carne y nueva luz que fingían, persuadieron a los simples ignorantes ser el verdadero espíritu el errado con que querían alumbrar las almas de sus secuaces. Por eso se llamaron alumbrados... Con mortificaciones, ayunos y disciplinas fingidas comenzaron a sembrar su maldad: que es arte nueva sacar de las virtudes veneno.

Fueron corifeos de esta secta ocho clérigos seculares: los dos principales se llamaban Hernando Álvarez, vecino de Barcarrota, y el padre Chamizo. La doctrina que afectaban profesar se reducía a recomendar a sus secuaces una larga oración y meditación sobre las llagas de Cristo crucificado; de la cual oración, hecha del modo que ellos aconsejaban, venían a resultar «movimientos del sentido, gruesos y sensibles», ardor en la cara, sudor y desmayos, dolor de corazón, sequedades y disgustos y, por fin y postre de todo, movimientos libidinosos, que aquellos infames llamaban «derretirse en amor de Dios». Yo creo que en todo

---

23 *Historia y anales de la ciudad y obispado de Plasencia.* Refieren vidas de sus obispos y de varones señalados en santidad, dignidad, letras y armas. Fundaciones de sus conventos y de otras obras pías y servicios importantes hechos a sus reyes. A la majestad católica de Felipe IV... Fray Alonso Fernández, predicador general de la Orden de predicadores. (Madrid 1627, por Juan González. En folio; páginas 253 y 254.)

Véase, además, Gil González Dávila, *Historia de Salamanca*, página 515; y sobre todo: Barrantes (don Vicente), *Aparato bibliográfico para la Historia de Extremadura* (Madrid 1877), tomo 2, art. Llerena, páginas 327 a 372, donde se hallan reunidos cuantos datos y documentos pueden apetecerse sobre este asunto.

esto no hay más que lujuria pura y que para explicar la producción de estos síntomas eróticos, tan semejantes a los que se describen en la segunda oda de Safo, no es menester admitir el empleo del magnetismo animal, a que hoy acuden algunos, ni la magia, con que quiere explicarlo Pr. Alonso de la Fuente; por más que entre los fenómenos producidos en el estado de alumbramiento haya ciertas «visiones y revelaciones prodigiosísimas», que se asemejan no poco a la segunda vista de los magnetizados modernos.

Una vez alcanzado el éxtasis, el alumbrado tornábase impecable, y le era lícita toda acción cometida en tal estado. El toque de esta grosera y brutal enseñanza, si tal puede llamarse, estaba en suponer que la gracia viene al alma por señales sensibles. Como todos los demás fanáticos antiguos y modernos, condenaban los alumbrados de Llerena las órdenes religiosas, los ayunos eclesiásticos y todo linaje de ceremonias exteriores. Eran *gnósticos* y pretendían saber ellos solos el camino de la virtud y los misterios de la oración. Pensaban mal del estado del matrimonio y se entregaban a todo género de feroces concupiscencias y actos impuros, con cuya relación no he de ofender ni molestar los oídos de mis lectores siquiera por cuestión de estética y de buen gusto. Era frecuente que aquellos perversos clérigos solicitasen de amores a sus penitentes hasta en el mismo confesonario. Del padre Chamizo se refieren en su proceso hasta treinta y cuatro víctimas.

Las afiliadas de la secta vestían de beatas: con tocas y sayal pardo. Andaban siempre absortas en la supuesta contemplación, mortecinas y descoloridas, y «sentían un ardor terrible que las quemaba, y unos saltos y ahíncos en el corazón que les atormentaban, y una rabia y molimiento y quebrantamientos en todos sus huesos y miembros que las traía desatinadas y descoyuntadas... y veían y sentían extraños ruidos y voces».[24] El padre Álvarez les certificaba que aquello era efecto y misericordia del Espíritu santo, y, llevando a sus últimos límites la profanación y el sacrilegio, comulgaba diariamente a su beatas con varias hostias y partículas, porque decía que «mientras más formas, más gracia»

---

24 Véase *Sentencia de los señores inquisidores de Llerena contra los alumbrados de su distrito*. (Papel manuscrito, de cuatro hojas en folio, que poseía don Bartolomé J. Gallardo y ha sido impreso por el señor Barrantes en su *Aparato*. Es idéntico a otro manuscrito de la Biblioteca Nacional, letra del tiempo.)

y que no duraba la gracia en el alma «más de cuanto duraban las especies sacramentales».

Además de Hernando y Chamizo figuraban en la abominable secta Juan García, clérigo de Almendralejo; el bachiller Rodrigo Vázquez, cura de la Morera; el doctor Cristóbal Mejía, clérigo de Cazalla, un franciscano de Valladolid llamado fray Pedro de santa María, que no debía de estar para muchas lozanías, pues contaba más de sesenta y tres años; un cura de Zafra, Francisco de Mesa, hombre impío y desalmado, que decía hablando de la pasión de Cristo: «¿A qué andarnos cada día con la muerte de ese hombre?», y servía de rufián a los demás alumbrados, sin perjuicio de dedicarse, por vía de pasatiempo, al latrocinio; otro clérigo, también zafreño, llamado Francisco Gutiérrez, cuya estupidez llegaba hasta el colmo de afirmar que veía la esencia divina en forma de buey, y el bachiller Hernando de Écija, para quien una beata recién comulgada era tan adorable como el Sacramento.

Entre las Filumenas y Priscilas de la secta menciónese a una especie de celestina, llamada Mari Gómez, viuda de Francisco García, de Barcarrota, la cual estableció un secreto conventículo, o, mejor dicho, burdel, en Zafra. Y entre los más entusiastas propagandistas, a un zapatero de Llerena, Juan Bernal, que se atrevió a ir a la corte y presentar al rey un memorial en defensa de los alumbrados.

El nombre de secta o el de herejía parecen demasiado blandos para semejante gavilla de facinerosos, que realmente solo querían vivir a sus anchas y regodearse como brutos animales. «¿Por qué el turco no verná y ganará a España, para que viva cada uno como quiera?», decía el bachiller Rodrigo Vázquez. Y aquí está toda la filosofía de la secta y la de muchas otras que creen lo mismo que aquellos ignorantes y salvajes clérigos extremeños, aunque por pudor no lo confiesen a lo menos con tan sórdido cinismo y poca literatura como ellos.

El descubridor de esta lepra social, nuevo azote de la despoblada Extremadura, fue un fraile dominico llamado fray Alonso de la Fuente. Combatía en un sermón a los alumbrados, y una mujer de Llerena que le oía se levantó como loca y en altas voces dijo: «Padre, mejor vida es la déstos, y más sana doctrina que la vuestra». El Santo oficio la prendió enseguida y por sus declaraciones vino a dar con los demás cómplices. Y como éstos eran muchos y el negocio requería prontitud y sigilo, fue encargado de la causa el obispo de Salamanca, don

Francisco de Soto, inquisidor que había sido de Córdoba, Sevilla y Toledo. Los alumbrados, a quienes poco importaba un crimen más, sobornaron a su médico e hicieron que le envenenase, muriendo de resultas en Llerena el 21 de enero de 1578, según publica su epitafio en la iglesia de santo Tomás, de Ávila. Con todo eso, se precedió eficazmente en la pesquisa y en la sustanciación de las causas, y fueron condenados a diversas penas de reclusión, cárceles perpetuas, azotes y pública vergüenza todos los herejes hasta aquí citados.

Pero no se detienen aquí las cosas, porque el acusador, fray Alonso de la Fuente, era un fraile vulgar, lleno de preocupaciones de convento y de universidad, corto de entendimiento, arrebatado y extremoso, y, sobre todo, enemigo mortal de los Jesuitas, que él llamaba Teatinos. Y, asiendo la ocasión por los cabellos, quiso complicar a los Padres de la Compañía en el vil negocio de los alumbrados, todo por absurdas cavilaciones y mala voluntad y flaqueza de magín suya. Y no entendió sino ponerse en camino para Lisboa y dar a los inquisidores de aquel reino y al cardenal Alberto y al provincial de santo Domingo una serie de memorias contra los Jesuitas y contra fray Luis de Granada, con todo y ser dominico.[25]

Venía a decir el padre La Fuente, en muy indigesto y ramplón estilo, que la doctrina de los alumbrados y sus ejercicios eran los mismos ejercicios y doctrina de la Compañía de Jesús; que los unos hacían larga oración, y también los otros; que un Jesuita de Plasencia evocaba los demonios cuando sus penitentes

---

25 Véase *Alumbrados. Papeles que dio contra ellos el maestro fray Alonso de la Fuente, fraile de la Orden de santo Domingo, y contra los Teatinos o Jesuitas, y vindicación de éstos.* (Manuscrito de la Biblioteca de la Universidad de Salamanca, est. 3 caj. 2 n. 31; 57 hojas. Largamente extractado en el *Aparato bibliográfico* del señor Barrantes.)
Contiene el códice:
1.º Hechos y dichos de fray Alonso de la Fuente.
2.º Libelo dado por fray Alonso a los Inquisidores de Lisboa.
3.º Memorial en que se contiene la heregía y engaño subtilissimo que enseñan los alumbrados de Castilla, y es doctrina que mama de los teatinos, que por otro nombre se llaman de la Compañía de Jesús y en Portugal apóstoles.
4.º Respuesta a los memoriales que contra la Compañía de Jesús publicó fray Alonso de la Fuente.
5.º Memorial o libelo que dio fray Alonso al provincial de santo Domingo.
7.º Respuesta de los Jesuitas al primer memorial.
8.º Ídem al segundo.

querían; que los Teatinos eran magos y hechiceros y tenían pacto expreso con el demonio; que sentían mal de las demás religiones y procuraban desacreditarlas; que revelaban secretos de confesión; que no ayunaban más que lo forzoso; que tenían por sucio e indecente el hábito religioso, etc., etc. Y acababa diciendo: «Esta persecución es la más subtil y más grave que jamás ha padecido la Iglesia. Está tan secreta y escondida y disimulada en los corazones destas gentes, que si Dios no haze milagro casi no se puede descubrir».

El cardenal Infante, que era muy amigo de los Jesuitas, mandó recoger los tres memoriales y los envió a Felipe II, al inquisidor general de Castilla y al nuncio de su santidad, con cartas suyas, en que pedía ejemplar castigo contra aquel fraile sedicioso y levantisco, calumniador y difamador de la Compañía. Fue con esta embajada un secretario del cardenal Infante, dicho Manuel Antúnez, sacerdote virtuoso y docto. El rey de España remitió las cartas al Supremo Consejo de la Inquisición, que impuso una reprimenda al fraile, le hizo retractarse y le mandó recluso al convento de Porta-Coeli, de Sevilla, prohibiéndole predicar ni tratar con cosa alguna contra la Compañía ni volver a entender en cosas del Santo oficio. Pero el cardenal no se dio por satisfecho y solicitó que el castigo del fraile y el desagravio de la Compañía fuesen públicos y ejemplares, porque los memoriales de fray Alonso habían cundido mucho y «todos los Inquisidores de Castilla y los consultores, obispos y provisores habían tenido siniestra relación contra los Jesuitas». Hizo que la Inquisición de Portugal reclamara al reo y hasta pretendió que su causa se viese en Roma o, a lo menos, por el nuncio apostólico en Madrid. Felipe II, muy celoso de los privilegios del Santo oficio, se resistió tenazmente, «porque era abrir la puerta para que otros tomasen este medio, lo cual redundaría en menoscabo y detrimento de la Inquisición de España». Entre tanto murió fray Alonso de la Fuente, y uno de los Jesuitas que refutaron su memorial escribe con cristiana caridad al fin de su respuesta: «Al autor de los memoriales perdone Dios y tenga en su gloria, que escriviendo esto supe que había muerto, y de repente. Plegue al Señor no haya sido para su condenación este negocio, que tal manera de muerte mala señal es».

Por de contado que todas las diatribas de fray Alonso contra los Jesuitas eran absurdas, y ellos las deshicieron sin dificultad. Baste decir que entre todos los procesados de Llerena no hay un solo Jesuita ni cosa que se le parezca, ni allí había existido nunca colegio ni casa de la Compañía, ni apenas eran conocidos los discípulos de san Ignacio como predicadores o confesores.

Fuera de esto, ¿cuándo en las meditaciones espirituales de la Compañía, en sus reglas y avisos acerca de la oración, se habló nunca de regalos ni de deleites sensibles? ¿Y no era absurdo sostener, como el obcecado dominico, que la meditación y consideración no son para gentes seglares? Atinadamente responden los Padres que «quitar el uso de la consideración a los hombres es quitarles el ser de hombres, y, por consiguiente, quitarles el uso de considerar los misterios de Christo y de la vida christiana es quitarles el ser hombres christianos». Y en cuanto a los entendimientos y liviandades, claro se ve que proceden no de la contemplación, sino de malicia propia. «El ruin, vil y sucio trato con las penitentes —añaden los Padres— saben los señores del Santo oficio cuán lejos está de la Compañía por la divina bondad.» Y tan verdad es esto, que, entre tantos procesos como existen de confesores solicitantes, no recuerdo haber visto ninguno de jesuitas.

Del tan decantado secreto de la Compañía escriben que «su doctrina, que es la cristiana, no es doctrina de rincones, aunque convenga tener discreción en el modo de enseñar, porque unas cosas son para gente docta y de entendimiento, otras para gente simple y de menos habilidad..., unas para gente aprovechada en virtud, otras para gente que comienza, y al fin cosas hay que para personas espirituales son de grande provecho, y para quien no adelgaza tanto serían de grandísimo daño».

Pero, en fin, ¿qué podía decir de la Compañía el que ignoraba hasta su nombre? ¿Qué de mística el que llamaba a fray Luis de Granada uno de los principales alumbrados?

¡Lástima que la mayor parte de los documentos que se refieren a la herejía de Llerena carezcan de fechas! Uno de los memoriales de fray Alonso es de 28 de marzo de 1576 y el obispo fray Martín de Córdoba, en cuyo tiempo se levantaron los alumbrados, ocupó la silla placentina desde 1574 a 1578. En estos cuatro años podemos colocar prudencialmente todos los sucesos narrados.

La secta no murió del todo en Extremadura. Hay una relación, sin fecha, pero que parece ser del siglo XVII, de un autillo celebrado en Llerena contra un religioso descalzo llamado fray Francisco de la Parra, no por molinosismo, como dice la relación, sino por pura y simple lujuria y solicitación en el acto de la penitencia, aunque para ahuyentar escrúpulos decía a sus hijas de confesión que Dios le había quitado todos los afectos y pasiones de hombre y que nada había en sus acciones de pecaminoso, antes con la unión del cuerpo se unían los espíritus con Dios y se fortalecían en su servicio. Tras esto se refieren en la sentencia otros mil indecentes disparates. Se le condenó a reclusión por diez años en un convento de su Orden, a privación absoluta de licencias y a sufrir en el refectorio una tanda de disciplinazos que los demás frailes le administraron.[26]

Llerena debió de ser en tiempos antiguos un foco de inmoralidad y de herejía. Su población era muy mezclada de judaizantes y moriscos y son antiguos allí los procesos inquisitoriales. Y, por otra parte, ha notado con discreción el señor Barrantes que la despoblación y rudeza que cayó sobre Extremadura después de la conquista de América, adonde se trasplantó lo más granado de aquella generosa comarca, hacía que los hombres escaseasen de tal suerte, que nada tiene de extraño ni de inverosímil el estrago que aquellos clérigos soeces hicieron entre las pobres mujeres de la tierra. Duras son y repugnantes de decir estas cosas, pero la historia es la historia.

V. Los alumbrados de Sevilla. La beata Catalina de Jesús y el padre Villalpando. Edicto de gracia del Cardenal Pacheco. El padre Méndez y las cartas de don Juan de la Sal, obispo de Bona. Impugnaciones de la herejía de los alumbrados por el doctor Farfán de los Godos y el maestro Villava

También en Sevilla arraigó la secta. La influencia enervadora del clima, la soltura y ligereza de costumbres, la exaltación de la fantasía en las provincias meridionales, el influjo de la Reforma, cuyos estragos en las orillas del Betis hemos ya narrado, fueron causas eficacísimas para que arraigara y fructificara la venenosa planta de los alumbrados. Con ellos andaban mezclados los confesores solicitantes, máquina la más sutil que el demonio pudo imaginar contra el sacramento de la penitencia.

En 1563 comenzó a descubrirse esta plaga, y la Inquisición publicó un edicto de delaciones en el término de treinta días. Y entonces, según refiere Cipriano

---

26 Está la relación citada en un tomo de *Papeles varios de El Escorial* (E-21 caj. 21, fol. 348). La copió Gallardo, y por su copia, y con las necesarias supresiones, la ha impreso el señor Barrantes en la obra citada.

de Valera (de cuya narración hay, sin duda, que rebajar mucho por hereje, falsario y maldiciente), «fue tanta la multitud de mujeres que de sola Sevilla iba a la Inquisición, que veinte notarios, con otros tantos inquisidores, no bastaran para tomar las declaraciones... Muchas honestas matronas y señoras de calidad tenían dentro de sí gran guerra: por una parte, el escrúpulo de conciencia de incurrir en la sentencia de excomunión que los inquisidores habían puesto a las que no denunciasen, las movía a ir: por otra parte, tenían miedo de que sus maridos se harían celosos, teniendo mala sospecha dellas... Pero, al fin, disimuladas y rebozadas, conforme a la costumbre de Andalucía, iban lo más secretamente que podían a los inquisidores... Por otra parte, era de reír ver a los padres de confesión, clérigos y frailes, andar tristes, mustios y cabecicaídos por la mala conciencia, esperando cada hora y momento cuándo el familiar de la Inquisición le había de echar la mano».[27]

El mal había cundido de tal manera, que la Inquisición tuvo que dejar a muchos sin castigo, aunque la impunidad no fuera tanta como afirma Cipriano de Valera y repite González de Montes.

Al lado de estos confesores sátiros pululaban un enjambre de beatos milagreros y de monjas iluminadas, cuyos desvaríos exceden a cuanto puede soñar la locura humana. Nadie tan famoso entre ellos como cierto clérigo secular, de nación portuguesa, llamado el padre Francisco Méndez, que salió en estatua en un auto de fe de 30 de noviembre de 1624.[28]

Tenía algo de embustero y algo de loco. Solía orar de este modo: Dios, mi corazón, mi buena cara. Dirigía una casa de beatas y recogidas, a quienes comulgaba cada día con muchas formas. Acabada la misa desnudábase las vestiduras sacerdotales y comenzaba a bailar con saltos descompuestos, haciéndole el son sus devotas. Diciendo misa se quedaba arrobado y en éxtasis; daba horrendos bramidos, hacía extraordinarios visajes, y en cierta ocasión llegó a decir una misa de ¡veintitrés horas!, sin que sus oyentes, tan locos como él se movieran. En fin, llevó su inaudita demencia hasta anunciar coram populo que el 20 de julio de 1616 moriría y se iría derecho a la gloria. Media Sevilla lo creyó, especialmente las mujeres. Teníanle por un santo, le consultaban sus dolencias

---

27 *Tratado del papa y de la missa*, página 272.
28 Véase la relación de ese auto, compuesta por Alonso Ginete, familiar del Santo oficio. (Montilla, Imprenta de Manuel Paiva, 1625; en 4.º)

y achaques, tocaban a su cuello los rosarios, cortaban pedazos de su vestido, teníanse por glorificadas con vestir la ropa que él dejaba y «a enjambres, como abejitas de Cristo, iban a coger el rocío de sus palabras». Y esto no solo el ínfimo vulgo, sino las más nobles, encopetadas y aristocráticas damas de Sevilla: la marquesa de Tarifa, la condesa de Palma. Hubo mañana que asediaron la puerta del convento del Valle, de frailes franciscos, donde él se había retirado, más de treinta coches.

Entre tanto el padre Méndez no se hartaba de decir locuras; hizo un testamento que repartía entre sus devotos los dones del Espíritu santo y afirmaba haber sabido por particular revelación de Dios la silla que le estaba aparejada en el cielo. Empeñado en morirse en el plazo señalado, se pasaba los días en contemplación y por las noches tomaba solo un poco de pescado y un vaso de agua. Vino, pues, a quedarse macilento, flaco y extenuado, y la gente suspiraba por verle muerto para que se cumpliesen sus profecías. Un médico muy beato y algo bobo, el licenciado Castillo, no se apartaba un punto de él, notando y escribiendo todos sus hechos y dichos para imprimirlos y divulgarlos en forma de historia. Y decía graciosamente un fraile del Valle: «Si el padre Méndez no nos cumple la palabra, lo hemos de ahogar, so pena de que nos silben por las calles».

Ya próximo al trance anunciado, se despidió con muchas lágrimas de sus devotos y les consoló con la esperanza de que había de venir después de él otro aún más santo y perfecto; y que, entre tanto, se consolasen con dos tratados que les dejaba escritos: uno, del amor de Dios, y otro, de las mercedes y favores con que el Señor le había enriquecido.

Llegó el día señalado; púsose en el altar a las cuatro de la mañana y acabó su misa el día siguiente a las tres. El médico no se hartaba de pulsarle. Y realmente parece maravilla que pudiera resistir tanto un hombre consumido, muerto de hambre y empeñado neciamente en morirse. No quiso Dios que aquella mentirosa profecía se cumpliese y que la memoria de aquel sandio embaucador recibiese los homenajes de la engañada devoción del vulgo.

Sus devotos quedaron confusos y cabizbajos, y la gente burlona y maleante, que nunca falta en Sevilla, se vengó de él con pesados chistes. «¿Cómo no se ha muerto, padre Méndez?» le decían. Y él replicaba con tono humilde compungido: «El demonio esta vez me ha dado un mal golpecito. ¡Cómo esas locuras diré yo!; soy un mentecato». Y tan mentecato era, que en una ocasión se empeñó en resucitar a un hombre, y decía luego muy cándidamente que no lo había logrado. Al fin la Inquisición se hizo cargo de él y en sus cárceles murió.

De sus patrañas tenemos larga relación en cinco saladísimas cartas escritas al duque de Media-Sidonia por don Juan de la Sal; obispo de Bona, hombre de ingenio, agudo y despierto, a quien dedicó Quevedo sus romances de *Los cuatro animales y las cuatro aves fabulosas* y a quien el festivo poeta doctor Juan de Salinas llamó

> Doctor de ingenio divino,
> sal y luz por excelencia,
> en la iglesia y la eminencia
> gran sucesor de Agustino, etc.[29]

Y son notables las cartas de don Juan de la Sal no solo por lo burlesco y sazonado del estilo, sino por el buen juicio y por las veras que entre las burlas entremezcla. «Despacio había de estar Dios —dice en la carta primera— si había de llamar a que gozasen en vida de su esencia y lo mirasen cara a cara tantos como han publicado que lo han visto y gozado de pocos años acá.» «Crea V. E. que como hay hombres tentados de la carne, los hay también del espíritu, que se saborean y relamen en que los tengan por santos... Santidad con pretales de cascabeles nunca duró ni fue segura, sino la que a la sorda busca Dios.» (Carta 8.)

Ni fue solo el padre Méndez quien tuvo por entonces la extraña idea de morirse para pasar opinión de santo. También un fraile (no se dice de qué orden) anunció su muerte para un día señalado; acostóse en la cama, cerró los ojos y, viendo que no se moría y que toda la comunidad le rodeaba dijo: «con voz muy flauteada: ¡Dios mío de mi alma! Abismos son tus juicios. Ya te entiendo. Quieres que trabaje más en tu viña; cúmplase tu santa voluntad. Padres y señores míos, perdóneselo Dios, que con sus oraciones le han obligado a que me alargue la vida. Pero ¿qué se ha de hacer? El esposo lo quiere; el esposo lo manda; sea el esposo bendito para siempre». «Las beatas —prosigue en su picaresco estilo

---

[29] De estas hay varias copias, una de ellas en la Biblioteca Colombina. Las publicó don Adolfo de Castro en las notas a su *Buscapié* (Cádiz, 1848), y luego, en el tomo de *Curiosidades bibliográficas*, de la Biblioteca de Rivadeneyra.

el obispo de Bona— estaban desojadas, con las orejas de un palmo, esperando, para saltar de placer, que las viniesen a decir que había expirado; pero cuando supieron el suceso, quisieran no haber nacido, y con los mantos echados sobre los ojos soplaron sus velas, y una en pos de otra, desocuparon la iglesia.»

En Castro del Río, una beata de hábito carmelitano refirió muy en secreto a su confesor cierta revelación que había tenido, según la cual él y ella debían morir a la semana siguiente, acompañando su tránsito grandes prodigios. Él lo tomó tan de veras, que repartió cuanto poseía y divulgó el milagro, haciéndoselo creer a la marquesa de Priego, que mandó retratar a la beata y fue en persona desde Montilla, con su nieto y heredero de su casa, a presenciar aquellos asombros. Cuéntalo el mismo don Juan de la Sal.[30]

En 1627 descubrióse en Sevilla un foco de alumbrados semejante al de Llerena. Eran los corifeos la beata Catalina de Jesús, natural de Linares, en el obispado de Jaén, y el maestro Juan de Villalpando. En su larga sentencia constan menudamente detallados sus errores, que eran como de gente más culta y quizá menos libidinosa que los clérigos extremeños. Convenían con ellos en administrar la eucaristía con muchas formas, por la grosera y materialista: creencia de que se daba poco Dios (sic) en una forma sola. Preferían el estado de las beatas al del matrimonio y a la vida monástica. A semejanza de los alumbrados de Toledo, juzgaban innecesario oír sermones ni leer libros de devoción y tenían por mejor ejercicio la contemplación interna o, como ellos decían, orar en el libro de su propia vida. Comulgaban diariamente. Sentían mal de la veneración debida a las imágenes, porque, «teniendo a Dios dentro de sí, no había más que mirarle allí». Al modo luterano, tenían las obras de caridad por impedimento

---

30 Entre los espiritistas (que son los modernos alumbrados) y que en España a lo menos dan quince y falta a los antiguos en punto a grotescas extravagancias, se han dado casos por el estilo de los citados. Voy a contar uno bien reciente acaecido en mi pueblo. Callaré solamente los nombres, aunque en Santander son bien conocidos. Uno de los hierofantes del conciliábulo espiritista de aquí, albéitar por más señas o, como él se decía, «médico de la especie bruta», persuadió a uno de los afiliados, agente de orden público, que había sabido por revelaciones de los espíritus que el susodicho vigilante moriría a tal hora de tal día, yéndose a otras esferas, y realizando su gloriosa epifanía en Marte o en Saturno. El pobre hombre lo creyó a pies juntillas; envió una peregrina comunicación a la alcaldía haciendo renuncia de su empleo y se encerró en su casa, resuelto a morirse en regla y a la hora señalada. Y por cierto que su aprensión y ridículo terror estuvieron a punto de matarle.

de la perfección. En mística aspiraban desde luego a la vía unitiva sin pasar por la purgativa e iluminativa. Excluían de la oración mental todo pensamiento acerca de la humanidad o la pasión de Cristo y pensaban solo en su divinidad. Como buenos quietistas, esperaban que «Dios obrase y revelase al alma sus secretos». Condenaban los estudios teológicos porque infundían soberbia. Toda oración vocal, y especialmente el rosario, les desagradaba.[31] Decían a su doctrina doctrina del puro amor o del amor de Dios, y en este amor cifraban el cumplimiento de la ley. Enemigos mortales de la mortificación y abstinencias, afirmaban que, «habiendo satisfecho Cristo por todos, debíamos gozar con descanso los hijos lo que los padres adquirieron con trabajo». La beata Catalina era considerada entre los suyos como maestra de espíritu, y tenía muchos hijos místicos, así sacerdotes como seglares, que continuamente la reverenciaban, acompañaban y festejaban. Ella les hacía sus pláticas, y les daba sus lecciones, y les buscaba confesores, y los aconsejaba en todos sus negocios espirituales y temporales. Se jactaba de ser tan santa, que había convertido a un mancebo con solo dejarle tocar la fimbria de su vestidura. Contaba especiales mercedes y favores del divino Esposo. «He conseguido tal estado de perfección —añadía—, que ya no tengo que hacer oración por mí, sino por otros.» Se comparaba con santa Teresa de Jesús y creíase suscitada por Dios para ser reformadora del estado de clérigos seculares, como la doctora avilesa lo había sido de la Orden del Carmelo. Pretendía tener intuición directa de la divinidad (vista real que dicen los krausistas) e inteligencia arcana de las Sagradas Escrituras. Refería mil prodigios y visiones y extremos y deliquios de amor divino y a cada paso exclamaba: «Si el turco tuviera una briznica de este amor que tú, Señor, me has dado, convertiríase toda Turquía... ¡Oh, por qué no se deshace mi cuerpo para que vengan a beber de él los fieles y se abrasen en tu amor!» Atribuía a la oración mental su hermosura del cuerpo, reflejo de la luz de su alma. Repartía entre sus devotos, como reliquias, cabellos y ropas suyas. Era expresión favorita suya la de anegarse en el amor de Dios. No dudaba que Dios asistía en ella y que los efectos de su presencia eran una absoluta paz de espíritu y un don de castidad,

---

31 Biblioteca Colombina, tomo 118 de varios manuscritos. Es un traslado del auto de fe celebrado en el convento de san Pablo el Real, de Sevilla, en febrero de 1627. Me envió copia mi amigo el docto literato don Adolfo de Castro.

que, con vivir en el siglo, la hacía ángel en carne, y don de confianza, y don de conocimiento de Dios, y don de contemplación y de unión, y don de sabiduría.

Ciento cuarenta y cinco testigos declararon unánimes que tal santidad era fingida y que la beata vivía en trato sospechoso con varios clérigos, aunque no se le pudo probar nada concreto. Salió en auto público, el 28 de febrero de 1627, con insignias de penitente; abjuró *de levi* y fue condenada a reclusión por seis años en un convento, a hacer diariamente ciertas oraciones y ayunos y a tomar el confesor que el Santo oficio le designase. Fueron recogidas sus reliquias y retratos y los escritos suyos de mano que había divulgado entre sus devotos.

Era el más notable Juan de Villalpando, presbítero, natural de la villa de Garachico, en la isla de Tenerife, el cual dirigía una congregación de hombres y mujeres, que habían hecho en sus manos votos de obediencia. Confesor incansable, absolvía por sí y ante sí de los casos reservados y decía que «quien se confesase con él ganaba el grande y místico jubileo». Tenía secuestradas, digámoslo así, a sus penitentes. Como todos los alumbrados, era partidario de la comunión diaria, y aun se arrojaba a decir que era dudosa la salvación de los que comulgan cada quince días, y desesperaba la de los que retardan un mes el acercarse a la mesa eucarística. No tenía por inconveniente el que sus discípulos abandonasen los negocios de la casa por permanecer todo el día en la iglesia y las exhortaba a negar la obediencia a sus padres, maridos y superiores. De la misa hacía poca cuenta. Era, como los albigenses, enemigo acérrimo del sacramento del matrimonio, hasta tenerle por pecado mortal y llamarle Zahurda o cenagal de puercos. Todo su afán era atraer prosélitas a su beaterio y desacreditar los conventos de monjas. Nada tenía de edificante su vida; aparte del trato continuo con mujeres, juntábanse continuamente los afiliados a comer y beber en la ciudad o en el campo, y el tiempo que no dedicaban a la supuesta contemplación, lo invertían en zambras y festines, asemejándose hasta en esto a los *agapetas*, carpocracianos y priscilianistas. Mucho, y nada bueno, daban que decir en el mentidero de Sevilla los secretos coloquios del padre Villalpando y de la beata, a cuya casa solía ir de noche y muy de madrugada so pretexto de interrogarla en cosas espirituales. Y la verdad es que el clérigo alumbrado defendía, como todos los suyos, la licitud de los actos deshonestos, y contábanse de él horrendas historias de solicitaciones. Fuera de estos escarceos, dominaba del todo su espíritu la beata Catalina, cuyo entendimiento parece que era más inventivo y despejado que el suyo. El divulgaba las reliquias de ella entre las señoras piadosas e iba escribiendo en un libro sus éxtasis y revelaciones.

Nada menos que doscientas setenta y nueve proposiciones heréticas se le reprobaron, siendo la más grave y cabeza de todas la vista real de Dios en esta vida, la intuición directa de los misterios, que era la clave del sistema.

Se le condenó a salir en auto público y a reclusión en un monasterio por espacio de cuatro años, sin poder celebrar en el primero; a privación perpetua de licencias de confesar, predicar, etc., y a varios ayunos y rezos extraordinarios.

En una relación manuscrita del siglo XVII cuya autoridad no es grande, se afirma que pasaron de 695 los reos que entonces descubrió y condenó la Inquisición de Sevilla. Añádase que su congregación se llamaba de Nuestra Señora de la Granada y que fue su fundador Gómez Camacho, clérigo secular. El anónimo autor de esta relación, que debía de ser tan poco amigo de los Jesuitas como el atrabiliario fray Alonso de la Fuente quiere mezclarlos en el negocio, y cita como alumbrados a los padres Rodrigo Álvarez y Bernardo de Toro; pero las relaciones del auto no cuentan más que lo dicho.[32]

Aunque ya había registrado la Inquisición las herejías de los alumbrados en sus edictos de gracia y delaciones de 1568 y 1574, creyó conveniente el cardenal don Andrés Pacheco, inquisidor general, atajar los progresos de aquella vil herejía con un nuevo y especial edicto, que lleva la fecha de 9 de mayo de 1623, y va dirigido especialmente a los fieles del arzobispado de Sevilla y obispado de Cádiz,[33] mandándoles denunciar las Juntas y con ventículos secretos de los alumbrados, dexados o perfectos, y haciendo catálogo de los setenta y seis errores en que más frecuentemente incurrían. Indicaré solo los puntos principales para repetirme lo menos posible:

1.º Que la oración mental es de precepto divino y que con ella se cumple todo lo demás.

2.º Que los siervos de Dios no han de ejercitarse en trabajos corporales.

3.º Que no se ha de obedecer a prelado, padre ni superior en cuanto mandaren cosa que estorbe la contemplación.

---

32 *Memorial de la secta de los alumbrados de Sevilla*, sus doctrinas y delictos, y de la complicidad que en ella se ha descubierto. Manuscrito de 16 hojas útiles, que poseyó Salvá (Véase Catálogo, tomo 2, n. 3.833) y posee ahora don Ricardo Heredia.

33 Hay muchas copias de este edicto. Lo ha publicado íntegro el señor Barrantes en el tomo 2 de su *Aparato*, páginas 364 a 369.

4.º Que ciertos ardores, temblores y desmayos que padecen son estar en gracia y tener el Espíritu santo y que los perfectos no tienen necesidad de hacer obras virtuosas.

5.º Que se puede ver, y se ve en esta vida, la esencia divina y misterios de la santísima Trinidad cuando se llega a cierto punto de perfección, en que el Espíritu santo gobierna interiormente a sus elegidos.

6.º Que, habiendo llegado a cierto punto de perfección, no se deben ver imágenes santas ni oír sermones, ni obliga en tal estado el precepto de oír misa.

7.º Que la persona que comulga con mayor forma o con más formas es más perfecta.

8.º Que puede una persona llegar a tal estado de perfección, que la gracia anegue las potencias, de manera que no pueda el alma ir atrás ni adelante.

9.º Que es vana la intercesión de los santos.

10.º Que solamente se ha de entender lo que Dios entiende, que es a sí mismo y en sí mismo y a las cosas en sí mismo. (Especie de visión en Dios, al modo de Malebranche.)

11.º Que la vista de Dios, comunicada una vez al alma en esta vida, se queda perpetuamente en ella, a voluntad del que la tuvo.

12.º Que en los éxtasis no hay fe, porque se ve a Dios claramente, viniendo a ser el rapto un estado intermedio entre fe y gloria.[34]

Leído este edicto en las iglesias a la hora de misa mayor, fue de extraordinario efecto. Muchos vinieron a delatarse espontáneamente para que les alcanzase la benignidad del edicto, que ofrecía despacharlo secretamente y con penitencias favorables. Según una carta anónima de Sevilla, conservada en un códice de la Universidad de Salamanca,[35] «la mayor parte de la ciudad estaba inficionada, y particularmente mujeres, entre ellas señoras muy principales, nobles y ricas... No hay duquesa ni marquesa, ni mujer alta ni baja, excepto las que se confiesan con frailes dominicos, que no tengan algo que decir de lo que rezan los edictos».

Escribiéronse dos refutaciones de esta herejía en son de comentar el edicto, ambas con perverso gusto, muy indigestas y poco verídicas y noticiosas. La primera fue predicada en forma de sermones a su pacientísimo auditorio de

---

34 Suprimo todos los capítulos relativos a obscenidades.
35 Publicada por el señor Barrantes.

la villa del Arahal Por el licenciado Antonio Farfán de los Godos,[36] distinto de otro del mismo apellido que imprimió en Salamanca un libro muy raro contra los estudiantes que decían no ser pecado la simple fornicación. El otro doctor Farfán, de Sevilla, compara a los alumbrados con «los caballos viciosos que andan relinchando alrededor de las yeguas y que tienen su carne por letrado jurisconsulto». Al tenor de este rasgo es todo lo demás. La otra confutación, todavía más insípida y no menos rara, lleva el extraño título de Empresas espirituales y morales, en que se finge que diferentes supuestos las traen al modo extrangero, representando el pensamiento en que más pueden señalarse, así en virtud como en vicio, de manera que puedan servir a la christiana piedad. El *Primer discurso* es todo contra la secta de los *agapetas* o alumbrados. Y es autor del libraco el prior de la villa de Javalquinto (obispado dé Jaén), maestro Juan Francisco de Villava, que tiene, a lo menos, el mérito de haber mostrado el parentesco de los alumbrados con las sectas gnósticas de los primeros siglos y con los luteranos. Fuera de esto, el libro vale poco. Ni merecía esta soez herejía más lucidos refutadores.[37]

VI. Otros procesos de alumbrados en el siglo XVII. La beata María de la Concepción. Las monjas de san Plácido y fray Francisco García Calderón

El número de causas de falsa devoción es grande en todo el siglo XVII, pero vista una, están vistas todas. Ni siquiera hay variedad en los pormenores. Así, por ejemplo, en el auto de fe de Madrid de 21 de junio de 1621 salió con sambenito, coroza y mordaza la célebre embaucadora María de la Concepción,

---

36 *Discursos en defensa de la religión católica contra la secta de los alumbrados, dexados o perfectos* (predicados día de los gloriosos apóstoles san Pedro y san Pablo, 29 del mes de junio, deste año de 1623, en la villa del Arahal, lugar deste Arzobispado de Sevilla); a la publicación general del *Edicto de gracia* de la santa Inquisición. Su fecha en Madrid, 9 de mayo. Por el licenciado Antonio Farfán de los Godos, hijo desta ciudad de Sevilla... Sevilla, oficina de Gabriel Ramos Bejarano, 1623. (En 4.º; cuatro hojas preliminares y 22 de texto. Está ampliamente extractada en el Aparato de Barrantes.)

37 Con privilegio, en Baeza, por Teodoro Díaz de Montoya. Año 1613. Es un volumen dividido en dos tomos, aunque el segundo no tiene foliatura diversa. Va al principio una carta del Jesuita Jerónimo de Acosta, y unos versos muy malos del autor.
Véase extractos en Barrantes, que realmente ha apurado la materia.

beata que presumía de santa, con ser lujuriosa y desenfrenada, y fingía visiones y éxtasis. Se la condenó a doscientos azotes y a cárcel perpetua. Y la sentencia la acusa de haber hecho pacto expreso con el demonio y seguido los errores de Arrio, Nestorio, Elvidio, Mahoma, Calvino y, finalmente, de los materialistas y ateístas; aunque yo creo, salvo todo el respeto debido al santo Tribunal, que de ninguno de estos personajes y sectas tenía aquella beata ignorante la más leve idea.[38]

En Valladolid y en toda Castilla la Vieja pasaba por santa la Madre Luisa de la Ascensión, vulgarmente llamada la monja de Carrión. Era más bien ilusa y engañada que engañadora y de ninguna manera hereje. Contábanse de ella mil prodigios y, sobre todo, que tenía las llagas o estigmas de la pasión en las manos. La Inquisición descubrió el engaño en 1635 y mandó recoger las devociones y reliquias de cruces, cuentas, Niños Jesús, láminas, etc., que con el nombre de la Madre Luisa andaban.[39] Con todo eso, el pueblo siguió venerándola.

Sería vana e inútil prolijidad traer a cuento otros procesos del mismo género, como el de la toledana Lucrecia, de León, el de Juana la Embustera, de Madrid, y el de Manuela de Jesús María, todos los cuales corresponden a los reinados de Felipe III y Felipe IV, en que fue grande la inundación de supercherías así en la vida como en la historia. Pero en tales causas nada de dogma se atravesaba, y vale más dejarlas dormir en el olvido. Sáquelas en buena hora a la luz quien busque noticias de costumbres o quiera satisfacer una curiosidad algo pueril.

Más atención merece, siquiera por lo ruidoso, el proceso de las monjas de la Encarnación Benita de san Plácido, de Madrid. Pocos años llevaba de fundación este convento, y con no poca fama de perfección religiosa, cuando comenzaron a advertirse en él extrañas novedades, que muy luego abultó la malicia. Díjose que casi todas las monjas (veinticinco de las treinta que había) estaban endemoniadas, y entre ellas la priora y fundadora, Doña Teresa de Silva, moza de veintiocho años y de noble linaje. El confesor, fray Francisco García Calderón, natural de Barcial de la Loma, en Tierra de Campos, no se daba paz a exorcizarlas, y entre visajes y conjuros se pasaron tres años, desde 1628 a 1631, hasta que el Santo oficio juzgó necesario tomar cartas en el asunto y llevó

---

38   Véase Llorente, cap. 38 a. 1.
39   Cartas de algunos padres de la Compañía de Jesús (*Memorial Histórico español*, tomo 14, carta del padre Sebastián González al padre Rafael Pereyra, 27 de enero de 1637).

a las cárceles secretas de Toledo al confesor, a la abadesa y a las monjas. Tras varios incidentes de recusación, fue sentenciada la causa en 1633, declarando al Padre Calderón «sospechoso de haber seguido a varios herejes, antiguos y modernos, especialmente a *gnósticos*, agapetos y nuevos alumbrados, y los errores de los pseudo Apóstoles, los de Almarico, Serando y Pedro Joan». Tuvo, añade la sentencia, deshonesto trato con una beata, hija suya de confesión, ya antes castigada en el Santo oficio por alumbrada y por pacto expreso con el demonio; y aún después de muerta predicó él un sermón en loor de ella y la hizo venerar por santa. Decía que «los actos ilícitos no eran pecados, antes, haciéndose en caridad y amor de Dios, disponen a mayor perfección, y no son estorbo para la oración y contemplación, sino que por ellos mismos, y poniendo el corazón en Dios, se puede conseguir un alto grado de oración». Tenía pensamientos de reforma de la Iglesia y de que él y sus monjas habían de convertir al mundo, a lo cual llamaba segunda redención y complemento de la primera. Pensaba llegar a ser cardenal y papa y excitar a los príncipes a la conquista de Jerusalén, y trasladar allí la Sede apostólica, y reunir un concilio, en que se explicaría el sentido oculto del *Apocalipsis* y el de los plomos del Sacro-Monte (!!). Y, finalmente, llamaba inicuo e injusto al Tribunal de la Fe.

Por más que fray Francisco negó lo de ser alumbrado ni hereje y dijo que en los actos libidinosos había procedido «como flaco y miserable», sin pensar ni dogmatizar que fuesen buenos, se le condenó a abjuración de *vehementi*, a sufrir ciertos disciplinazos y a reclusión perpetua en una celda de su convento, con obligación de ayunar tres días a la semana y no comulgar sino en las tres Pascuas.[40] Las monjas abjuraron *de levi* y se las repartió por varios conventos

---

40 El proceso de las monjas de san Plácido está en el Archivo Central de Alcalá de Henares. De lo más sustancial, y especialmente de las dos sentencias, corren multitud de copias en los tomos de papeles varios que poseen los curiosos, y aun creo que ha llegado a imprimirse en todo o en parte. Yo me valgo del manuscrito I-F-52 de la Biblioteca Real de Nápoles, que contiene:
I. Relación del sucesso de san Plácido ante los Inquisidores.
II. Hechos de fray Francisco García Calderón, Prior del Convento de la Encarnación Benita de san Plácido de Madrid, preso en las cárceles secretas de la Inquisición de Toledo, monje Benito; sobre que dieron sus censuras los padres maestros fray Juan de san Agustín, predicador de S. M. Agustino; fray Hernando Muñoz, Trinitario; Luis de Torres,

con diversas penitencias. La abadesa quedó privada de voto activo y pasivo en la comunidad por ocho años.

Y, sin embargo (¡ejemplo singular de lo falible de la justicia humana aun en los tribunales más santos y calificados!), fue inicua la sentencia, a lo menos en lo relativo a las monjas, y el mismo Tribunal vino a reconocerlo por nueva sentencia diez años adelante. Y las cosas acaecieron de este modo:

Tales muestras de fervor, buena vida y humildad cristiana daba en su penitencia la priora, que, convencidos de su inocencia los prelados de su religión, lograron de ella, no sin dificultad, que apelase al Consejo de la Suprema contra la sentencia de la Inquisición toledana; moviéndola a este paso no tanto el cuidado de su buen nombre como la honra de todo el instituto benedictino, comprometido al parecer por aquel escandaloso proceso. Doña Teresa hizo constar que todo había sido maraña urdida por fray Alonso de León, enemigo acérrimo del confesor, y por el comisionado de la Inquisición, Diego Serrano, que aturdió a las monjas, y falsificó sus declaraciones, y les hizo firmar cuanto él quiso, minis et terroribus. Probó hasta la evidencia que jamás había penetrado en su monasterio la herejía de los alumbrados ni otra alguna y que eran atroces calumnias las torpezas que se imputaban a las religiosas. Dijo que realmente ella y las demás se habían creído endemoniadas y que el confesor las exorcizaba de buena fe, pero que quizá hubiera sido todo efecto de causas naturales (fenómenos nerviosos que hoy diríamos). «Solo Dios sabe —añade la priora— cuán lejos estuve de los cargos que me hicieron, los cuales fueron puestos con tal unión, enlace y malicia, que, siendo verdaderas todas las partes de que se componían en cuanto a mis hechos y dichos, resultaba un conjunto falso y tan maligno, que no bastaba decir la verdad, sencilla de lo sucedido para que pareciese la inocencia..., y así, con

---

Jesuita; fray Pedro de Tapia, Dominico, el doctor Cristóbal de Guzmán, maestro del señor Infante, y el doctor don Bartolomé de Castro canónigo penitenciario de la santa iglesia de Toledo, calificador del Santo oficio, una en 29 de julio de 1628, y otra en 4 de febrero del año de 1630.

III. Copia de la protestación que hicieron para siempre las monjas de san Plácido, que está al fol. 1481 del Proceso.

IV. Copia de la carta que escribió fray Francisco G. Calderón al doctor Gaspar Gil, calificador del Santo oficio, canónigo magistral de Zaragoza; la cual está al, fol. 1400 del Proceso original.

la verdad misma me hice daño, por las malas y falsas consecuencias que se sacaban contra mí.»

Hay tal sinceridad y candor en todas las declaraciones de la priora, hasta en lo que dice del demonio Peregrino, de quien se juzgaba poseída, que ni por un momento puede dudarse de su culpabilidad. No así de la del confesor, que parece hombre liviano y enredador, aunque no fuera hereje. El confesó tratos deshonestos, pero con cierta beata, nunca con las monjas.

La Inquisición mandó revisar los autos, hizo calificar de nuevo las proposiciones[41] por los más famosos teólogos de varias órdenes y por sentencia de 5 de octubre de 1638 restituyó a las monjas en su buen nombre, crédito y opinión, dándoles testimonio público de esta absolución, de la cual se envió un traslado al papa otro al rey. Del confesor nada se dice, lo cual prueba que no le alcanzó el desagravio.[42]

VII. El quietismo. Miguel de Molinos (1627-1696). Exposición de la doctrina de su Guía espiritual

De la vida de este famoso heresiarca antes de su viaje a Roma apenas quedan noticias. De él, como de otros disidentes nuestros, puede decirse que no fue profeta en su patria ni le conoció nadie hasta que los extraños le levantaron en palmas. Era un clérigo oscuro, natural de Muniesa, en la diócesis de Zaragoza, y se había educado en Valencia, donde tuvo un beneficio y fue confesor de unas monjas. Se jactaba de haber sido discípulo de los Jesuitas del colegio de san Pablo, a quienes apoyó en sus cuestiones con la Universidad.

Fue a Roma en solicitud de una causa de beatificación el año 1665, pontificado de Clemente IX. De los documentos que tenemos a vista consta que moraba cerca del arco de Portugal, en la calle del Corso, y que de allí se trasladó a otra casa de la calle de la Vite. Asistía muy de continuo a la congregación llamada Escuela de Cristo, en san Lorenzo in Lucina, que más adelante se

---

41 Fueron calificadores: fray Pedro de Urbina, de la Orden de san Francisco; fray Gabriel González y fray Juan García, de la Orden de santo Domingo; fray Luis de Cabrera, de la Orden de san Agustín; fray Marcos Salmerón, de la Merced; Juan de Montalvo, Juan Martínez de Ripalda y Juan Antonio Usoz, Jesuitas; y los doctores don Antonio Calderón y don José Argáez.

42 Hay una copia de esta segunda sentencia en el tomo 118 de *Papeles varios*, ms. de la Colombina.

estableció en santa Ana de Monte-Cavallo, hospicio de religiosas descalzas de santa Teresa; luego cerca de la iglesia de san Marcelo, en las casas del cardenal de Aragón, y finalmente, en la iglesia de san Alfonso, de padres Agustinos Descalzos españoles. Esta congregación fue el primer foco del quietismo, y Molinos llegó a dominarla a su albedrío, arrojando de ella a más de cien hermanos que le eran hostiles. Pronto su fama de piedad y religión le abrieron las puertas de las principales casas de Roma. Parecía buena y sana su doctrina, como que recomendaba sin cesar las obras espirituales del Venerable Gregorio López y del padre Falcón.[43]

Era, conforme le describen las relaciones italianas del tiempo, «hombre de mediana estatura, bien formado de cuerpo, de buena presencia, de color vivo, barba negra y aspecto serio». Pasaba por director espiritual sapientísimo y por hombre muy arreglado en vida y costumbres, aunque no muy dado a prácticas exteriores de devoción.

El fundamento de esta reputación estribaba en un libro tan breve como bien escrito, especie de manual ascético, cuyo rótulo a la letra dice: *Guía espiritual que desembaraza el alma y la conduce al interior camino para alcanzar la perfecta contemplación*.[44] No imprimió esta obrilla el mismo Molinos, sino su *fidus Achates*, fray Juan de santa María, que recogió para ella aprobaciones de fray Martín Ibáñez de Villanueva, Trinitario calzado, calificador de la Inquisición de España; del padre Francisco María de Bologna, calificador de la Inquisición

---

43 *Vida del doctor don Miguel de Molinos Aragoneses condenado en Roma por el sacrosanto y tremendo tribunal de la Inquisición*. «Umbras fugit veritas.» *Triunfo de la verdad y de la santidad de nuestro señor papa Inocencio XI*. Contra el dicho Miguel de Molinos sus errores y maldades. (Relación escrita, a no dudarlo, por un testigo ocular. Es más completa que todas las que hemos visto. Se conserva en Roma, en la Biblioteca de la Embajada de España, ms. E-11 y T-11, n.º 103.)
  —*Sommario del processo et abiura del Molinos*. (Página 289 de un manuscrito de la Biblioteca Casanatense, de Roma, intitulado Varii Succesi Curiosi; X-VII-46.)
  Hay en danés una monografía sobre Miguel de Molinos (Gotha 1855).

44 Me valgo para este análisis de la traducción francesa rotulado *Guide Spirituelle pour degager l'ame des objets sensibles et pour la conduire par le chemin intérieur a la contemplation parfaite, et a la Paix intérieure*, par Michel de Molinos, Prêtre et Docteur en Théologie. Traduite sur la derniére édition Italienne, imprimée a Venise avec Approbation et Privilége. Ámsterdam, chez A. Wollgang... et chez P. Savouret, 1688. (Al fin del Récueil, de Gilberto Burret, que citaré luego.)

romana; de fray Domingo de la santísima Trinidad; del padre Martín Esparza, Jesuita, y del padre Francisco Jerez, Capuchino, definidor general de su Orden. La primera edición se hizo en 1675; reimprimióse al año siguiente en Venecia, y con tal entusiasmo fue acogida, que en seis años llegaron a veinte las ediciones en diversas lenguas. Hoy son todas rarísimas; yo la he visto en latín,[45] en francés y en italiano, pero jamás en castellano; y es lástima, porque debe ser un modelo de tersura y pureza de lengua. Molinos no estaba contagiado en nada por el mal gusto del siglo XVII, y es un escritor de primer orden, sobrio, nervioso y concentrado, cualidades que brillan aún a través de las versiones.

Con todo eso, la *Guía espiritual* es uno de los libros menos conocidos y menos leídos del mundo, aunque de los más citados. Yo voy a presentar un fiel resumen de ella, que muestre su importancia en la historia de las especulaciones místicas. Es fácil analizarla, porque Molinos, al contrario de su paisano Servet, con quien tiene otros puntos de contacto, se distingue por la claridad y el método.

El editor, fray Juan de santa María, quiere persuadirnos de que Molinos escribió la Guía «sin otra lectura ni estudio que la oración y el martirio interior, sin más artificio que los movimientos del corazón, sin otra mira que la de responder a la inspiración y, por decirlo así, a la violencia divina». A despecho de tales pretensiones, comunes en todos los iluminados, v. gr., en Juan de Valdés, Molinos era hombre de grandes lecturas místicas, así ortodoxas como heterodoxas, y con frecuencia cita y aprovecha, torciéndolos a su propósito, conceptos y frases de santa Teresa y de san Juan de la Cruz, lo mismo que de Ruysbroeck y de Tauler o del Aeropagita y de san Buenaventura.

Molinos empieza por definir la mística ciencia de sentimiento, que se adquiere por infusión del espíritu divino, no por la lectura de los libros ni por sabiduría humana. Dos caminos hay para llegar a Dios: uno, la meditación y el razonamiento; otro, la fe sencilla y la contemplación. El primero es para los que comienzan; el segundo, para los ya adelantados, en quienes es preciso que el amor vuele, dejando al entendimiento atrás. Cuando el alma ha roto los lazos de

---

45 *Manuductio spiritualis, una cum tractatu eiusdem de quotidiana communione in Latinam linguam* translata ab Augusto Hermanno Franckio: liber in quo dogmata eorum qui Quietistae vocantur praecipua declarantur: additum decretum Innocentii XI contra Molinos el eius sectam (Lipsiae, por Reinhardus Wechtler, 1687; 12.º).

la razón, Dios obra en ella y la llena de luz y de sabiduría. En tal estado, basta fe general y confusa, y aun negativa, que con serlo, excede siempre a las ideas más claras y distintas que se forman de Dios mediante las criaturas.

La meditación es cosa distinta de la contemplación, aunque una y otra sean formas de oración; pero la primera es obra de la inteligencia; la segunda, del amor. Puede definirse la contemplación: una vista sincera y dulce sin reflexión ni razonamiento. Para alcanzarla es fuerza abandonar todos los objetos creados, así espirituales como materiales, y ponerse en manos de Dios. En el interior del alma se halla su imagen, se escucha su voz, como si no hubiera en el mundo más que él y nosotros.

La contemplación se divide en acquisita o activa e infusa o pasiva. La primera es imperfecta y está en mano del hombre llegar a ella, si Dios le llama por ese camino y le da los auxilios de la gracia. Las señales de esto son: 1.ª incapacidad de meditar; 2.ª tendencia a la soledad; 3.ª fastidio y disgusto de los libros espirituales; 4.ª firme propósito de perseverar en la oración; 5.ª vergüenza de sí misma, horror extremo del pecado y profundo respeto a Dios. En cuanto a la contemplación infusa, que Molinos describe con palabras de santa Teresa en el *Camino de perfección* (cap. 25), es una pura gracia de Dios, que la da a quien Él quiere.

El objeto de la *Guía* es desterrar la rebelión de nuestra voluntad y conducirla a la paz y recogimiento interior. No hay que arredrarse por las tinieblas, por la sequedad y las tentaciones. Son medios de que Dios se vale para purificar el alma. «Es fuerza que sepáis —dice Molinos— que vuestra alma es el centro, el asiento y el reino de Dios. Si queréis que el soberano rey venga a sentarse en el trono de vuestra alma, debéis tenerla limpia, tranquila, vacía y sosegada; limpia de pecados y de defectos; tranquila y exenta de errores; vacía de pensamientos y deseos; sosegada en las tentaciones y aflicciones.»

Cuando el alma se encuentra privada del razonamiento, debe perseverar en la oración y no afligirse, porque su mayor felicidad se halla en ese estado. Esta sequedad y estas tinieblas son el camino más breve y seguro para llegar a la contemplación. Sufrir y esperar, pues, que Dios hará lo restante. Hay que marchar con los ojos cerrados, sin pensar ni razonar absolutamente. A Dios hemos de buscarle no fuera, sino dentro de nosotros mismos. El alma no debe afligirse ni dejar la oración aunque se siente oscura, seca, solitaria y llena de tentaciones y tinieblas. La oración tierna y amorosa es solo para los principiantes, que aún no pueden salir de la devoción sensible. Al contrario, la sequedad es indicio de que la parte sensible se va extinguiendo, y, por lo tanto, buena señal; como que produce todos estos bienes: 1.º, perseverancia en la oración; 2.º, disgusto de todas las cosas mundanas; 3.º, consideración de nuestros defectos propios; 4.º, advertencias secretas, que impiden cometer tal o cual acción y mueven a corregirse; 5.º, remordimiento de cualquier falta ligera; 6.º, deseos ardientes de sufrir y hacer cuanto Dios quiera; 7.º, inclinación poderosa a la virtud; 8.º, conocerse el alma a sí misma y despreciar las criaturas; 9.º, humildad, mortificación, constancia y sumisión. De ninguno de estos efectos se da cuenta el alma por entonces, pero los reconoce después.

Hay dos especies de devoción: la esencial y verdadera y la accidental y sensible. Debe huirse de la segunda, y aun despreciarla, si se quiere adelantar en la vía interior.

Ni ha de creerse que cuando el alma permanece quieta y silenciosa está en la ociosidad, antes el Espíritu santo trabaja entonces en ella, y las tinieblas que Dios envía son el camino más derecho y seguro: aniquilan el alma y disipan todas las ideas que se oponen a la contemplación pura de la verdad divina.

No llegará el alma a la paz interior si antes Dios no la purifica. Los ejercicios y mortificaciones no sirven para eso. El deber del alma consiste en no hacer nada proprio motu, sino someterse a cuanto Dios quiera imponerle. El espíritu ha de ser como un papel en blanco, donde Dios escriba lo que quiera. Ha de permanecer el alma largas horas en oración muda, humilde y sumisa, sin obrar, ni conocer, ni tratar de comprender cosa alguna. Será acrisolada con todo linaje de tormentos interiores y exteriores y se desatarán contra ella todas las pasiones y los deseos impuros. Pero no debe inquietarse ni apartarse del camino espiritual por más recia que la tempestad brame. La tentación sirve para probar al hombre y hacerle sentir su bajeza, y en la tentación se apura y acendra el alma como en el crisol el oro. «Las tentaciones —concluye Molinos— son una gran felicidad. El modo de rechazarlas es no hacer caso de ellas, porque la mayor de las tentaciones es no tenerlas.»

La fe debe ser pura, sin imágenes ni ideas; sencilla y sin razonamientos; universal, sin reflexión sobre objetos distintos. En medio del recogimiento asaltarán al alma todos sus enemigos; pero el alma saldrá ilesa y triunfante con ponerse en las manos de Dios, hacer un acto de fe, separarse de todo lo sensible y permanecer inactiva, retirada en la parte superior de sí misma, abismándose en la nada, como en su centro, y sin pensar en nada, y mucho menos en sí misma. Dios hará lo demás. No se pierde la contemplación virtual y adquirida aunque la molesten mil pensamientos importunos, con tal que no se consienta en ellos.

Los trabajos ordinarios de la vida (estudiar, predicar comer, beber, negociar, etc.) no se apartan del camino de la contemplación, que virtualmente se sigue dada la primera resolución de entregarse a la voluntad divina.

La meditación no comunica al alma más que algunas verdades particulares; solo en la contemplación se halla la verdad universal. Puede entrarse en el mar inmenso de la divinidad teniendo presentes los misterios de la humanidad de Jesucristo; pero mejor por un acto sencillo de fe que por la meditación, la cual, por lo que tiene de racional y sensible, no es del agrado de Molinos. El está por la contemplación pura, en que callan las palabras, los deseos y los pensamientos.

El libro segundo de la *Guía espiritual* está dedicado, en su mayor parte, a consejos sobre la elección de un director espiritual que allane los caminos de la gracia. «Un buen confesor —dice— es más conveniente que muchos libros místicos y espirituales; los libros hacen más daño que provecho, porque están llenos de conocimientos razonados.» A este confesor hay que someterse en todo con obediencia sencilla, pronta y ciega, porque la santa inacción vale mucho más que todos, los esfuerzos propios contra los malos pensamientos y los escrúpulos.

Los avisos a los confesores son, en general, sabios y prudentes; requiere en ellos luz, experiencia y vocación divina, y les aconseja que no se mezclen en los negocios temporales de sus penitentes; que no acepten nunca el cargo de ejecutores testamentarios; que no visiten a sus hijas de confesión; que huyan de toda hipocresía; que impongan penitencias moderadas, para que sea más fácil cumplirlas, que no acepten regalos; que no crean ni condenen de ligero las revelaciones que les cuenten.

Es medio eficacísimo la frecuente comunión para adquirir todas las virtudes, en especial la paz interior. A pesar de las frialdades y sequedades, deben acercarse a la sagrada mesa las almas interiores y espirituales, aunque se encuentren mal dispuestas, sin devoción y sin fervor, con tal que tengan firme resolución de no pecar.

No es preciso entregarse a penitencias austeras e indiscretas, que pueden fomentar el amor propio e inspirarnos acritud hacia el prójimo. Son buenas y santas sin embargo, con tal que estén medidas por la discreción y por los avisos de un buen director. En la vía iluminativa y en la unitiva deben ser muy moderadas. Las penitencias que uno voluntariamente se impone, aunque sean rigurosas, parecen siempre más dulces que las ordenadas por voluntad ajena, pero deben preferirse éstas por lo que mortifican el amor propio. Más fácil es mortificar el cuerpo que el espíritu, pero es más meritoria la mortificación espiritual.

En el libro tercero está lo culminante del sistema: la proclamación más elocuente que se ha hecho nunca del nihilismo estático.

Después de repetir que la paz interior no se logra por dulzuras sensibles ni consuelos espirituales, sino por la perfecta abnegación de sí mismo, añade que Dios purifica el alma de dos maneras: por angustias y tormentos espirituales y por el fuego de un amor ardiente e impetuoso. Para que un alma se convierta en celeste, de terrena que era: para que se una con Dios y goce del soberano Bien, es preciso que sea purificada en el fuego de la tribulación, superior a la de los mártires, porque a éstos los consolaba Dios, al paso que aquí Dios hiere y se esconde. Mas no ha de buscar el alma consuelos sensibles, sino encerrarse y sumergirse en la nada. No consiste la felicidad en gozar, sino en padecer con espíritu tranquilo y sumiso. Hay otro martirio todavía más útil y meritorio, que es solo para los ya curtidos en la lid espiritual, a saber: un fuego de amor divino que abrasa el alma y la consume en deseos amorosos. Molinos describe admirablemente las angustias de este amor.

> Si no encontráis a Dios en todo —continúa después de esa efusión— aún estáis muy lejos de la perfección. El verdadero amor se conoce en sus frutos, que son una humillación profunda y un deseo sincero de ser mortificado y despreciado. En el fondo de nuestra alma está el asiento de la felicidad; allí nos descubre el Señor sus maravillas. Perdámonos, sumerjámonos, en el mar inmenso de su bondad infinita, y quedemos allí fijos e inmóviles. Muramos sin cesar para nosotros mismos; conozcamos nuestra miseria.

Y aquí Molinos dirige la palabra al alma, y la desprecia y la abate y enumera implacablemente sus defectos.

Convencidos ya de nuestra bajeza, con verdadera humildad, no con la que nace de orgullo secreto, «entonces es cuando el divino Esposo, suspendiendo las facultades del alma, le infunde un sueño dulce y tranquilo, en que goza el espíritu con un reposo increíble, sin saber en qué consiste su gozo». El alma elevada a este estado pasivo se encuentra unida con el sumo Bien, sin que esta unión le cueste fatiga, y se llena de luz y de amor.

Dios no ilumina siempre ni por igual modo; unas veces da más luz al entendimiento, otras más amor a la voluntad. El alma puede levantarse a la contemplación infusa por dos caminos: el gusto y los deseos. Y la contemplación infusa tiene tres grados: en el primero se llena el alma de Dios y se disgusta de todo lo mundano; el segundo es una como embriaguez espiritual, un éxtasis o elevación del alma; el tercero, una seguridad inquebrantable, que llega hasta el martirio. Aun pueden señalarse otros cinco grados en la contemplación: el fuego, la oración, la elevación, el placer y el reposo.

Cuatro son los efectos de la contemplación: iluminación, encendimiento, suavidad, inmersión de todas las facultades en Dios. La iluminación es a modo de una ciencia infusa por la cual el alma contempla con delectación la verdad divina; un conocimiento intuitivo de las perfecciones de Dios y de las cosas eternas. La mayor parte de los hombres se dejan guiar de la opinión y juzgan según las falsas ideas que sus sentidos o imaginación les presentan. Pero el sabio, iluminado por la contemplación interior, no juzga de nada, sino guiándose por la verdad esencial que vive en él; y así, oye, concibe, penetra y se levanta sobre todo y sobre sí mismo. Molinos habla con desdén de los sabios escolásticos y de los predicadores retóricos que se predican a sí mismos: «La suprema sabiduría —llega a decir— odia mortalmente las imágenes y las ideas; y la mezcla de un poco de ciencia es obstáculo invencible para la eterna, profunda, pura, sencilla y verdadera sabiduría». Si los sabios mundanos quieren hacerse místicos, tendrán que olvidarse totalmente de la ciencia que poseen, y que, si no lleva a Dios por guía, es el camino derecho del infierno.

Su verdadera y perfecta aniquilación se funda en dos principios: el desprecio de nosotros mismos y la alta estimación de Dios. Esta aniquilación ha de alcanzar a toda la sustancia del alma, pensando como si no pensase, sintiendo como si no sintiera, etc., hasta renacer, como el fénix, de sus cenizas transformada, espiritualizada y deificada.

La nada es el camino más breve para llegar al soberano Bien, a la pureza del alma, a la contemplación perfecta y a la paz interior. «Abismaos en la nada y Dios será vuestro todo.» En no considerar nada, en no desear nada, en no querer nada..., consiste la vida, el reposo y la alegría del alma, la unión amorosa y la transformación divina. Y con una especie de himno en loor de la nada cierra Molinos su tratado,[46] poético en verdad, aunque con cierto género de poesía enfermiza y enervadora. Es el nirvana búdico, la filosofía de la aniquilación y de la muerte, la condenación de la actividad y de la ciencia; el nihilismo en suma, al cual vienen a parar, por diferente camino, los modernos pesimistas y filósofos de lo inconsciente. Eso es el quietismo, y hoy le volvemos a tener en moda, arreado con los cascabeles germánicos de Schopenhauer y Hartmann. De un modo más idealista y espiritual en Molinos, más grosero y material en los modernos, la cesación y muerte de la conciencia individual es el paradero de ambos sistemas: la felicidad está en la nada.

Molinos es autor, además, de un brevísimo *Tratado de la comunión cuotidiana*, que recomendaban mucho todas las sectas alumbradas, y de algunas

---

46 Las principales ediciones italianas de la *Guía* son:
Guida Spirituale per l'interiore Cammino all'acquisto della perfetta contemplazione e pace interiore (Roma, por Miguel Ercole, 1675; en 12.º).
—Ídem, por el mismo impresor, 1677.
—Ídem, Id., 1681.
—*Guida Spirituale, etc., con un Trattato della Communione quotidiana e l'eccellenza dell'orazione mentale* (Venecia, G. Hortz, 1683; en 12.º) Va unido el *Trattato della Communione quotidiana...* (Venecia, G. Hortz, 1683.)
En la edición de Roma (1675) se encuentra, además, una *Lettera scritta ad un Cav. Spagnolo, per animarlo all'esercizio dell'orazione mentale con il modo di farla* (Roma, M. Ercole, 1675).
En latín he visto la siguiente:
Michaelis de Molinos Manuductio Spiritualis, una cum tractatu eiusdem de quotidiana communione; in latinam linguam translata ab Augusto Hermanno Franckio: liber in quo dogmata eorum qui Quietistae vocantur, praecipua declarantur: additum decretum Inn. XI contra Molinos et eius sectam. Lipsiae, Reinhardus Wechtler, 1687. (En 12.º)

cartas espirituales. Nicolás Antonio, que le trató mucho en Roma, le atribuye cierta obra publicada a nombre de don Juan Bautista Catalán.[47]

VIII. Proceso y condenación de Molinos. Ídem de los principales quietistas italianos. Bula de Inocencio XI

No todos ni a primera vista descubrieron el veneno encerrado en la *Guía*. El arzobispo de Palermo no tuvo reparo en ensalzarla y recomendarla a sus diocesanos en una pastoral que dio en 1687. Y entre los devotos de Roma y de Nápoles llegó Molinos a ser considerado como un oráculo. Continuamente recibía cartas de adhesión a su método. Declaráronse abiertamente por él los cardenales Coloredi, Ciceri y, sobre todo, Petruzzi, obispo de Iesi, a quien llamaban el Timoteo de Molinos. Otros cardenales, v. gr., Casanata, Carpegna, Azzolini y D'Estrées, sin haber hecho prolijo examen del libro, se honraban con la amistad del autor. Muchos eclesiásticos vinieron a Roma a aprender de él su método y casi todas las monjas, excepto las que tenían confesores Jesuitas, se dieron a la oración de quietud, tal como se explica en la *Guía*. El cardenal D'Entrées, para mayor crédito de la doctrina, hizo trasladar en italiano un libro de Francisco Malaval: *Practique facile pour élever l'âme à la contemplation, en forme de dialogue*, obra que muchas veces había sido impresa en Francia y que parecía conforme con la doctrina de santa Teresa. Petruzzi publicó al mismo

---

[47] *Traité de la Communion Quotidianne*. Traduit de l'Espagnol de Michel de Molinos, Prétre et Docteur en Théologie. Ámsterdam, 1688. (En el Récuel de Burnet.) Allí mismo pueden verse dos cartas sobre las excelencias de la oración mental y el modo de practicarla. En la segunda se halla esta proposición: «Si el alma se distrae largo tiempo en pensamientos extravagantes y sucios, no deja de agradar a Dios, con tal que no consienta en ellos». En el códice b-IV-1 de la Casanatense (Molinosismo e Molinisti, condamnati dalla Suprema Congregazione del Santo officio. Carte dirette e originali del fu Cardinale Casanata) hay una consulta del párroco de Pomigliano de Atella a Molinos, respondida por éste en 18 de febrero de 1680.

El libro atribuido por Nicolás Antonio a Molinos (art. Juan Baptista Catalá) se rotula *Devoción de la buena muerte con ejercicios de meditación* (Valencia, Bernardo Nogués, 1662). Nicolás Antonio conoció y trató a Molinos y fue uno de los primeros en desaprobar su *Guía*.

Dicen (pero debe ser exageración) que cuando prendieron a Molinos le encontraron más de 12.000 cartas. Tan grandes eran sus relaciones con los devotos de todos los países de Europa.

tiempo muchos tratados y cartas en apoyo de Molinos.[48] Si hubiéramos de creer

---

48 Libros quietistas prohibidos por decreto de 27 de febrero de 1688.
I. *La Vergine Assunta*. Novena Spirituale per il Beatissimo Transito, Risurretione et Assuntione di Maria N. S. Composta da Pier Matteo Petrucci della Cong. dell'Oratorio di Iesi, con una Introduzzione all'Oratione interna, e con una esplicatione di sette punti di perfettione Christiana accennanti dal Ven. P. F. Gio. Tautero, In Macerata, per Carlo Zenobii, 1673.
II. *Meditationi et Esercitii prattici di varie Virtú ed estirpazione de'vitii per la Novena del Santissimo Natale di Giesú N. S. e per la Settimana Santa*. Operetta di Pier Mateo Petrucci della Congregatione dell'Oratorio di Iesi. In Iesi, per Claudio Percimineo, 1676.
III. *Lettere e Trattati Spirituali e Mistici di Pier Matteo Petrucci*, Prete della Congregatione dell'Oratorio di Iesi, parte prima. In Iesi, per Claudio Percimineo, 1678. In Venezia, per Gio. Giacomo Hertz, 1681.
IV. *Lettere e Trattati Spirituali e Mistici di Pier Matteo Petrucci*, Prete della Congregatione dell'Oratorio di Iesi, parte seconda, nella Stampa Episcop. per Claudio Percimineo, 1678. In Venetia, per Gio. Giacomo Hertz, 1681.
V. *I mistici enigmi disvelati. Dichiaratione compendiosa dell'ultimo Sonetto della quarta parte delle Poesie del P. Petrucci*, con un breve metodo per la guida dell'Anime all'Altezza Mistica della divina grazia guidate. In Iesi, per il Percimineo, 1680.
VI. *La Contemplazione Mistica acquistata, in qui si sciogliono l'oppositioni contro di quest'Oratione da Mosing*. Petrucci. Vescovo di Iesi. In Iesi, nella stampa di Claud. Perciminei, 1681. In Venezia, 1682, per Gio. Giac. Hertz.
VII. *Il nulla delle Creature e'l Tutto di Dio*. Trattati due di Mons. Petrucci, Vesc. di Iesi, 1682.
VIII. *Lettere brevi sprituali e sagre di Mons*. Petrucci, Vesc. di Iesi, parte prima, Iesi, 1682.
IX. *Lettere, etc., parte seconda*. Aggiontovi in fine un Trattato per ben regolar le pasioni. Iesi, 1684.
X. *La Scuola dell'Oratione aperta dallo Petruc.* all'Anime devotte nell'espositione d'una Sag. Canzonneta di S. Teresa. In Bologna, per Giacomo Monti, 1686.
XI. *Insegnamenti Spirituali per le Monache*. Operetta di Benedetto Biscia, Prette della Congregatione dell'Oratorio di Fermo. In Iesi, per Claud. Percimineo, 1683.
XII. *Brevi documenti, per l'anime che aspirano alla Christiana perfettioni di Bened*. Biscia (ut supra). In Iesi, per il Perc., 1683.
XIII. *Giesú Spechio dell'Anima, dallo stesso Biscia*. Roma, per il Vanacei, 1683.
XIV. *Propositions tirées des Livres et autres scrits du Docteur Molinos* Chef des Quietistes condamnées par la Sainte Inquisition de Rome. (Hoja suelta.)
La canción de Santa Teresa que en uno de los opúsculos de Petruzzi se glosa es la que comienza:

«Vuestra soy: para Vos nací.
¿Qué mandáis hacer de mí?»

algunas relaciones de aquel tiempo, el papa mismo estaba prevenido en favor de Molinos y pensó darle el capelo.**49**

Los protestantes recibieron con palmas el quietismo. Gilberto Burnet comparaba la obra de Molinos con la de Descartes, considerando al uno como restaurador de la filosofía, y al otro, como purificador del cristianismo. Para él, el misticismo de la *Guía* era el mejor aliado de la Reforma, porque condenaba las mortificaciones voluntarias y las tradiciones humanas, las obras exteriores et tout ce fatras de cérémonies. Y él y otros anunciaban apologías del quietismo y ponían en francés y en inglés la *Guía* y el *Tratado de la comunión cuotidiana*.

Al fin abrieron los ojos los celadores de la fe, y Jesuitas y Dominicos se conjuraron contra los quietistas. El padre Couplet, en el prólogo de su traducción de Confucio, no dudó en asimilarlos con los budistas de la China. Y el padre Segneri, insigne entre los predicadores y místicos italianos, sostuvo en su libro del *Accordo dell'azione e del riposo nell'orazione* que tal estado no es para todos, ni puede ser continuado por largas horas, ni menos en todo el curso de la vida; y que para el común de las gentes vale más atenerse a la meditación y a los usos de la Iglesia. Acusaba a Molinos de olvidar demasiado la humanidad de Cristo y aun toda la parte dogmática de la religión.

La Inquisición romana tomó cartas en el asunto y mandó examinar los libros de Molinos, Petruzzi y sus impugnadores. Aquéllos se defendieron bien, y con esto creció la importancia de los quietistas, aunque algunos dieron en sospechar que Molinos fuera un alumbrado o tal vez algún enemigo oculto de la religión descendiente de moros o judíos, tacha que solían poner en Roma a los españoles. Y aun parece que se pidieron informes reservados a España, sin que resultara nada contra la limpieza de sangre del beneficiado aragonés.

Comenzó a susurrarse que los quietistas formaban una secta pitagórica, con iniciaciones esotéricas y secretos conciliábulos, en que enseñaban errores de moral peligrosísimos. Lo cierto es que se les veía evitar cuidadosamente muchas devociones y hasta parecían limitarse a lo interno del culto.

Cuentan que el padre La Chaise, confesor de Luis XIV, le persuadió, a seguida de las dragonadas y del edicto de Nantes, que era preciso hacer un esfuerzo para acabar con los quietistas, de quienes se decía que eran en Roma un elemento político en pro de los intereses de la casa de Austria y contra Francia.

---

49 Manuscrito X-VII-46 de la Biblioteca de la Minerva.

El arzobispo de París aprobó este parecer, y el rey ordenó a su embajador en Roma, cardenal D'Estrées, perseguir a los quietistas. El cardenal pasaba por amigo de Molinos, pero se decidió a obedecer a su rey, y denunció al jefe de los quietistas, presentando varias cartas suyas y refiriendo conversaciones que con él había tenido mientras fue su amigo, aunque fingido y con el único propósito de descubrir sus marañas. Así dijo.

El Santo oficio decretó en mayo de 1685 la prisión de Molinos,[50] y en febrero del año siguiente, la del conde y la condesa Vespiniani: don Paulo Rocchi, confesor del príncipe Borja, con algunos de sus criados y otras personas, hasta el número de setenta. A la condesa Vespiniani y a su marido se los puso muy luego en libertad. En poco tiempo, más de doscientas personas fueron a las cárceles inquisitoriales. Se hizo visita en varios conventos, y muchas religiosas declararon haber dejado por precepto de sus confesores las prácticas externas para darse a la pura contemplación. No se les impuso más castigo que quitarles los libros de Petruzzi y Molinos. El nepote del papa, don Livio, duque de Cesi, en quien recaía alguna sospecha, se retiró a su quinta, cerca de Cività-Vecchia.

Catorce testigos depusieron contra Molinos, acusándole de haber defendido la oración de quietud y el aniquilamiento interior con todas sus últimas consecuencias; de haber defendido la licitud de los actos carnales y cometídolos él mismo; de haber enseñado el desprecio a las santas imágenes, crucifijos y ceremonias exteriores; de haber disuadido la entrada en religión; de haber aconsejado a sus discípulos que ocultasen la verdad y diesen respuestas equívocas en caso de ser perseguidos.

Respondió Molinos que solo había enseñado la licitud de los malos actos en el caso de no intervenir en ellos la razón ni la voluntad, sino el inferior sentido, instigado por el demonio, y permitiéndolo Dios para probar y purificar el alma. Que había enseñado la doctrina del quietismo solo para los que van por el camino de la perfección, teniendo y considerando las ceremonias externas como inferiores a la unión que por el quietismo se logra. Negó haber tenido conventículos ni permitido actos lascivos, aunque los había excusado en diecisiete penitentes suyos, que nombró, aconsejando a unos que se confesasen y a otros no, según le parecía que había pecado o no la voluntad. Confesó los

---

50 Vivía entonces cerca de san Lorenzo in Panisperna, iglesia de monjas de san Francisco, en compañía de otros dos clérigos españoles.

suyos propios, siempre con la bellaquería de explicarlos por el quietismo y no con consentimiento de la voluntad. Y acabó sometiéndose al Santo oficio, reconociendo por suyas las proposiciones de la Guía, sin querer admitir defensor y pronto a abjurar de todas ellas.

La ceremonia, que fue ruidosa, tuvo lugar en santa María sopra Minerva, famosa iglesia de padres Dominicos. El 2 de septiembre de 1687, a las cuatro de la madrugada, Molinos fue trasladado al convento en una carroza con el padre Comisario y los alcaides del Santo oficio, no sin buena guarda de esbirros. Por la mañana le vieron en la sacristía algunas personas de cuenta, a una de las cuales echó en cara su importuna curiosidad de ver a un hombre infamado. Después de comer y reposar, apareció en el púlpito de la iglesia con ostentación y sin muestras de arrepentimiento. Llenóse el templo de gente, y mucha hubo de quedarse en la calle. Mientras se leía la relación del proceso gritaron algunos: «¡Al fuego!», pero los cardenales allí presentes impusieron silencio. Molinos permaneció inmutable, sin señal alguna de temor ni de confusión. La sentencia le declaraba hereje dogmático y le condenaba a cárcel perpetua, a llevar siempre el hábito de la penitencia, a rezar todos los días el credo y una parte del rosario, con meditaciones sobre los misterios, y a confesar y comulgar cuatro veces al año (en Navidad, Pascua de Resurrección, Pentecostés y Todos los santos) con el confesor que el Santo oficio le señalase. Con él abjuraron dos hermanos de Casa Leoni, uno sacerdote y seglar el otro.[51] No vuelve a saberse más palabra de Molinos hasta su muerte, acaecida en 28 de diciembre de 1696.

---

51 Véase para todo lo referido:
Récueil de diverses pieces concernant le Quietisme et les Quietistes, ou Molinos, ses sentiments et ses disciples. «Miseris succurrere disco.» A Amsterdam, chez A. Wolfgang... et chez P. Savouret. 1688.

Este raro libro, cuyo verdadero autor es (como queda dicho) Gilberto Burnet, es todo en defensa de los molinosistas, aunque el autor era protestante. Contiene traducidas las obras de Molinos y, además, el extracto de una larga carta inglesa, escrita de Roma a Holanda, sobre el asunto de los quietistas.

Corren muchas relaciones manuscritas en tomos de *Papeles varios de las bibliotecas de Francia, Italia y España*, pero añaden bien poco a lo dicho. Véase, entre otras, el *Sommario del processo et abjura del Molinos*. (Manuscristo X-VII-46 de la Casanatense, página 298.) En la Biblioteca Ambrosiana (P-241 Sup.) leí un *Ristretto de Processi fatti in Roma dal Tribunale del Santo uffizio contro Michele Molinos, Antonio Maria e Simone Leoni, eretici quietisti l'anno 1687, sotto il Pontificato di PP. Inocencio XI.*

Entre todos los quietistas procesados entonces no hay más españoles que Molinos y un tal Pedro Peña, aragonés, que por once años había sido criado o secretario suyo, y le tenía por santo y había enseñado a muchos sus doctrinas. Se le condenó a abjuración pública y prisión perpetua, con obligación de recitar todos los días el símbolo de los apóstoles, y cada semana, el rosario, y confesarse en las tres Pascuas. A los hermanos Leoni se les acusa nada menos que de aspirar a una reforma en la Iglesia y nueva interpretación de las Escrituras.

Más se dilató que la sentencia de Molinos la de su amigo y discípulo el cardenal Petruzzi, a quien parecía proteger su alta dignidad. Así y todo, hubo de abjurar cincuenta y cuatro proposiciones, calificadas, respectivamente, de falsas, malsonantes, temerarias, escandalosas, perniciosas y, peligrosísimas, sapientes haeresim, erróneas, carnales y diabólicas, las cuales confesó haber enseñado de buena fe en sus libros, que fueron asimismo prohibidos. Previa esta retractación, fue absuelto de las censuras y renunció a todas sus dignidades.

En 5 de octubre de 1687, y con ocasión del jubileo, se dio *Edicto de gracia* o de indulto, como en Roma decían, a los quietistas que compareciesen a abjurar en el término de tres meses. Se mandó disolver las congregaciones que en diversas partes de Italia se habían formado bajo pretextos espirituales, muchas

---

Proceden a este manuscrito voluminoso, y en 4.º, dos retratos de Molinos, uno de ellos dibujado a lápiz perversamente, con el rótulo *Vera effigies pravissimi seductoris Michaelis de Molinos ad vivum delineata in actu solemnis abiurae factae in Ecclesia Sanctae Mariae super Minervam, aetatis suae LX.* Le representa vestido de clérigo y con la vela de la abjuración en la mano. El otro es un excelente grabado en acero (París, por G. Valet) sobre un dibujo hecho en Roma el día de la abjuración. Contiene, además de la sentencia de Molinos, las de muchos quietistas milaneses: Cristina de Jesús, monja milagrera, llamada en el siglo Dorotea Quaglia, y sus directores fray José Antonio de san Elías, Carmelita calzado; fray Eugenio de Jesús y don Urbano Iznardi.

Yo poseo en dos hojas manuscritas (letra del tiempo) un romance anónimo contra Molinos que comienza:

«Mirándose tan bien visto,
Aunque era tan mal mirado,
Molinos pretendió ser
Potente rey de Romanos...»

No lo copio porque es larguísimo y, además, indecente y perverso como poesía, lleno de equívocos y retruécanos. No he podido averiguar su autor.

de ellas anteriores a Molinos. Ya en 1655, el nuncio en Venecia, Carlos Caraffa, había dado aviso al Santo oficio de las herejías sembradas en la Valcamonica (diócesis de Brescia) por el milanés Giacoppo di Filippo, rector del oratorio de santa Pelagia, en Milán. Sus sectarios se llamaban pelaginos y aún iban más allá que los molinosistas, puesto que condenaban la confesión, la comunión y todo género de ceremonias religiosas. Hízose diligente inquisición en aquel valle, próximo a la Valtellina, y se averiguó que existían congregaciones de más de seiscientas personas, dirigidas por el arcipreste de Pisogno, Ricccaldini, y que practicaban una especie de oración de quietud, con gran menosprecio del culto externo. Se mandó cerrar los oratorios y fue extrañado del territorio bresciano el arcipreste y castigados con diversas penitencias sus cómplices.[52]

En 1671, el inquisidor de Casal había denunciado a un tal Antonio Gijardi, médico francés, que enseñaba en el Montferrato una doctrina semejante a la de los pelaginos, contando entre sus secuaces al conde Mauricio Scavampi. El médico confesó haber aprendido su doctrina acerca de la oración de quietud de una monja ursulina de la diócesis de Viena, del Delfinado. Con saludable rigor logró cortar el obispo de Alba esta herejía muy en sus principios. Enviada a Roma la instrucción que la monja había dado al médico, declaráronla católica los calificadores, a pesar de lo cual, y por los peligros que pudieran seguirse, se mandó al médico que no siguiera enseñándola. Con todo eso, sus discípulos la propagaron en el Piamonte, y el Genovesado, especialmente en la diócesis de Savona, según resulta de un aviso del inquisidor de Génova en 24 de agosto de 1675. En Córcega aparecieron también algunos herejes, y hubo que estorbar la impresión de un libro quietista intitulado *La Sunamitide della Sacra Cantica*, reducido a sostener que podía llegarse a la unión mística sin pasar por las vías purgativa e iluminativa.

Al mismo tiempo, el inquisidor de Alejandría de la Palla envió nueva denuncia contra el conde Mauricio Scavampi, y el obispo de Savona vedó rigurosamente tales enseñanzas por edicto de 12 de diciembre de 1675. Como los términos eran demasiado generales y parecían condenar toda oración mental, el Santo

---

52   Tomo estos datos de un precioso códice de la Biblioteca de los Dominicos de la Minerva, de Roma, señalado b-IV-1, que se rotula: *Molinismo e Molinisti, condamnati dalla Suprema Congreazione del Santo ufficio*. Carte dirette e originali del fu Scip. Cardidale Casanata.

oficio comunicó una aclaratoria al obispo en 27 de abril de 1676. Más tarde se esparcieron doctrinas semejantes en la diócesis de Espoleto por un tal Giacoppo Lombardi, a quien en 1542 había penitenciado el Santo oficio de Perusa. Prendiósele en Espoleto y murió en las cárceles. El cardenal Bichi logró traer al buen camino a sus discípulos, que, adoctrinados en los libros de Lombardi, reprobaban casi todas las ceremonias y prácticas del culto externo. Finalmente, hasta en Nápoles prendió la herejía, y el cardenal Caracciolo tuvo que prohibir una apología de la oración de quietud. Cada día se multiplicaban las condenaciones de libros místicos en castellano, francés e italiano. También se procesó al padre Romiti, que dirigía en la diócesis de Camerino una congregación de mujeres quietistas, llamadas filipinas.[53]

Seguir las vicisitudes y procesos de estos quietistas italianos, que, a lo menos en Sicilia, llegaron hasta el siglo XVII, fuera materia curiosa, pero ajena de este lugar. Bástenos recordar, para fin y remate de esta historia, la bula *Caelestis Pastor* (de 20 de noviembre de 1688), en que Inocencio XI condenó sesenta y ocho proposiciones molinosistas, no entresacadas todas de la *Guía espiritual*, sino, además, de los escritos de Petruzzi y de las confesiones y abjuraciones de varios hierofantes de la secta.

Los principales son:

Entregado que sea el libre albedrío a Dios se debe poner en sus manos el cuidado y el pensamiento de toda cosa nuestra, dejando que obre en nosotros, sin nosotros, su divina voluntad.

—Es acto de imperfección, en quien está resignado a la divina voluntad, pedir a Dios nada, ni darle las gracias por cosa alguna.

—No conviene buscar indulgencias de la pena debida por los pecados propios, y es mejor satisfacer a la divina justicia que implorar la divina misericordia, porque aquello procede del amor puro de Dios y éstos del amor propio e interesado.

—Entregado que sea el libre albedrío a Dios no se deben temer ni resistir las tentaciones.

—Quien en la oración se vale de imágenes y figuras y de propios conceptos no adora a Dios en espíritu y en verdad.

---

53 Constan estas peregrinas noticias en el códice de Casanatense, y algunas también en *Gli eretrici d'Italia*, de Cantú (tomo 3 disc. 50).

—Quien ama a Dios como la razón y el entendimiento lo conciben no ama al verdadero Dios.

—En la oración es necesaria una fe oscura y universal, con reposo o quietud, y olvido de cualquier pensamiento particular y distinto de los atributos de Dios.

—Los pensamientos que se ocurren en la oración, aunque sean impuros, o contra Dios y sus santos, o contra la fe y sacramentos, si se sufren con indiferencia y resignación, no impiden la oración de fe, antes la hacen más perfecta, porque el ánima está más resignada a la divina voluntad.

—Aunque sobrevenga el sueño, y uno se duerma, la contemplación prosigue, porque oración y resignación son una misma cosa, mientras dura la resignación, dura la oración.

—No hay más vía mística que la interna.

—Es bueno el tedio de las cosas espirituales, porque así se purifica el amor propio.

—El amor suple con modo más perfecto todos los demás actos de las virtudes que se puedan hacer y se hagan en la vía ordinaria.

—Para el alma interior todos los días son iguales, todos fiestas; todos los lugares son templos.

—Las almas, en la vía interna, no han de hacer operaciones, ni aun virtuosas, de propia elección, ni actos de amor a la virgen, a los santos, a la humanidad de Cristo, por ser estos objetos sensibles.

—Por fuerte que sea la tentación no debe hacer el alma actos explícitos de virtud opuestos, sino permanecer en el susodicho amor y resignación.

—Las obras más santas y las penitencias que han hecho los santos no bastan para alejar del alma una sola tentación.

—Dios permite y quiere, para humillar hacer llegar a la perfección a algunas almas elegidas, que el demonio cause violencia en su cuerpo y las haga cometer actos carnales y pecaminosos. (Los molinosistas traían, en apoyo de este error, diabólicas y torcidas interpretaciones de algunos lugares de la Escritura, sobre todo de uno del, cap. 16 de *Job*, y añadían que «tales actos no son pecado, por ser sin consentimiento».)

—Dios, en los tiempos pasados, hacía los santos por medio de los tiranos: hoy lo hace por medio de los demonios, que, causándoles las dichas violencias, hace que internamente se humillen, se aniquilen en sí mismos y se resignen en Dios. Job blasfemó, y con todo eso «non peccavit labiis suis», porque fue violencia del demonio. Estas violencias son medio más proporcionado para aniquilar el alma y hacerla llegar a la verdadera transformación y unión.

—Cuando estas violencias llegan, déjese obrar a Satanás, sin usar propia industria ni propia fuerza, sin inquietarse y sin escrúpulos ni dudas, porque el alma se hace más iluminada, más fortificada y cándida, y adquiere la santa libertad.

—En la Sagrada Escritura hay muchos ejemplos de violencias y actos externos pecaminosos: como Sansón, que por violencia del demonio se mató juntamente con los Filisteos, se casó con una alienígena y pecó con Dalila, meretriz, cosas todas prohibidas, y que hubieran sido pecados. Como Judit, que mintió a Holofernes. Como Eliseo, que maldijo a los niños. Como Elías, que abrasó a los dos capitanes, con las tropas del rey Acab.

—Para conocer en la práctica si algún acto de otra persona es violencia del demonio, basta ver si son almas que aprovechan en la vía interna, con luz actual y superior al conocimiento humano y teológico.

Por esta vía interna se llega, aunque con mucho trabajo, a purificar y hacer morir todas las pasiones, hasta que no se siente nada, nada, ni se experimenta ninguna inquietud, como si se tratara de un cuerpo muerto. Entonces no es posible ni aun el pecado venial.

—Este camino interno nada tiene que ver con la Confesión ni con los confesores, ni con los casos de conciencia, ni con la Teología o la Filosofía. Las almas perfectas no tienen para qué llegarse al tribunal de la Penitencia, porque Dios suple los efectos del Sacramento, dándoles gracia perseverante.

Llegada el alma a tal estado, no tiene voluntad, porque Dios se la quita.

—Se llega por la vía interna a la muerte de los sentidos, como quien está en la nada, y muere de muerte mística, y aunque los sentidos representan las cosas exteriores, no repara en ellas el entendimiento.

—A los superiores se debe obedecer solo en lo exterior.

—El teólogo tiene menos disposición que el hombre rudo e ignorante para ser contemplativo: 1.º, porque su fe no es tan pura; 2.º, porque no es tan humilde; 3.º, porque no tiene tanta seguridad de la salvación; 4.º, porque tiene la cabeza llena de fantasías, especies, opiniones y especulaciones, y no puede acercarse a la verdadera luz.[54] [55]

IX. El quietismo en Francia. El padre Le Combe y Juana Guyón. Concepción de las «Máximas de los santos», de Fenelón

Aunque el quietismo francés, especialmente en Fenelón, no tomó en sustancia de los molinosistas españoles más doctrina que la del puro amor, conviene decir dos palabras de este ruidoso negocio, ya que amigos y adversarios mezclaron

---

54 Para completar las noticias de Molinos, añadiré que en el ms. X-V-27 (*Papeles varios*) de la Casanatense hay, en la página 231, dos cartas del hereje aragonés al padre Oliva, general de la Compañía de Jesús, escritas en febrero de 1680, cuando comenzaron a esparcirse las primeras sospechas contra su doctrina. Molinos procura ponerse a cubierto: se da por muy amigo de los Jesuitas y partidario de la Compañía, y recuerda que por serlo le mortificaron y persiguieron los doctores de Valencia. Añade que a sus penitentes les recomendaba los *Ejercicios* de san Ignacio. Rechaza toda complicidad con los begardos e iluminados, de quienes dice que habían resucitado en España en 1679, y que, pidiendo a él (Molinos) parecer sobre ellos, le había dado contrario (16 de febrero).
La respuesta del padre Oliva es muy cortés, pero esquiva la cuestión diestramente. Confiesa no haber leído nada de Molinos; pero no puede creer lo que se refiere a su doctrina acerca de la oración de quietud (28 de febrero).
En su segunda carta hace Molinos algunas declaraciones, sobre el sentido de dicha oración, aclarando las palabras de la Guía y trayendo en su abono gran número de místicos, así ortodoxos como heterodoxos (29 de febrero).
La segunda carta del padre Oliva es medio irónica. Recuerda a Molinos que casi todas las monjas dirigidas por Jesuitas habían dejado sus consejos y la vía de la meditación para entregarse a la sublime oración de quietud, acerca de la cual trae consideraciones muy atinadas.
En otro volumen de *Papeles varios* (X-IV-34) de la misma Biblioteca hay un escrito titulado: *La Política Segreta del Michele Molinos*, scoperta da un Dottor, il quale essendo stato suo sequace, s'é finalmente ravveduto, e hora segue il partido della santa Chiesa Romana.

55 Véase además: «Respuesta a vnos errores, que han aparecido vagos sin autor; bien que se presume prohijarse al insigne varón el doctor Miguel de Molinos, de quien se dize al presente, estar preso en las cárceles del santo tribunal de la Inquisición en Roma y dize bien el título: Errores acerca de la nueva Contemplación, es oración de quietud. Pues todo el papel, no es otra cosa, que vn embolismo de errores, assi en las proposiciones falsamente prohijadas a este docto e ilustrado varón, como en las impugnaciones que a ellas se responden».
—Impr. s. l., n. a., 25 páginas, en folio (Simancas, Inquisición. Leg. 1595).
Hay en danés una monografía sobre Miguel de Molinos (Gotha 1855).

en él el nombre de Molinos. Seré muy breve, porque los documentos abundan y porque la cuestión entre Bosuet y Fenelón es para nosotros de un interés muy secundario.

En medio de las pompas de Versalles y del carácter algo profano y teatral de aquella corte y de aquella época, *El siglo de Luis XIV* fue fecundo en místicos teósofos, y los últimos años del desastroso reinado que la adulación llamó grande vieron desarrollarse, al amparo de madama de Maintenon, algo la piedad sincera y mucho la mojigatería. Púsose de moda la devoción, como pocos años más adelante, en tiempo del Regente, la impiedad y la licencia, la hipocresía del vicio sustituida a la hipocresía de la virtud.

En Francia habían sido muy leídos los místicos españoles y traducidos todos, especialmente santa Teresa y san Juan de la Cruz. En sus obras se amamantaron tan nobles espíritus como el angélico obispo de Ginebra y la santa baronesa de Chantal. Pero, mezclados con los libros y enseñanzas de tan sublime doctrina, vinieron, así de España como de Italia, todos los frutos de la demencia de quietistas e iluminados, y a su vez tuvieron discípulos y formaron escuela.[56] No faltó a la secta su Priscila, que nunca se ha visto congregación de alumbrados sin influjo femenino. Solo que en Francia la iniciadora de esos sueños místicos no fue, ni podía ser, una monja taumaturga o alguna beata andariega, como en nuestra democrática España, sino una mujer de mundo y de alto nacimiento, hermosa, elegante y tan conocida en los salones como en las iglesias. Tal fue Juana de la Mothe Guyón, viuda joven, rica y muy bien emparentada, cuyo púlpito o academia fue el hotel Beauvilliers. Allí la conoció Fenelón.

En sus escritos, que son innumerables y muy voluminosos (señalándose entre ellos el *Medio corto y fácil de hacer oración, la Explicación mística del Cántico de los Cánticos, los Torrentes, las Justificaciones*, la *Vida íntima y un enorme comentario espiritual a la Biblia*),[57] se da la mano con Molinos, aunque jamás llegó a leerle, y explica, como él, que «el éxtasis perfecto se cumple por la aniquilación total, en que el alma, perdiendo el propio dominio, se abisma en Dios, sin esfuerzo y sin violencia, como quien entra en el lugar que le es propio y natural». Lo mismo que los quietistas italianos, tiene en poco la oración vocal.

---

56 Véase *Las biografías de Bossuet y Fenelón* por el cardenal Beausset, y como libro racionalista, *Le Mysticisme en France au temps de Fénélon*, de Matter (París, Didier, 1866).

57 Sus obras completas llenan cuarenta volúmenes en la edición de París 1790.

«Mi corazón —dice— sin ruido de palabras, se hace oír de su bien amado, y oye a su vez el silencio profundo del Verbo siempre elocuente, que habla sin cesar en el fondo del alma.»

A sus errores juntaba madama Guyón una petulancia y vanidad femenil y francesa verdaderamente extraordinarias, y se distinguía por la nota característica de todos los falsos místicos: la ausencia de humildad. Creía recibir visitas de los ángeles; llamábase la esposa del Niño Jesús y la madre espiritual de Fenelón, entonces muy joven, y se juzgaba nacida para la predicación y la enseñanza. Quiso convertir a los ginebrinos, pero el padre Le Combe, barnabita, director de las Jóvenes Católicas de Gex, la retrajo de tal propósito, y formó con ella alianza mística, en que muy pronto el superior entendimiento y la vigorosa iniciativa de la Guyón se sobrepuso al débil carácter de su director.

Nuestra unión era tan perfecta —dice madama Guyón—, que no formábamos más que una unidad, de manera que yo apenas podía distinguirle de Dios.

Juntos dogmatizaron y enseñaron en Marsella, Lyón, Grenoble y, finalmente, en París, donde fue denunciado en 1688 el padre Le Combe como sospechoso de molinosismo por su *Análisis de la oración mental*. El arzobispo de París, Mons. D'Harlay, obtuvo una orden real para encerrarle en la Bastilla, de donde pasó a la isla de Olerón y, por último, al hospital de Charentón en un estado de furiosa demencia.

Madama Guyón, encerrada, en las Visitandinas de la calle de san Antonio, se defendió con habilidad. Pero, aunque fuese cierto que no había llegado a las extremas consecuencias del quietismo, también lo era que recomendaba el estado de aniquilación, en que el alma nada quiere, nada desea, ni aun su propia salvación, lo cual llamaba amor desinteresado y perfecto.

Esta teoría enervadora de la voluntad contagió a Fenelón, que, simple clérigo o abate todavía, pero muy apreciado por la pureza y sencillez de sus costumbres, por lo dulce y ameno de su trato y por la gracia literaria de sus primeros escritos, frecuentaba mucho la corte, y aún más el hotel Beauvilliers, donde era oída como un oráculo, en materias de misticismo, la autora de los Torrentes, libre ya de su reclusión después de ocho meses. «Me interesé por él —dice hablando de Fenelón— con extremada fuerza y dulzura. Parecióme que Dios me unía a él más íntimamente que a ningún otro... El espíritu que hallé en mi interior me pidió el consentimiento para esta unión, y yo le di... Entonces se verificó en mí una como filiación espiritual... Al principio creí que no gustaba de mí... Luego se aclaró un poco el nublado.»

Realmente es cosa que pasma el que una mujer que en tales términos se explicaba, y a quien no sabe uno si calificar de visionaria y loca o de coqueta a lo divino, llegase a influir por tan extraño modo en un espíritu tan recto y claro como el del autor del *Tratado de la existencia de Dios* y de la refutación de Malebranche. Pero todo hombre tiene los defectos de sus cualidades, y el defecto de Fenelón, dicho sea *pace tanti viri*, era cierta tendencia al sentimentalismo religioso y declamatorio, de que han solido adolecer los franceses. Como quiera, el buen gusto y el mismo candor y sinceridad de alma del futuro arzobispo de Cambray le libraron de caer en las risibles aberraciones de madama Guyón, a quien entonces se abrían todas las puertas, hasta la del colegio de Saint-Cyr, y sonreían todos, incluso la misma madama de Maintenon. Tan satisfecha estaba la nueva profetisa y maestra de espíritus con su misión providencial, que llegó a decir que «disfrutaba de una felicidad semejante a la de los bienaventurados, salvo la visión beatífica».

El obispo de Saint-Cyr hizo nueva denuncia contra ella; el obispo de Chartres fulminó un *Aviso* o *Instrucción pastoral*, y, entrando en cuidado madama de Maintenon, quitó los libros de la famosa iluminada de manos de las educandas de Saint-Cyr y prohibió a la Guyón la entrada en aquel convento. Con esto acabó de desatarse la tempestad, primero contra ella, luego contra Fenelón. Y al frente de sus contradictores se puso desde luego el gran Bossuet, espíritu dogmático y austero, poco místico, pero teólogo a machamartillo y enemigo de sueños y visiones. Júzguese lo que pensaría de los Torrentes, de los *Nuevos Apocalipsis* y de la autobiografía que madama Guyón tuvo la torpeza de someter a su examen. Examinados sus escritos e interrogada ella misma en las conferencias de Issy por una comisión de la que formaban parte Bossuet, el obispo de Chalons y el abate Tronson, formulóse en treinta y cuatro artículos una explícita condenación del supuesto estado de contemplación y reposo permanente e invariable y de la muerte espiritual en el sentido de aniquilación y no en el de purificación, como el Apóstol la entiende. La pena impuesta a madama Guyón fue muy leve, si es que merecía llamarse pena: pasar seis meses en Meaux bajo la dirección espiritual de Bossuet, que se proponía convertirla. Ella pasó por todo, y firmó una abjuración de su doctrina, pero pronto dejó la tutela de Bossuet para volverse a París.

Hasta ahora, Fenelón había intervenido poco en estas cuestiones, limitándose a extractar pasajes de libros místicos sobre el amor puro y la contemplación para que Bossuet los tuviera presentes en las conferencias de Issy. Aún duraba su amistad y también el crédito de Fenelón en la corte, pues el mismo año de las conferencias de Issy, en 1695, era exaltado a la archidiócesis de Cambray, y Bossuet presidía a su consagración.

Pronto estallaron las hostilidades. Fenelón se negó con leves pretextos a condenar los escritos de madama Guyón, como ya lo habían hecho el arzobispo de París y los obispos de Meaux, Chalons y Chartres. En 10 de diciembre de 1695, madame Guyón fue presa y conducida a Vincennes, de donde salió desterrada para el obispado de Blois. Allí pasó sus últimos años en obras de caridad y devoción, arrepentida de sus errores a lo que parece.

Fenelón salió a la defensa de la reclusa de Vincennes y negó su asentimiento a la Instrucción pastoral, de Bossuet, sobre el estado de la oración, en que se achacaban a la Guyón todos los errores de Molinos, hasta los más abominables. Por el contrario, el arzobispo de Cambray negaba todo parentesco entre las dos enseñanzas, y, para mostrar que la doctrina del puro amor era conforme a la de los místicos antiguos, compuso su *Explicación de las máximas de los santos sobre el estado de la oración*. Sus amigos publicaron el libro quizá demasiado pronto y contra su voluntad. El efecto fue desastroso. Fenelón fue desterrado de la corte, lo cual aquellos palaciegos tenían por incomparable desgracia, como si la residencia de un obispo debiera ser Versalles y no su diócesis. Se delataron las *Máximas* a Roma, y mientras estuvo la cuestión sub judice se cruzaron de una parte a otra innumerables opúsculos, en que hicieron Bossuet gallarda muestra de su elocuencia y vigor polémico, y Fenelón, de su saber místico y de la candidez de su alma.

Triunfó Bossuet, no por las intrigas de sus agentes en Roma ni porque el rey y madama de Maintenon estuvieran con él, sino por una razón más fuerte y poderosa que todas éstas: porque tenía razón en la polémica.

Inocencio XII condenó en 1699 veintitrés proposiciones del libro de las *Máximas*, no como heréticas, sino como erróneas. Referíanse todas al amor desinteresado y a la oración pasiva. El mejor de los biógrafos de Fenelón, el cardenal Beausset, las resume en estas palabras:

> Hay en esta vida un estado de perfección, que excluye el deseo de la recompensa y el temor de las penas.
> Existen almas tan resignadas a la voluntad de Dios, que si en un estado de tentación llegasen a creer que Dios las condena a las penas eternas, las aceptarían gustosos, sacrificando al amor de Dios su propia salvación.

Doctrina a primera vista generosa y deslumbradora, pero contradictoria hasta en los términos; porque ¿qué es el amor a Dios sino la aspiración al Bien absoluto? ¿Y no es una quimera el amor que excluye su objeto y mata la esperanza?

Fenelón, notable ejemplo de humildad cristiana, se sometió, y leyó desde el púlpito de Cambray el breve de condenación de las *Máximas de los santos*. Pero en una memoria que dejó manuscrita entre sus papeles para que, después de muerto él, se remitiera al papa, insiste en probar que «jamás pretendió defender ninguna de las veintitrés proposiciones en los términos en que están enunciadas en el breve», y torna con atenuaciones a la doctrina del puro amor, idéntica en sustancia a la moral desinteresada de los kantianos y demás filosofistas modernos, que vedan hacer el bien por motivos de esperanza o de temor.

X. El quietismo y la mística ortodoxa

La impiedad moderna, en su diabólico afán de confundir la luz con las tinieblas y llamar bueno a lo malo, y malo a lo bueno, ha dicho por boca de sus doctores sin luz que el quietismo y las sectas alumbradas nacieron del misticismo español y son su fruto legítimo. Mil veces he leído y oído decir que Molinos desciende de santa Teresa, que la mística española es panteísta y otros mil absurdos de la misma laya.

Pero quien con atención siga la historia de las herejías, verá, como al principio de este capítulo queda explicado, que la genealogía de Molinos se remonta mucho más y no para hasta Sakya-Muni y los budistas indios, y que desde ellos desciende, pasando por la escuela de Alejandría y por los *gnósticos*, hasta los begardos y los fratricellos y los místicos alemanes del siglo XIV. Y sabrá también que las gotas de sangre española que el quietismo tiene son de sangre heterodoxa, ya priscilianista, ya árabe de Tofáil (el filósofo autodidacto), ya de los alumbrados del siglo XVI. Y ni estos alumbrados, ni menos los fratricellos y los begardos, aunque unos y otros hayan sonado más o menos ruidosamente en nuestra Historia, son planta indígena, pues en Provenza, en Italia y en Francia los hubo antes, y de más importancia y en mayor número. Ni había, puede decirse, mística española cuando comenzaron los alumbrados. Ni Molinos dogmatizó en España, ni tuvo aquí discípulos hasta el siglo XVII, ni hizo aquí ruido su herejía, ni leyó nadie su libro, que es y ha sido siempre rara avis en nuestras bibliotecas. Y si por haber dado cuna al heresiarca aragonés se nos califica de nación embrutecida, ignorante, fanática y sensual, ¿qué diremos de la Francia de Luis XIV, donde el rey, y madama de Maintenon, y Bossuet, y Fenelón, y la corte, y los literatos, y cuanto había de culto y elegante en aquella sociedad se apasionó en pro o en contra de esa doctrina española que aquí mirábamos con indiferencia? ¿Qué de Italia, donde hasta un cardenal fue discípulo de Molinos y tuvo la secta iglesias y congregaciones? ¿Qué de los protestantes ingleses y alemanes, que pusieron la *Guía espiritual* sobre sus cabezas? ¿Qué de Leibnitz, que no se desdeñó de intervenir en la cuestión del amor puro? ¿Qué de los pesimistas, que reproducen hoy, en otro sentido, la doctrina del nirvana, y de los innumerables sofistas que, desde Fichte acá, preconizan la moral desinteresada?

Resulta de todo esto, mirada la cuestión histórica e imparcialmente, que no tenemos que responder los españoles solos de los extravíos alumbrados y quietistas, que son muy viejos en el mundo y comunes a todas edades, razas y naciones, brotan lo mismo en el siglo VII antes de Cristo que en el XVI, y en el XVII y en el XIX después de su venida; porque nunca faltarán ilusos y fanáticos que, llamándose *gnósticos*, o krausistas, o de cualquiera otra manera pretendan alcanzar en esta vida la intuición de lo absoluto, directa y en vista real; que es a lo que viene a reducirse la metafísica de todo este grupo de sistemas y herejías, en su esencia panteísticos. ¿Por qué se ha de culpar del desarrollo de tales plantas a la Inquisición española, que las descuajaba de raíz y sin piedad? Por ventura, en materia de extravagancias, visiones y alumbramientos, ¿no vale más que todos los nuestros juntos el zapatero teósofo Jacobo Boehme, con todo y haber nacido en la Alemania protestante? ¿Eran españoles los anabaptistas? ¿Y con qué derecho acusan a España ni al catolicismo de favorecer tales engendros los impíos del siglo XVII, que se iban como embobados detrás de nuestro Martínez

Pascual o del visionario Swedemborg; ni menos los de éste, que miran como cosa seria el espiritismo, verdadera secta iluminada, tan repugnante, inmoral y enervadora como las antiguas?

¿Y por qué ha de recaer exclusivamente en nosotros la afrenta de Molinos, cuando Italia, donde él escribió y dogmatizó, estaba llena de quietistas, denunciados en 1655 por el obispo de Brescia, en 1671 por el inquisidor de Montferrato, siendo así que la *Guía espiritual* no apareció hasta 1675? ¿No podría decirse que Molinos, lejos de ser maestro y contagiador, fue discípulo de Giacoppo di Filippo, y de Antonio Girardi, y que, si llegó a dar su nombre a la secta, fue solo porque tenía más talento y más gracia de estilo y quizá más franqueza que ellos?

¿Quién osa comparar la doctrina de Molinos con la de nuestros místicos ortodoxos? Tomemos al más exaltado de ellos, a san Juan de la Cruz, tan citado por todos los críticos racionalistas, que ni le entienden ni le leen entero.

¿Qué dice el sublime reformador del Carmelo? Que la vida espiritual perfecta es posesión de Dios por unión de amor (*Subida del monte Carmelo*) y que a esta perfección no se llega sin el ejercicio de las tres virtudes teologales (*Avisos y sentencias espirituales*, página 16). Es decir: con la esperanza, anatematizada por los quietistas; con las obras de caridad, de que ellos huyen. Y expresamente dice el extático Doctor de Hontiveros que las gracias y favores espirituales no son permanentes, ni de asiento, sino por vía de paso, y que en ellos, lejos de revelar Dios su esencia cara a cara, da claramente a entender y sentir... que no se puede ni sentir del todo. (*Avisos*, página 28.)

¿Cómo errar con tales avisos? Ya nos advierte el santo Doctor que «cualquier alma de por ahí, con 4 maravedises de consideración, si sienten algún recogimiento, luego lo bautizaron todo por de Dios, y... ellas mismas se lo dicen, y ellas mismas se lo responden, con la gana que tienen de ello». Quien así sentía de los reveladores y visionarios, y aun llegaba a decir que «el alma que pretende revelaciones peca venialmente por lo menos... y va disminuyendo la perfección de regirse por la fe, y abre la puerta para que el demonio le engañe», ¿puede tener parentesco alguno con los alumbrados?

¿Y este amor de Dios excluye la inteligencia? No, responde nuestro santo: «el perfecto amor de Dios no puede estar sin conocimiento de Dios y de sí mismo». (*Avisos*, página 94.) ¿Y se pueden descuidar los sentidos, absorta el alma en la contemplación? Tampoco, sino guardarlos, porque son puertas del alma. (*Avisos*, página 110.)

Los quietistas olvidan la consideración de la humanidad de Cristo; y, por el contrario, san Juan de la Cruz nos enseña (*Avisos*, página 250) que «por su vista y meditación amorosa se subirá más fácilmente a lo muy levantado de la unión, porque Cristo, Señor Nuestro, es verdad, camino y guía para los bienes todos».

San Juan de la Cruz cantó en prosa admirable y en versos aún más admirables que su prosa, y de fijo superiores a todos los que hay en castellano, las delicias de la unión extática, que llama dulce abrazo, en que siente el alma la respiración de Dios:

> Quedéme y olvidéme,
> el rostro recliné sobre el amado;
> cesó todo y dejéme,
> dejando mi cuidado
> entre las azucenas olvidado.

Pero para llegar a esta unión, que es siempre por fe y no directa, ha de pasarse antes por las vías purgativa e iluminativa; y aun en el momento del éxtasis conserva el alma su individualidad, y se reconoce sustancialmente distinta de Dios, y no se aniquila, sino que ejerce su libertad en el mismo acto de entregarse, cuando exclama el divino poeta:

> Apaga mis enojos,
> pues que ninguno basta a deshacellos,
> y véante mis ojos,
> pues eres lumbre de ellos,
> y solo para ti quiero tenellos.
> Descubre tu presencia,
> y máteme tu vista y hermosura...

Declara enseguida en el comentario que lo que pide es ser desatado de los lazos de la carne, pues en ella no puede verse ni gozarse la divina esencia como él desea, y que en esta vida solo comunica Dios ciertos visos entreoscuros de su divina hermosura, que hacen codiciar y desfallecer el alma en el deseo de aquello que siente encubierto. Pero, si lo viese cara a cara, moriría, porque dijo el Señor a Moisés en el Sinaí: Non poteris videre faciem meam; non enim videbit homo, et vivet.

¿Y qué diremos de la mística doctora de Ávila? ¿Quién tuvo mejor sentido, sentido más práctico, en la recta acepción de la palabra? ¿Quién más enemiga de deslumbramientos y trampantojos? ¿Quién más prudente y mesurada? Por eso da a su doctrina una base psicológica, y arranca del conocimiento propio de las *Moradas*. Llega a tratar de la oración de recogimiento (*Moradas*, IV), o de quietud, como decían los molinosistas, y buen cuidado tiene de advertir, con muy gracioso símil, que entonces más que nunca se guarde el alma de ofender a Dios y esté apercibida contra la tentación; porque, «si a un niño que comienza a mamar se le aparta de los pechos de su madre, ¿qué se puede esperar de él sino la muerte?». ¡Qué burla más donosa de los falsos devotos, que «como sienten algún contento interior y caimiento en lo exterior y flaqueza..., déjanse embebecer, y mientras más se dejan se embebecen más y les parece arrobamiento... y llámole yo abobamiento, que no es otra cosa más de estar perdiendo tiempo allí y gastando su salud!».

Por eso, el alma, si en la oración de recogimiento es María, en la unión es Marta; porque santa Teresa no separa nunca la vida activa de la contemplativa. «Amor de Dios y del prójimo es en lo que hemos de trabajar; guardándolas con perfección hacemos su voluntad, y ansí estaremos unidos, con Él... La más cierta señal que a mi parecer hay... es guardar bien el amor del prójimo... Y estad ciertas que mientras más en éste os viérades aprovechadas, más lo estáis en el amor de Dios.» Y añade como si viera en profecía a los quietistas escudarse con su autoridad y con su nombre y los rechazara como malos e infieles discípulos: «Cuando yo veo almas muy diligentes a la oración... y muy encapuzadas cuando están en ella, que parece no se osan bullir ni menear el pensamiento, porque no se les vaya un poquito de gusto y devoción que han tenido, háceme ver cuán poco entienden el camino por donde se alcanza la unión... Que no, hermanas, no; obras quiere el Señor: que si ves una enferma a quien puedes dar un alivio no se te dé nada de perder esa devoción, y te compadezcas de ella, y si tiene algún dolor te duela a ti... Ésta es la verdadera unión». (*Moradas*, V.)

¡Y éste es el misticismo español, no enfermizo ni egoísta e inerte, sino viril, y enérgico, y robusto hasta en la pluma de las mujeres! Nadie ha descrito como santa Teresa la unión de Dios con el centro del alma, nadie la ha declarado con tan graciosas comparaciones, ya de las dos velas de cera que juntan su luz, ya del agua del cielo que viene a henchir el cauce de un arroyo. Pero esta unión no trae consigo el aniquilamiento ni el nirvana; el alma reconoce y afirma su personalidad, y, fortificada «con el vino de la bodega del Esposo», vuelve a la caridad activa y a las obras. (*Moradas*, VII.)[58]

Capítulo II. Judaizantes. La sinagoga de Ámsterdam
I. Vicisitudes generales de la secta. II. Médicos judaizantes. Amato Lusitano (Juan Rodrigo de Castello-Branco). Abraham Zacuth. Rodrigo de Castro. Elías de Montalto. III. Filósofos, controversistas y librepensadores. La filosofía atomística entre los judíos: Isaac Cardoso. Los impugnadores judíos de Espinosa: Orobio de Castro. Un materialista de la sinagoga de Ámsterdam: Uriel da Costa. IV. Poetas, novelistas y escritores de amena literatura. Esteban Rodríguez de Castro. Moseh Pinto Delgado. David Abenatar Melo. Israel López Laguna. Antonio Enríquez Gómez. Miguel Leví de Barrios.

I. Vicisitudes generales de la secta
Queda explicada en libros anteriores la razón de incluir, siquiera de pasada, en nuestra historia a los musulmanes y judíos que, después de haber recibido el bautismo, tornaron a sus antiguas opiniones. Lo mismo ahora que cuando

---

58   Sobre la diferencia entre el misticismo de santa Teresa y el quietismo de Molinos hay algo útil en *L'École d'Alexandrie*, de Barthélémy St. Hilaire.
Véase, además, *El misticismo ortodoxo*, de fray Marcelino Gutiérrez, y el discurso del padre Martín, S. I., de Salamanca, sobre santa Teresa. Ídem el libro del obispo de Orihuela, Maura. *Mística ortodoxa y mística neoplatónica* (Alzog, III 158; reproduciendo, sin duda, ideas de Goerres). Conviene no olvidar aquí una diferencia esencial y muy a menudo desconocida. «La mística cristiana, partiendo del hecho de la caída primitiva, tiende a restablecer la unión y semejanza del alma en el espíritu divino, mientras que el neoplatonismo, desconociendo la caída original, pretende llegar a la absorción total del alma en Dios, que es lo que constituye el panteísmo. Por lo mismo la primera se abstiene de hacer abstracción de la materia y del cuerpo, como los platónicos; a su vista el cuerpo es una cubierta manchada, en verdad con el pecado original, y que pone estorbos, no a la deificación del alma, que es imposible, sino a su actual semejanza a Dios».

hablamos de la Edad media, procederemos rápidamente y no como si se tratase de herejes propiamente dichos. Me detendré algo más en los escritores judaizantes, porque algunos de ellos no tuvieron de hebreos más que la raza, ni de cristianos más que el bautismo, y acabaron por ser librepensadores, materialistas o deístas, por lo cual entran con pleno y propio derecho en este libro.

Los judíos públicos habían sido extrañados de los reinos de Castilla por el edicto de 31 de marzo de 1492. Algunos, muy pocos, abrazaron entonces el cristianismo y lograron quedarse. «E siempre por donde iban, les convidaban al bautismo e algunos se convertían e quedaban pero muy pocos», dice el Cura de los Palacios.[59] El número de los que salieron no puede fijarse con exactitud; unos le suben a 400.000, otros le reducen a 170.000. Muchos de ellos se refugiaron en Portugal, cuyos reyes, siguiendo una política opuesta a los de Castilla, y menos noble y menos generosa que la de ellos, querían, a la vez que oprimir la conciencia de los hebreos, no dejar salir de su tierra los tesoros que ellos habían allegado ni perder para el fisco los pingües tributos y gabelas que les plugo imponerles.

Otros buscaron asilo en las costas de África, de donde, saqueados, diezmados, hambrientos y desnudos, presa vil de las tribus bereberes, volvieron en gran número a Castilla, pidiendo en altas voces el agua del bautismo.

De las abominaciones que el rey don Manuel de Portugal hizo con los desdichados hebreos, renovando en mal hora las anticatólicas violencias de Sisebuto y cristianando por fuerza a los judíos para evitar que saliesen del reino, ya se ha dicho algo en capítulos anteriores. Aquella inaudita conversión o profanación general, que el obispo de Silves, Jerónimo Osorio, llama «fuerza inicua contra ley y contra religión», es la clave de todas las apostasías del siglo XVI. Quedó en medio del pueblo lusitano una grey numerosa, ya indígena, ya venida de Castilla, cristiana en el nombre y en la apariencia, judía en el fondo, odiada y perseguida a fuego y a sangre por los cristianos viejos. Y era en vano que edictos como el de 30 de mayo de 1497 vedasen el hacer pesquisas durante veinte años sobre la vida de los conversos, para que en este término fueran entrando pacíficamente en la iglesia. Inútil era que se otorgase igualdad de derechos a los conversos, porque ni el rey ni el pueblo podían creer en la sinceridad de tales conversiones, ni era todo aquello más que una inicua y sacrílega farsa, nacida

---

59 Capítulo 112 de su *Crónica de los reyes católicos*.

del más vil y sórdido interés. Vino la matanza horrible de 1506, que duró tres días y exterminó solo en Lisboa más de 2.000 conversos. Y por más que don Manuel castigase, con justicia que tuvo mucho de tumultuaria y feroz, aquellos escándalos y rehabilitase a los cristianos nuevos en todos los beneficios de la ley común por pragmática de 1507, concediéndoles, en términos expresos, licencia para salir del reino o permanecer en él y enajenar sus bienes cuando y como quisiesen, esta tolerancia fue precaria y engañosa, y el odio general contra la estirpe israelita, el ejemplo de Castilla o el deseo de complacer a la reina doña Catalina, hija de los reyes católicos, movió a don Manuel en 1515 a solicitar de Roma, por medio de su embajador, don Miguel de Silva, el establecimiento de la Inquisición en los reinos de Portugal so color del gran número de judaizantes castellanos que penetraban en aquel reino y contribuían a pervertir a los conversos portugueses.

Pero éstos eran influyentes y ricos, y por medio de una serie de intrigas que fuera prolijo exponer lograron parar el golpe, acaeciendo entre tanto la muerte de don Manuel y el advenimiento al trono de don Juan III en 1521.

El cual puso todavía más ahínco y fervor que su padre en descuajar la planta del judaísmo, pero con la misma tortuosa, falaz e interesada política que don Manuel, sin atreverse a imitar el generoso arranque de los reyes católicos, que prefirieron la unidad religiosa de sus reinos a la razón de Estado. Don Juan III quería vejar y oprimir a los cristianos nuevos, hacerlos buenos creyentes a la fuerza, pero no expulsarlos de su reino en modo alguno. El pueblo portugués pensaba de otra manera, y muy amargamente se quejaron los procuradores de las Cortes de Torres-Novas en 1525 de la avaricia y tiranía de los conversos en el arrendamiento de las rentas reales y de los crímenes y excesos de los médicos judíos. Mandáronse hacer secretas informaciones sobre las creencias y tenor de vida de los conversos, y súpose por delaciones de espías cómo el tornadizo Enrique Núñez, que no vaciló en acusar a su propio hermano, que la mayor parte de ellos judaizaban en secreto. Sabedores de estas pesquisas, dos clérigos judaizantes, Diego Vaz de Olivenza y Andrés Díaz de Viana, dieron cruda muerte a Enrique Núñez en la frontera de Castilla, y, unido este crimen a los desacatos contra imágenes y lugares santos que cada día perpetraban los conversos, volvió a levantar la cabeza el furor del populacho y a reproducirse los tumultos y asonadas.

En tal conflicto, y para acabar aquella sanguinaria lucha de razas, don Juan III volvió a solicitar del papa Clemente VII el establecimiento del Santo oficio, y para solo esto envió a Roma con plenos poderes al doctor Blas Nieto y al jurisconsulto Luis Alfonso. La bula se expidió en 17 de diciembre de 1531, y para preparar la ejecución de ella vedó el rey de Portugal la salida de sus estados a todos los conversos.

Estos, resueltos a no ceder ni dejarse aniquilar sin resistencia, enviaron a Roma al más habilidoso y sagaz de ellos, Duarte de Paz, que tuvo maña para alcanzar de Clemente VII la revocación de la bula anterior como subrepticia y un motu proprio de perdón para los cristianos nuevos, mandándoles restituir sus bienes y avocando al foro apostólico todas las causas de fe que hubiese incoadas (7 de abril de 1533).

¿Quién podrá decir la indignación de don Juan III y de sus áulicos? ¿Quién la guerra sorda de intrigas, amenazas, concusiones y sobornos a que acudieron el rey y los conversos en la curia romana? Más vale no volver a esta lamentable historia, que ya ha sido escrita con todos sus pormenores por Alejandro Herculano, verídicamente en cuanto a los hechos, pero con espíritu de sectario y ciega aversión a las cosas de la Iglesia.

Murió Clemente VII, y su sucesor Julio III suspendió en 1534 la bula de perdón y mandó examinar despacio el asunto. Pero, exasperado con las fanfarronadas de don Juan III, que se obstinaba en poner en ejecución sus tiránicas y vejatorias pragmáticas contra los judíos y en impedirles salir del reino, volvió a poner en vigor el rescripto de Clemente VII.

No cejó un punto el rey de Portugal, y, considerándose débil, puso por empeño a Carlos V, y, logró, tras larga resistencia, en 23 de mayo de 1536, la bula de creación del santo Tribunal, con ciertas condiciones y cortapisas.

Tras esto se desató la persecución contra los conversos, se multiplicaron los procesos y los autos de fe, y la condición de los judíos ocultos no fue mejor que en Castilla. Digo mal, mucho peor, porque ni aun les quedaba el recurso de la expatriación.

Fue menester que viniera la conquista castellana a dar algún respiro a aquellos infelices. Uno de los primeros actos de Felipe II después de la anexión de Portugal fue dar (en 1587) a los cristianos nuevos libertad para salir del reino y deshacerse de sus bienes. Asimismo, les concedió permiso para establecerse en las posesiones portuguesas de África. Lo mismo decretó Felipe III en 4 de abril de 1601; y, a pesar de la lucha a brazo partido que sostuvo la Inquisición portuguesa, fueron definitivamente anuladas aquellas tiránicas y absurdas pragmáticas por otra de 1629.

La expulsión de los moriscos trajo consigo la de los judíos públicos que quedaban en la costa africana sometida a España; expulsión que completó en 1667 el marqués de los Vélez, gobernador de Orán, arrojándolos del territorio de aquella plaza, de donde fueron, a refugiarse en Liorna en 1670.

Llena estaba Europa de judíos de origen español. Muchos moraban en Constantinopla, otros en Salónica, Ragusa y Corfú. Por Italia peregrinaban no pocos, acogidos en Florencia y Roma, Ferrara y Venecia, y más adelante en Liorna. Francia dio asilo a una porción considerable de la grey expulsa en Bayona, Burdeos, Nantes y Marsella. A todas partes llevaron la lengua, las costumbres, los libros y los nombres españoles, y en Ámsterdam levantaron magnífica sinagoga, a imitación, según dicen, del templo de Salomón. Aquella ciudad, emporio del comercio de Holanda, lo fue también del saber y prosperidad de los judíos españoles, o, como allí los apellidan, portugueses, aunque los hubiera de todas las regiones de la Península. Gran número de tipógrafos judíos hacían sudar sus prensas con obras de todo género, escritas la mayor parte en Castellano; y un jesibah, o academia, y los parnassim, o sanhedrines, contribuían a mantener vivo el fervor talmúdico. Aquella colonia se acrecentaba cada día con apóstatas y renegados que venían de España huyendo de los rigores del Santo oficio, y la emigración fue grande sobre todo cuando nuestros reyes permitieron salir a los cristianos nuevos portugueses.

Bien puede decirse que de tantos como forzadamente habían recibido el bautismo y moraban entre nosotros, apenas había uno que fuera cristiano de veras. Pero la larga residencia entre los nuestros y el apartamiento en que vivían de los centros del rabinismo los hizo iguales, en ciencia, estilo, lengua y «formas artísticas, al resto de los escritores españoles. Es más: muchos de estos cristianos nuevos, judíos por linaje, no lo eran por creencias allá en el fondo de su alma y hasta conocían mal las de sus padres. Fuera de algunas supersticiones, solían ser hombres sin ley ni religión alguna, y esto nos explica los descarríos filosóficos de algunos pensadores israelitas de fines del siglo XVII, como Espinosa, Uriel da Costa y Prado.

En ningún auto de fe de los celebrados en España durante los dos siglos XVI y XVII dejó de salir algún judaizante; pero la enumeración de gentes, por lo común oscuras y sin notoriedad literaria, fuera de todo punto inútil y enfadosa. Solo he de citar, por lo peregrino del caso el de don Felipe de Vera y Alarcón, caballero vallisoletano, cristiano viejo por los cuatro costados, que en 1649 fue quemado en un auto de Valladolid por haber abrazado el judaísmo y dádose a interpretar por su cuenta la Biblia, haciéndose llamar Judas el Creyente. En Portugal se dio en 1603 un caso semejante con cierto fraile Diego de la Asunción.[60]

El odio popular contra los judíos y sus descendientes no se amansó un punto en todo el siglo XVII. Una de las causas que más concitaron los ánimos contra la privanza del conde-duque de Olivares fue la afición que se le suponía a la raza proscrita y sus proyectos librecultistas de traer a España a los hebreos de Salónica para que con sus tesoros remediasen la penuria del erario. El gran Quevedo denunció y puso en la picota de la sátira al autor de tales proyectos en *La isla de los monopantos*, episodio de *La Fortuna con seso y hora de todos*. Y el proyecto, combatido por el nuncio apostólico, César Monti, y por los Consejos de Estado y de Inquisición, fracasó del todo, como vino a fracasar después el que formó don Manuel de Lira, ministro de Carlos II, proponiendo la admisión de judíos y protestantes en América.[61]

II. Médicos judaizantes. Amato Lusitano (Juan Rodrigo de Castello-Branco). Abraham Zacuth. Rodrigo de Castro. Elías de Montalto

En la breve noticia bibliográfica que voy a dar de los escritores hispano-judaizantes de los siglos XVI y XVII, incluiré solo a aquellos de quienes positivamente conste que, habiendo hecho más o menos tiempo profesión de cristianos, renegaron para tornar a la ley de sus padres. Por no tener prueba directa de que así lo hiciesen los dos editores de la Biblia Ferrariense, los excluyo de este

---

60 Véase para todos los hechos apuntados de pasada en este preámbulo el libro de Herculano, *Origen e estabelecimento da Inquisiçao en Portugal*, y el de Amador de los Ríos, *Historia social, política y religiosa de los judíos en España y Portugal* tomo 3, en los últimos capítulos.

61 Véase *Acerca de los proyectos del conde-duque* una nota de don Aureliano Fernández Guerra a Quevedo (tomo 1, página 414) y Amador de los Ríos, tomo 3, página 548.

catálogo, aunque el llevar cada uno de ellos dos nombres: Duarte Pinel o Jom Tob Atías, hijo de Leví Atías español y Jerónimo de Vargas o Abraham Usque, y la época en que huyeron de Portugal induzca a suponerlos cristianos nuevos vueltos al judaísmo.[62]

Para proceder con la posible claridad dividiré a nuestros judaizantes en tres grupos: médicos y naturalistas entran en el primero; teólogos, filósofos y controversistas, en el segundo; poetas y escritores de amena literatura, en el tercero.

La medicina fue siempre estudio predilecto de los hebreos, y aun la monopolizaron durante la Edad media, por lo menos hasta el siglo XIV, en que tan amargamente se quejaba nuestro Arnaldo de Vilanova de que reyes, obispos y conventos fiasen su salud a aquellos diabólicos enemigos de nuestra santa fe, contra lo prevenido en los cánones. Maimónides fue tan gran médico como filósofo, y logró no pequeña gloria reduciendo a epítome las obras de Galeno y aclarando sus lugares contradictorios. Judíos fueron los que dilataron en Europa el conocimiento de las doctrinas y experiencias médicas de Avicena, Abenzoar, Rasis y Averroes. Judío el anónimo autor de la *Medicina castellana regia*, uno de los primeros ensayos de topografía médica. Y, en general, puede afirmarse que entre la ciencia árabe y la de los cristianos occidentales hay siempre un mediador, truchimán o intérprete judío.

El Renacimiento vino a hacer, en parte, inútil y anticuada esta ciencia semítica, y no podía menos de suceder así, conocidos ya en sus fuentes griegas Hipócrates, Galeno y Discórides; enriquecida la botánica con el descubrimiento de tantas raíces salutíferas del Nuevo Mundo y del Extremo Oriente; interrogada la Naturaleza ya muerta, ya palpitante, por el cuchillo de Vesalio y de Valverde;

---

62 El colofón de la Ferrariense dice a la letra en la mayor parte de los ejemplares: «A gloria y loor de nuestro Señor se acabó la presente Biblia en lengua española traduzida de la verdadera origen Hebrayca por muy excelentes letrados: con industria y diligencia de Abraham Usque Portugués; estampada en Ferrara, a costa y despesa de Jom Tob Atías, hijo de Leví Atías español: en 14 de Adar de 5313» (1.º de marzo de 1553).

Unos ejemplares tienen dedicatoria al duque de Ferrara, suscrita por Duarte Pinel y Jerónimo de Vargas; otros, a doña Gracia Naci y en éstos (destinados al uso de los judíos) firman los traductores con sus nombres hebraicos.

Rodríguez de Castro atribuye a Duarte Pinel una gramática latina, que puede ser de otro del mismo nombre: *Eduardi Pinelli Lusitani Latinae Grammaticae Compendia. Eiusdem Tractatus de Kalendis*. Prima editio. Ulyssipone, apud Ludovicum Rothorigium Typographum, 1543.

descubierto por Miguel Servet el secreto de la vida, y fundadas así la anatomía y la fisiología modernas.

Pero, si los judíos no acaudillaban por entonces el movimiento, le siguieron, no obstante, con gloria, y supieron asimilarse la ciencia renaciente y aun acrecentarla con el caudal de su práctica y observaciones.

El más famoso de estos médicos renegados es, sin disputa, Amato Lusitano, llamado entre los portugueses Juan Rodrigo de Castello-Branco por ser éste el pueblo de su nacimiento. Floreció en los primeros años del siglo XVI y por su educación científica pertenece a Castilla y a la escuela de Salamanca, donde le adoctrinó el médico Aldrete, inventor de un ungüento famoso. Ejerció algún tiempo Juan Rodrigo su profesión en tierra de Salamanca y en Lisboa; pero alguna sospecha que el Santo oficio tuvo de sus opiniones, le movió a expatriarse (no sé en qué año) y a abjurar el cristianismo en una sinagoga de Ancona. El resto de su vida es una serie de viajes. Dicen que recorrió toda Europa y que el rey de Polonia se empeñó, sin resultado, en hacerle médico suyo. Las dedicatorias y algunos pasajes de sus libros nos le muestran sucesivamente en Roma, Venecia, Ferrara, donde tuvo una cátedra: Pésaro y, finalmente, en la sinagoga de Salónica, foco y metrópoli de los judíos de Levante. Parece que allí acabó sus días.

La obra más celebrada de Amato Lusitano como médico práctico son sus Centurias de curaciones medicinales, que son hasta siete, acompañadas de discursos sobre el modo de visitar a los enfermos, sobre los días críticos, etc.[63] Pero hoy tiene más importancia su comentario a Dioscórides, con los nombres de los simples en griego, latín, italiano, español, alemán y francés, trabajo que precede y anuncia a los del doctor Laguna, no sin que éste los aprovechara a veces. Era Amato Lusitano hombre de no vulgar erudición lingüística y clásica,

---

63 *La primera Centuria* fue impresa en Florencia, por Torrentino, 1551, con el discurso sobre el modo de visitar. La segunda, por Valgrisio, en Venecia 1552; la séptima, en Lyón 1570, por Guillermo Rovillio. Todas juntas y acompañadas de los discursos, etc., en Venecia 1557 y 1566, Lyón 1560 y 1580, Barcelona 1628, Brujas 1620, por Gilberto Vernov; París 1617 (tres tomos) y Francfort 1646.

y queda noticia de una traducción suya, al castellano de la Historia romana, de Eutropio.[64]

Rabí Zacuth, natural de Lisboa (1575), descendiente del famoso matemático Abraham Zacuth, es otro discípulo de la ciencia cristiana y española de los doctores de Salamanca, donde se graduó (¡muestra maravillosa de precocidad!) de doctor en Medicina a los dieciocho años. Por más de treinta ejerció su profesión en Lisboa con tal crédito, que, a pesar de ser pública y notoria su apostasía religiosa desde 1625, logró morir tranquilamente, y sin ser molestado por el Santo oficio, en 1642. Escribió su vida el insigne cirujano Luis de Lemus. Hay de Zacuth un *Tratado de práctica médica*, otro de enfermedades de los ojos, una introducción a la farmacopea y una voluminosa historia de la medicina. Su biógrafo le atribuye, además, biografías de los cirujanos insignes, un tratado de los errores de los médicos modernos y un epítome de la doctrina hipocrática, que Zacuth, como todos los médicos del Renacimiento, profesaba con ardor, en oposición al exclusivo galenismo de los tiempos medios.[65]

---

64   *Index Dioscoridis. Eiusdem historiales campi, cum expositione Ioannis Roderici Castellialbi, Lusitani...* (Amberes 1536, por la viuda de Martín César).
—*In Dioscoridis Anazarbei de materia medica libros, enarrationes.* Venecia, Scoto, 1553, en 4.º; Estrasburgo, Rihel, 1554, en 4.º (536 páginas); Venecia, Ziletto, 1557 (514 páginas); Lyón, por la viuda de Baltasar Arnoullet y por Matías Bonhomme, 1558 (807 páginas, más 76 de principios y 16 de figuras, tomadas de las de Fuchsio y Dalechampio).
Amato Lusitano censura ásperamente las notas de Mattioli, que, sin embargo, le sirvieron de mucho. En sus *Centurias* alude Amato a ciertos comentarios suyos sobre Avicena, conforme a la versión hebrea de R. Mantenu, que él puso en latín. La traducción de Eutropio está citada por Jorge Abrabam Mercklin en su Lindenium (Vander-Linden) renovatum.
Véase para todo lo relativo a Amato Lusitano las Bibliotecas Rabínicas de Bartholoccio, Wolfio y Rodríguez de Castro; la Lusitana, de Barbosa; la *Historia de la medicina española*, del doctor Hernández Moreno (tomo 1, página 100), y *La Botánica y los botánicos*, de Colmeiro (sec. 17).

65   *De praxi medica admiranda* (Ámsterdam 1634, por Enrique Lorenzi; en 8.º).
—*De Medicorum Principum historia.* El libro 1 se publicó en Ámsterdam, por Juan Federico Sturm, 1629; y con enmiendas del autor, en la misma ciudad, 1637, por Enrique Lorenzi. Al año siguiente salieron seis libros más; en 1641, el 7 y 8, y en 1642, el 9 y 10. Todos juntos en dos tomos folio, 1649, León de Francia, y 1657 (allí mismo), por los impresores Juan Antonio Huguenan y Marco Antonio Ranaud.
Introitus ad praxim et pharmacopeam (Ámsterdam 1641; en 4.º)
—*De oculorum morbis* (Leyden 1638; en 4.º). Con la biografía escrita por Luis de Lemus.

Lisbonense también, y doctor en Filosofía y Medicina por la Universidad de Salamanca, fue el judaizante Rodrigo de Castro, que ejerció la medicina en Hamburgo hasta 1627, en que falleció. Cítanse con elogio su tratado de las enfermedades de las mujeres, el más completo que hasta entonces había aparecido; su libro del médico político, que hoy llamaríamos de moral médica, y su tratado de la naturaleza y causas de la peste, que él atribuye a un meteorismo espontáneo.[66]

Otros dos médicos judíos portugueses, Esteban Rodríguez de Castro e Isaac Cardoso, quedan reservados, el primero, para la sección de los poetas, y el segundo, para la de los filósofos, por ser más importantes sus escritos en esos géneros que los de medicina.

En cambio, Elías de Montalto, llamado también Felipe y Filoteo Eliano, tiene mucha más importancia como médico que como escritor anticristiano y controversista. Era portugués, como los anteriores, y renegado y fugitivo lo mismo que ellos. Médico de la reina de Francia, María de Médicis, logró para él y los de su familia el singular privilegio de practicar libremente su religión en Francia. Murió en París el 16 de febrero de 1616, y su cadáver, embalsamado por orden de la reina, fue trasladado con fúnebre pompa a Ámsterdam por Moseh Montalto, hijo del muerto, y por R. Saúl Leví Mortera.

Su libro contra el cristianismo no se distingue por ninguna cualidad relevante de ciencia ni de estilo y es muy inferior a las *Prevenciones divinas*, de Isaac Orobio de Castro. El de Montalto está en lengua portuguesa, y el autor se propuso «aclarar la verdad de los diversos textos y casos que alegan las gentilidades, es decir, los cristianos, para confirmar sus sectas». Dicho se está que

---

Véase acerca de Zacuth a Bartholoccio, Barbosa, Rodríguez de Castro, Barbosa y Morejón. Hay ediciones completas de las obras de este médico judío, hechas en 1549, 1657 y 1667.

66 *Roderici a Castro Lusitani, philosophiae ac medicinae doctoris per Europam notissimi, de universa muliebruum morborum medicina, novo et antehac a nemine tentato ordine, opus absolutissimum, siudiosis omnibus utile ac medicis vere necessarium.* Coloniae Agrippinae, 1599 (Hamburgo 1603, 1616, 1628 y 1662; siempre en 4.º).

—*De officiis medico-policicis sive de medico politico* (Hamburgo, Froben, 1614; en 4.º).

—*De natura et causis pestis, quae anno MDXCVI, Hamburgensem urbem afflixit* (Hamburgo, por Jaime Lucio, natu minor, 1597).

Véase principalmente a Morejón, página 107 del tomo 1.

versa todo sobre el cumplimiento de las profecías mesiánicas. Duerme, y dormirá inédito, en la Biblioteca Nacional de París.[67]

En cambio, logran singular estimación su tratado de óptica aplicado a la medicina y el de la esencia, causas, signos, pronósticos y curación de las afecciones internas de la cabeza; notables uno y otro por lo preciso y severo del método y la riqueza de observaciones propias y sagaces.[68]

III. Filósofos, controversistas y librepensadores. La filosofía atomística entre los judíos: Isaac Cardoso. Los impugnadores judíos de Espinosa: Orobio de Castro. Un materialista en la sinagoga de Ámsterdam: Uriel da Costa

Fuera de Benito Espinosa, no produjo la raza hebrea en el siglo XVI mayor entendimiento ni hombre de saber más profundo y dilatado que Isaac Cardoso. Su nombre figura al lado de los de Gómez Pereyra y Francisco Vallés, entre los reformadores de la filosofía natural de España.

Como los demás judaizantes hasta aquí referidos, era portugués, natural, según unos, de Lisboa, y según otros, de Celorico, en la provincia de Beira. Doctor en Medicina por la Universidad de Salamanca, ejerció su profesión en Valladolid y en Madrid, haciéndose llamar el doctor Fernando Cardoso. En esta su primera época divulgó varios libros de medicina, un tratado de la fiebre sincopal y modo de curarla, otro de las utilidades del agua y de la nieve, del beber frío y caliente, en cuya obra siguió las huellas del médico sevillano Nicolás Monardes, y una disertación, que no he llegado a ver, y que de fijo será curiosa, sobre el origen y restauración del mundo.

---

67 *Livro feyto pelo ilustre Elías Montalto, em que mostra a verdade dos diversos textos e casos, que allegao as Gentilidades para confirmar suas seitas.*
Basnage trae algunos extractos en el tomo 9 de su *Historia iudaica.*

68 *Philippi Montalto Lusitani, Medicinae Doctoris, Optica intra Philosophiae et Medicinae aream, de visu, de visus organo et obieto, theoriam occurate complectens.* Ad Sereniss. Hetruriae Principem. D. Cosmum Medicem. Florentiae, apud Cosmum Iuntam, 1616. (En 4.º)
—*Philotaei Eliani Montalto Lusitani, Christianissimi Galliarum et Navarrae Regis Ludovici XIII, et Christianissimae Regentis Consiliarii et Medici ordinarii Archipathologia.* In qua internarum capitis affectionum essentia, causae, signa, praesagia et curatio accuratissima indagine edisseruntur. Lutetiae, apud Franciscum Iacquin, 1614. (En dieciocho tratados, folio menor.)

En materias no médicas ni filosóficas, sino de amena literatura, pero más o menos enlazadas con las ciencias naturales, se citan su *Panegírico del color verde* y su libro sobre *El Vesubio*.[69] [70]

Isaac Cardoso volvió secretamente al Judaísmo, y bien de propio impulso, bien perseguido por la Inquisición, emigró a Venecia, a cuyo Senado dedicó en 1673 su *Philosophia Libera*; «porque –dice en la epístola dedicatoria– a una libre ciudad corresponde una filosofía libre también».[71]

Mucho se engañaría el que juzgase que estas libertades de Isaac Cardoso son impiedades panteísticas o materialistas ni ataques más o menos embozados al catolicismo. Nada de eso; la obra se imprimió con todo linaje de aprobaciones, *superiorum permissu et privilegio*, y circuló libremente en Italia y en España, y está escrita de tal suerte, que, a no tener otros datos, fuera imposible acusar de Judaísmo al autor. Y hay más: su erudición filosófica, que realmente suspende y maravilla, es casi toda de autores cristianos, y, sobre todo, españoles; su obra es fruto genuino de nuestra cultura y en nada recuerda las de los Avicebrones, Maimónides y Jehudah-Leví, de los siglos medios. Isaac Cardoso conoce a fondo la doctrina de santo Tomás y de sus comentadores, entre los cuales prefiere y escoge por maestros a los Jesuitas. Hormiguean en las páginas de la *Philosophia Libera* las citas de Suárez, Francisco de Oviedo, Hurtado de Mendoza, Toledo, Gabriel Vázquez y otros insignes metafísicos de la Compañía.

---

69 *De febre syncopali, tractatione, controversiis, observationibus, historiis referta*. Matriti, 1634. (En 4.º)
—*Utilidades del agua y de la nieve, del beber caliente y frío* (Madrid 1637; en 8.º).
—*Sobre el origen y restauración del mundo* (Madrid 1633; en 8.º).

70 Los libros de Isaac Cardoso citados con los títulos de *Penegírico del color verde* y *El Vesubio* no son tales libros, sino composiciones laudatorias al frente de obras que con esos títulos publicaron el capitán judaizante Villarreal y el licenciado Quiñones. *Auctore Isaac Cardoso Medico ac Philosopho praestantissimo*: cum duplici *Indice*, Quaestionum ac rerum notabilium. Ad Serenissimum Venetiarum Principem amplissimosque et sapientissimos Reipublicae Venetae Senatores. Venetiis, Bertanorum sumptibus, MDCLXXIII. Superiorum permissu et privilegio. (En folio; siete hojas preliminares, 758 páginas a dos columnas y diez hojas de índices.)

71 Philosopbia Libera en septem libros distributa in quibus omnia, quae ad Philosophum Naturalem spectant, methodice colliguntur et accurate disputantur. Opus non solum Medicis et Philosophis, sed omnium disciplinarum studiosis utilissimum:

Pero con todo eso, no es escolástico Isaac Cardoso, sino ciudadano libre de la República de las letras, pensador independiente, discípulo, según nos advierte en su prefacio, de Vives, Pedro Dolese, Gómez Pereira y Francisco Vallés, entre los españoles; de Telesio y Campanella, entre los italianos. Conoce a fondo los sistemas de Descartes, Gassendi, Maignan y Beligardo; pero tampoco los sigue a ciegas y con sumisión servil. «¿Qué secta hemos de seguir? (pregunta). Ninguna. ¿A qué filósofo? —A todos y a ninguno, porque el estudioso no debe jurar en las palabras del maestro, sino elegir lo mejor de cada uno y lo que más se conforme a la razón y parezca más verosímil.»[72]

Isaac Cardoso es, pues, un filósofo ecléctico; ero no puede negarse que en lo esencial de su sistema, en la cuestión de *principiis rerum naturalium*, se declara fervoroso atomista y enemigo acérrimo de las formas sustanciales. «¿Cuánto no se hubieran reído —exclama— Demócrito, Platón y Empédocles si hubieran oído que la privación es principio de las cosas y que hay una materia prima, ruda e inerte, de cuyo vientre, como del caballo troyano, proceden todas las formas, que, sin embargo, están solo en potencia, produciéndose, por consiguiente, de la nada todos los seres naturales? El mismo Heráclito lloraría al oír tan monstruosa enseñanza. Si la privación es nada, ¿por qué se la cuenta entre los principios? ¿Y qué es la materia prima? ¿Será un punto o un cuerpo? No puede ser cuerpo, porque no tiene forma ni castidad. Si es punto, dependerá de otro sujeto, en quien persista, y por tanto, no será principio. Si es cuerpo, no será ya pura potencia, sino que tendrá cantidad, porque todo cuerpo es cuanto. Vacío no será, porque los escolásticos no querrán conceder que se dé vacío en la naturaleza. ¿Dónde está, pues, ese cuerpo insensible, sin cualidad ni cantidad? ¿Dónde ese fantasma o vana sombra? Ni en los elementos, ni en el cielo, ni en los mixtos, ni en parte alguna, a no ser en nuestro pensamiento. ¿Y cómo ha de crear nuestro pensamiento entes naturales? Los principios de toda composición natural no son lógicos ni gramaticales, sino reales, naturales, físicos y sensibles.»[73]

---

72 «Quaenam igitur secta complectenda?
—Nulla.
—Quis philosophus sequendus?
—Nullus et omnes. Sapientem namque oportet in nullius jurare verba magistri, quid proprius rationi ac verosimilius appareat». (Prohemium.)
73 Páginas 2 a 4 de la *Philosophia Libera*.

En vez de la materia prima, que por donaire llama Cardoso *vaginam et amphoram formarum*, proclama Isaac Cardoso la doctrina de los átomos, «mínimos e indivisibles principios de las cosas naturales, de los cuales se compone y en los cuales se resuelve todo...; semillas de las cosas, elementos de primera magnitud, llamados por los pitagóricos unidades. Son corpúsculos sólidos, individuales, insecables, indivisibles, pero no como un punto matemático, sino tan sólidos, compactos y mínimos, que no pueden ser divididos». (Página 9.)

¿Llamaremos por esto gassendista a Isaac Cardoso? De ningún modo, porque la filosofía corpuscular peinaba ya canas en España, cuando apareció Gassendi, y el mismo Isaac Cardoso tuvo cuidado de contarnos la historia de esa doctrina. No es pequeña gloria para España haber resucitado ella la primera en el Renacimiento esa concepción atómica que hoy se pasea triunfante por los campos de la química. Restauróla el valenciano Pedro Dolese en la *Suma de filosofía y medicina*, y después de él se acogieron a los reales de Leucipo y de Demócrito, con más o menos salvedades y atenuaciones, el Descartes español Gómez Pereyra, que difiere de Cardoso en sostener la corruptibilidad de los elementos, y el Divino Vallés, seguido por varios médicos y teólogos complutenses, como Torrejón y Barreda. Ni un punto se detiene entre nosotros la tradición atomística, hasta llegar al padre Tosca, a Juan de Nájera y al presbítero Guzmán, impugnadores de las formas sustanciales en los primeros años del siglo pasado.

Todo el libro de Cardoso está lleno de sutiles novedades, así físicas como psicológicas. Fue uno de los primeros en escribir que los colores no residen en los objetos, sino que son la luz misma *refracta, reflexa ac disposita*. Dejándose llevar de sus tendencias nominalistas y un tanto empíricas, negó que se distinguiesen de la sustancia muchos accidentes entitativos, v. gr., la cantidad y la figura. Y quien tenga ocio bastante para examinar la parte física de su libro, lo que disertó sobre el movimiento y la caída de los graves, sobre la teoría del fuego, sobre la luz la sombra, etc., hallará, a la vez que un conocimiento profundo de cuanto se sabía de cosmología, fisiología y anatomía a fines del siglo XVII, verdaderas adivinaciones y vislumbres de la ciencia por venir, mezcladas con graves preocupaciones, entre las cuales pongo su enemiga mortal al sistema copernicano. Y bueno será advertir que este libro tan audaz y antiaristotélico, jamás fue prohibido ni mandado expurgar por la Inquisición de España, antes bien solían tenerle con mucha estimación los frailes en sus conventos, y hoy es el día en que el sabio prelado caudillo de los tomistas españoles le califica aún de obra excelente: *Opus sane egregium*.[74]

Imposible parece que el autor de la *Philosophia Libera* y el de las *Excelencias de los hebreos* sean uno mismo. Esta segunda obra, escrita al gusto de los más fanáticos doctores de la sinagoga de Ámsterdam, rebosa de orgullo judaico e hiel anticristiana, como si se hubiesen juntado en el alma de Cardoso todas las furias vindicativas de su raza, exasperada por matanzas, saqueos, hogueras y proscripciones. Así y todo, es el más erudito y mejor hecho de y los libros que la superstición talmúdica ha abortado contra la ley del Redentor. Divídase en dos partes: la primera Excelencias; la segunda, Calumnias. En una y otra luce el autor sus recónditos conocimientos en la historia y tradiciones de su pueblo.[75]

Casi tan erudito como Isaac Cardoso; dado, como él, a estudios filosóficos y odiador más que ninguno del nombre cristiano, fue el portugués Isaac Orobio de Castro, médico de Sevilla y catedrático de Metafísica en Alcalá, procesado por la Inquisición y fugitivo en Tolosa y luego en Ámsterdam, donde se circuncidó, trocando su nombre cristiano de Baltasar por el de Isaac. Vivía aún en 1687. Combatió la religión del Crucificado, con toda la saña y encarnizamiento propio de los apóstatas, en su famoso libro *Prevenciones divinas* contra la vana idolatría de las gentes, cuyo intento es demostrar que en los cinco libros de la ley «previno Dios a Israel contra todas las idolatrías de las gentes, contra los *Philósophos*, contra la Trinidad y Encarnación, contra la necesidad de venir Dios al mundo por el pecado de Adam», etc. Toma la defensa de los jueces y acusadores de Cristo, y se esfuerza en probar que «la ley no depende para su observancia de venir o no el Mesías, y que la redención no es solamente espiritual, como pretenden los cristianos, sino corporal y espiritual, como Israel la espera».

---

74 Es extraña la omisión de Isaac Cardoso en los *Estudios sobre los judíos de España*, de don José Amador de los Ríos. Verdad es que también pasa en silencio a Uriel da Costa, Amato Lusitano, Elías de Montalto y muchos otros, aun de los más famosos en ciencias naturales y especulativas.

75 *Las excelencias de los hebreos*. Por el doctor Isaac Cardoso... Impresso en Amsterdam, en casa de David de Castro Tartas. El año de 1679.
(En 4.º mayor, 220 hojas. La dedicatoria está fechada en Verona.)

En la interpretación de las profecías mesiánicas se encarniza, sobre todo, con el *Scrutinium Scripturarum del Burgense*.[76]

Fue Orobio de Castro incansable controversista; disputó con un calvinista francés sobre el pecado original; con don Alonso de Zepeda y Andrada, traductor del *Árbol de la ciencia*, de Raimundo Lulio, sobre la filosofía del Doctor Iluminado, a quien recientemente impugna; con Juan Bredemburg, sobre la *Ética*, de Espinosa; y, finalmente, con un naturalista español, el doctor Prado,

---

76 Nunca he visto impresas las *Prevenciones divinas*, aunque no dudo que lo estarán; pero he logrado varias copias manuscritas, especialmente una de la Biblioteca Real de La Haya y otra de la Nacional de París. El título dice a la letra:

Prevenciones Divinas contra la vana idolatría de las gentes. Libro Primero. Pruévase que todo quanto se había de inventar en el Christianismo, previno Dios a Israel en los cinco libros de la Ley, para que advertido no pudiese admitir tales errores. Por el doctor Isaac Orobio de Castro, Catedrático de Metaphisica y Medicina en las Universidades de Alcalá y Sevilla: Médico de Cámara del duque de Medinaceli, y de la facultad de Borgoña, Profesor Médico y Consejero del rey de Francia, en la insigne universidad de Tolosa.

Se encabeza con dos sonetos, unas octavas, dos décimas y dos romances del capitán Daniel Leví de Barrios en alabanza del autor. El códice de París se divide en dos gruesos tomos; pero el segundo no incluye ya las *Prevenciones*, sino los opúsculos siguientes:

Respuesta a un escrito que presentó al autor un Predicante Francés contra la observancia de la divina ley de Moisés. (La controversia es sobre el pecado original.)

—*Epístola invectiva contra Prado, un Philósoto Médico, que dudaba o no creía de la verdad de la divina Ley, y pretendió encubrir su malicia con la afectada confesión de Dios y ley de Naturaleza.* (Son cuatro discursos.)

—*Carta apologética. Al doctor Prado.* (Firmada en Weycke, agosto 12 de 5424 años, cómputo judaico.)

—*Respuesta a una persona que dudaba si el libro de Raimundo Lulio nuevamente traduzido y comentado era inteligible, y si concluían sus discursos.*

—*Respuesta apologética al libro intitulado «Defensa de los testimonios de Raymundo Lulio», escrito por el doctor Alonso de Cepeda.*

—*Certamen Philosóphico. Defiende la verdad divina y natural contra los principios de Juan Bredembur, puestos a la fin deste tratado, con los quales pretende demostrar que la Religión repugna a la razón, con lo qual cae en el profundo abismo del Asteísmo de Espinosa. Al contrario se convence con evidencia que la Religión no propone creable alguna cosa que repugne a la razón.* (Dedicatoria del traductor, X. de la Torre, a Salomón de Medina, en 1721.)

El original latino de este tratado se publicó con el rótulo de *Certamen Philosophicum propugnatae veritatis divinae ac naturalis adversus Jo. Bredemburgi principia* (Ámsterdam 1684).

refugiado en Ámsterdam por judaizante, pero tan poco creyente en el fondo como muchos de su raza.

Los que se retiran de la Idolatría a las provincias donde se permite libertad al Judaísmo —dice Isaac Orobio— son en dos maneras. Unos que en llegando al deseado puerto, y recibiendo el santo firmamento, emplean toda su voluntad en amar la divina Ley: procuran, quanto alcanza la fuerza de su entender, aprender lo que es necesario para observar religiosamente los sagrados preceptos... Otros vienen al Judaísmo, que en la Idolatría estudiaron algunas ciencias profanas, como *Lógica, Phisica, Metaphisica* y *Medicina*. Estos llegan no menos ignorantes de la Ley de Dios que los primeros, mas llenos de vanidad, soberbia y altivez... De éstos fue Prado.

Orobio de Castro se disculpa de escribir contra él «por no haber recibido del doctor Prado ningún agravio, sino repetidas y continuadas experiencias de su buena voluntad y deseo de mis medros, sin olvidar los favores y asistencias en los primeros años de mi juventud... Pero son públicos a toda la nación sus excesos, y públicos, no por ajenas delaciones, sino por frequentísimos coloquios del mismo doctor».

Prado era sencillamente un deísta enemigo de toda revelación, ya que Oprobio de Castro se creyó obligado a probar contra él la divinidad de las Sagradas Escrituras, el don de profecía, la razón filosófica de los futuros contingentes, la ley mental o tradición divina, la conformidad de la ley mosaica con la razón y la pureza y sinceridad del *Talmud*.

Prado le respondió en términos amargos, llamándole creyente a ciegas y sin razón e hipócrita, que en España había alardeado de catolicismo. Y Oprobio contestó que «había fingido ser Cristiano porque la vida es muy amable, mas nunca lo fingió bien, y así se le descubrió que no era sino judío». «Yo también —añade— estudié Teología en Alcalá y era un buen estudiante; enseñé en España y algún tiempo en la más insigne Universidad de Francia (Tolosa)... y fui profesor y médico regio, pero desprecié el regio pulso, huyendo de él a uña de caballo, por seguir la verdadera religión.»

También Isaac Caldoso escribió contra Prado; pero éste persistió en su racionalismo, afirmando que «solo se la de regular lo creable por el entendimiento».[77]

La refutación de la *Ética*, de Espinosa, hecha por Oprobio de Castro vale muy poco. Es opinión común que la epístola 49[78] en que Espinosa se defiende ligeramente de la nota de ateo y fatalista, va dirigida a Oprobio de Castro.

Además de las *Prevenciones divinas*, escribió Isaac de Oprobio contra el cristianismo, en polémica con el teólogo arminiano Felipe Limborch. El libro que encierra esta disputa se rotula *De veritate religionis christianae*,[79] y no le busca nadie por lo que en él pusieron las indigestas plumas de Limborch y Oprobio, sino por un extraño apéndice, titulado *Exemplar humanae vitae*, que es la autobiografía de un español del siglo XVII, cristiano primero, judío después y materialista a la postre.

Llamábase entre los cristianos Gabriel, y entre los judíos Uriel de Acosta, y su biografía es muy semejante a la de Espinosa, excepto en lo trágico de su fin. Acosta, menos resignado o menos filósofo que su paisano, acabó por suicidarse, y el *Exemplar* es su testamento o su confesión, escrito pocas horas antes

---

77 Prado (Juan de). «Castiga la Divina justicia al doctor Juan de Prado, maestro de falsas dogmas, que no tenía más religión que la que convenía a su cuerpo, ni más alma en su opinión que de caballo: y dando palabra de casamiento a una Fulana Loba, la desfloró; y yéndose a casar con otra, ordenó la Suprema justicia, que por un carro que se le atravesó en un puente, cayese della con su caballo en un río, donde le imitó en la muerte como en la vida.» Sigue una poesía en quintillas con título de Desengaño. (*Coro de las Musas*... por el capitán don Miguel de Barrios [Bruselas 1672], página 355.)
En la *Flor de Apolo*, del mismo Barrios (Bruselas 1665), página 186, hay unos «Tercetos en respuesta de otros que escribió el doctor don Juan de Prado al Autor».

78 El. *XIX: Spinosa de epistolar ad I. 0. missa responder omniscio criminaciones refuta* (Hiciere Comitum, 1671.) Doctissimo atque ornatissimo viro, I. 0. (tomo 2, página 293 a 297 de las obras de Espinosa, edición Bruder; Leipzig; Tauchnitz, 1844).

79 *Philippi Limborch. De veritate Religionis christianae amica collatio cum erudito Iudaeo.* (Gouda, por justo de Hoeve, 1687. Me valgo del ejemplar de la Biblioteca Real de Bruselas.)
Voltaire extracta con malicia los argumentos del judío en la novena de sus cartas al príncipe de Brunswick (tomo 41 de la edición de 1822); y dice que «Orobio era un rabino tan sabio, que no había dado en ninguna de las extravagancias que se achacan a los rabinos; profundo sin ser oscuro, poseía las bellas letras, era hombre de ingenio agradable y de extraordinaria cultura».

de morir; lo cual duplica su interés, ya que no hay otro documento del mismo género en toda la literatura española. Lo traduciré, abreviando algo:

> Nací en Portugal, en la ciudad de Oporto. Mis padres eran nobles, aunque de origen judío, descendientes de aquellos a quienes el rey don Manuel obligó por fuerza a recibir el bautismo. Con todo eso, mi padre era cristiano de veras, hombre honradísimo y muy caballero. Me dio una educación esmerada. No me faltaban criados ni un caballo español de generosa raza para los ejercicios de la gineta, en que mi padre era peritísimo, y yo, aunque de lejos, procuraba seguir sus huellas. Aprendí las humanas letras, como suelen hacerlo todos los jóvenes de familias distinguidas, y luego me dediqué a la jurisprudencia.
> Por lo que hace a mi índole y carácter, yo era naturalmente piadoso y tan inclinado a la misericordia, que no podía contener las lágrimas en oyendo lástimas ajenas. Había en mí una vergüenza natural que me hacía preferir la muerte a la ignominia. Era mi condición arrebatada y propensa a la ira, sobre todo cuando veía a los soberbios e insolentes atropellar y molestar a los débiles, a quienes yo defendía y amparaba con todas mis fuerzas.
> Me eduqué, según es costumbre de aquel reino, en la religión cristiana Pontificia, y como era yo joven y temía mucho la condenación eterna, procuraba observar con exactitud todos sus preceptos. Me dedicaba a la lectura del Evangelio y de otros libros espirituales, consultaba de continuo los sumas de confesión, y cuanto más leía, más dificultades encontraba. Vine a caer en una extraordinaria perplejidad y angustia. La tristeza y el dolor me consumían. Desesperé de mi salvación, por parecerme imposible llenar nunca las condiciones que para la penitencia se requerían. Y, aunque es difícil de abandonar la religión a que nos hemos habituado desde los primeros años, y que ha echado ya profundas raíces en el entendimiento, aún no había cumplido yo veintidós años, cuando me di a pensar si sería verdad lo que se dice de la otra vida y si era conforme a la razón esta creencia. Porque mi razón me estaba diciendo siempre al oído cosas muy contrarias.
> Por este tiempo me ocupaba, como ya he dicho, en el estudio del derecho, y a los veinticinco años logré un beneficio eclesiástico de tesorero en la colegiata de Oporto. No pudiendo aquietarme en la religión católica, busqué alguna otra, y sabiendo la gran discordia que hay entre cristianos y judíos, estudié los libros de Moisés y de los profetas, en los cuales me pareció encontrar algunas cosas que

contradecían a la ley nueva. Y determiné seguir la antigua, ya que Moisés la había recibido directamente de Dios. Tomada esta resolución, lo primero que se me ocurrió fue mudar de residencia y dejar mis patrios y nativos lares. Para esto no dudé en renunciar a favor de otro el beneficio que tenía en la Iglesia. Abandoné mi hermosa casa, que había labrado mi padre en el sitio mejor de la ciudad, y me embarqué, en compañía de mi madre y hermanos, no sin gran peligro, porque está prohibido a los cristianos nuevos salir de aquel reino sin especial permiso del rey.

Después de una larga navegación llegué a Ámsterdam, donde los judíos viven libremente, y allí cumplimos el rito de la circuncisión. A los pocos días eché de ver que las costumbres y ceremonias de los judíos no convenían en manera alguna con los preceptos de la ley mosaica. Y, no pudiendo contenerme, juzgué que haría una cosa grata a Dios tomando la defensa de la pureza de la ley. Enseguida me excomulgaron por impío, y mis propios hermanos, de quienes yo había sido maestro, pasaban a mi lado en la plaza y no me saludaban por miedo a los fariseos.

Así las cosas, determiné escribir un libro mostrando la justicia de mi causa. Le llamé *Examen de las tradiciones farisaicas*, y en él me acosté a la opinión de los que sostienen que el premio y la pena en la ley antigua eran temporales y negué la inmortalidad del alma y la vida futura, entre otras razones por el silencio que guarda acerca de ella la ley de Moisés.

Mis enemigos vieron el cielo abierto, y para hacerme odioso aún entre los cristianos divulgaron contra mí un libro *De inmortalitate animarum*, escrito por cierto médico, el cual reciamente me impugnaba y maltrataba, llamándome secuaz de Epicuro y diciendo que a quien negaba la inmortalidad del alma, poco le faltaría para negar la existencia de Dios.

Los niños judíos, amaestrados por los rabinos, me seguían en grandes turbas por las plazas, me maldecían a gritos y me irritaban con todo género de afrentas, llamándome hereje y renegado. A veces se congregaban ante mi puerta y tiraban piedras a mis ventanas para no dejarme tranquilo ni aún en mi casa... Yo me preparé a la defensa, escribí un nuevo libro, en que impugnaba con todo género de armas el dogma de la inmortalidad y mostraba los muchos puntos en que se apartan de Moisés los fariseos.

Juntáronse los senadores y rabinos judíos y entablaron acusación contra mí ante el magistrado público. Por delación de ellos, estuve ocho o diez días en la cárcel, hasta que me soltaron bajo fianza. El gobernador me condenó a una multa de 300 florines y a perder todos los ejemplares de mi libro.

Desde entonces comencé a dudar que la ley de Moisés fuese la ley de Dios, porque en muchas cosas contradecía a la ley natural. Y vine a parar en tenerla por invención humana, como las demás innumerables leyes que hay en el mundo. Y esto pensando, dije entre mí (¡ojalá nunca se me hubiera ocurrido tal pensamiento!): ¿qué saco de estar separado hasta la muerte de la comunión de este pueblo judío, siendo, como soy, extranjero en Holanda, sin saber una palabra de la lengua del país? Movido de esta consideración, volví a la comunión judaica, retractando todos mis antiguos pareceres a los quince años justos de haber sido excomulgado. Sirvió de mediador para esta concordia un primo mío.

Pocos días habían pasado, cuando ya me delató un niño, hijo de mi hermana, porque no guardaba yo las abstinencias judaicas y elección de manjares. Mi primo tomó por afrenta propia mi reincidencia, y me declaró guerra a muerte apoyado por todos mis hermanos. Él estorbó mi segundo matrimonio. Él hizo que mi hermano retuviera mi hacienda, sin darme un óbolo, y arruinó mi casa de comercio.

Por estos días se me acercaron dos forasteros, español el uno y el otro italiano, que venían de Londres con propósito de abrazar el Judaísmo, no por convicción, sino por remediar en algo su miseria. Me pidieron consejo, y yo se lo di de que no lo hicieran, porque no sabían qué yugo iban a echar sobre sus cervices. Aquellos hombres malignos, atentos solo al torpe lucro, se lo delataron todo a los fariseos. En esta situación, pasé cerca de siete años. Nadie me asistía en mis enfermedades. Volvieron a excomulgarme, y no quisieron admitirme a reconciliación sin pasar por una durísima penitencia. A todo me sometí.

Entré un sábado en la sinagoga, llena de hombres y mujeres, que habían venido como para un espectáculo. Cuando llegó la hora, subí a un púlpito de madera que está en medio, y allí con clara voz leí una abjuración de mis errores, en que confesaba yo ser digno de mil muertes y prometía no reincidir más en tales iniquidades y blasfemias. Acabada la lectura, bajé del púlpito, y, acercándoseme un rabino, susurróme al oído que me apartase en un ángulo de la sinagoga. Así lo hice, y luego el portero me mandó desnudar hasta la cintura, me ató un lienzo a la cabeza, me quitó los zapatos y ató las manos a una especie de columna.

Acto continuo un sayón tomó unas correas y me dio en las espaldas treinta y nueve azotes, conforme al rito. Entre azote y azote cantaba *Salmos*. Acabado ese martirio, me senté en el suelo; llegó el predicador o sabio y me absolvió de la excomunión. Tomé mis vestidos y me postré en el umbral de la sinagoga. Todos los que salían pasaban sobre mí, levantando el pie, y esto lo hicieron todos, así niños como ancianos. Cuando ya no faltaba ninguno, me levanté manchado de polvo y me fui a mi casa.

El resto del *Exemplar humanae vitae* es una declamación contra el Judaísmo y aun contra toda ley positiva y un encomio de la natural.

Para acabar la historia, diré que Acosta, exasperado por las vejaciones de sus correligionarios, quiso matar a su primo, a quien tenía por causante de todo mal, y no lográndolo, se suicidó de un arcabuzazo el año 1640.

Los libros de Uriel da Costa fueron destruidos del todo por sus correligionarios. Aún la refutación que de ellos hizo Samuel de Silva es rarísima.[80]

IV. Poetas, novelistas y escritores de amena literatura. Esteban Rodríguez de Castro. Moseh Pinto Delgado. David Abenatar Melo. Israel López Laguna. Antonio Enríquez Gómez. Miguel Leví de Barrios

La literatura de los judaizantes españoles del siglo XVII, lo mismo que su conciencia, no tiene originalidad ni carácter propio antes sigue todas las vicisitudes de gusto propias de la general española. A lo sumo, se distingue, y no más que en ciertos poetas, por la predilección que da a los asuntos del *Antiguo Testamento*; pero el modo de tratarlos no difiere, ni en el estilo ni en las formas rítmicas, del que usaban los poetas cristianos. Hay judaizantes que recuerdan, aunque de lejos, a Camoens y a fray Luis de León; los hay terriblemente conceptuosos y culteranos.

Entre los que escribieron en lengua portuguesa, apenas conozco ninguno digno de citarse, fuera del lisbonense Esteban Rodríguez de Castro que, emi-

---

80 *Tratado de inmortalidade da alma*, composto pelo Doutor Semuel da Silva, em que tambem se mostra a ignorancia do certo contrariador da nosso tempo, que entre outros muytos errores deu neste delirio de ter para si e publicar que a alma do homen acaba juntamente com o corpo.

grado a Italia, fue protomédico del gran duque de Florencia y catedrático en la Universidad de Pisa. Nació en 1559; murió en 1637. Además de varios libros de medicina, dejó una colección de poesías, publicada por su hijo Francisco Esteban de Castro,[81] que para hacer un volumen completo juntó otros versos de diferentes autores que halló entre los papeles de su padre. Estos autores son Fernán Rodríguez Lobo (Soropita), Jorge Fernández, Sa de Miranda, don Fernando Correa de La Cerda y Bernardo Rodríguez. El editor confundió con poco escrúpulo las obras de unos y de otros, y llegó a atribuir a Rodríguez de Castro cuatro sonetos y una égloga de Camoens. Realmente, su estilo tiene mucho de camoniano, pero sin el quid divinum del maestro. Solo acierta a reproducir medianamente la vaga y saudosa melancolía de los sonetos del amador de doña Catalina. Su poema didáctico *De la inmortalidad del alma* vale poco, a no ser por la elegancia del estilo. Don Francisco Manuel de Melo, en su ingeniosísimo *Hospital de las letras* (página 376), dijo de este judaizante que «tenía mejor musa que fe». Los portugueses no le perdonan el haber celebrado a Felipe II.

Mucho más que Rodríguez de Castro vale como poeta Moseh Pinto Delgado, portugués también, aunque no usó en sus obras impresas otra lengua que la castellana. Habíase llamado entre los cristianos Juan, y, huyendo de la Inquisición, fue a parar a Francia, donde están impresas sus obras, sin año, ni lugar, dedicadas al cardenal Richelieu.[82] Contiene este tomo, aparte de varias canciones y poesías sueltas, un *Poema de la reina Ester en sextetos*, la *Historia de Rut* en redondillas y una paráfrasis de las *Lamentaciones de Jeremías en quintillas*. El sentimiento elegíaco predomina en Moseh Pinto Delgado, sin que le falten condiciones descriptivas. Está más feliz cuando traduce las Sagradas Escrituras o se inspira en ellas que cuando escribe de cosecha propia. Se distingue por el buen gusto continuado en el estilo y en el lenguaje, sin que sean apenas visibles en sus delicados versos las huellas de afectación y culteranismo, de que apenas se libró ningún ingenio de entonces. En la versificación es diestro y fácil, mostrando cierto amor y gusto especial por metros cortos, a la manera de los antiguos cancioneros. No desdeña por eso ni se muestra torpe en el uso

---

81 Véase Theophilo Braga, *Historia de Camoens*, página 2.ª, Eschola de Camoens (lib. 1, Os Poetas Lyricos), cap. 6, página 173 a 187. La colección de Esteban Rodríguez fue reimpresa por Antonio Lorenzo Caminha en el siglo XVIII.
82 En 8.º, 366 páginas.

de los endecasílabos de la escuela de Garcilaso. Como poeta de índole tierna y apacible, consigue remedar bien el idealismo del Petrarca; pero interesa y conmueve más cuando llora sus propias desdichas y se dirige al Señor con arrebato místico, y exclama:

> Del tesoro infinito
> de tu divina lumbre
> a mi noche, Señor, un rayo envía.
> Sea tu santa inspiración mi guía,
> que entre la luz del amoroso fuego,
> me llame en el desierto, no cursado,
> de mundana memoria:
> allí desnudo, por tu causa, el ciego
> velo de error, el hábito pasado,
> dichoso suba a contemplar tu gloria,
> donde mi ser por milagro efeto
> en sí transforme el soberano objeto.

Nunca se elevó a más altura Moseh Pinto Delgado, nunca hizo tan gallarda muestra de su fluidez métrica y de la viva penetración que tenía de las cosas bellas como en su paráfrasis e los Trenos de Jeremías, que es la mejor corona de su memoria. Apenas hay mejores quintillas en todo el siglo XVII, y de fijo ningunas tan sencillas, inspiradas y ricas de sentimiento:

> ¿Cuál desventura, ¡oh ciudad!,
> ha vuelto en tan triste estado
> tu grandeza y majestad,
> y aquel palacio sagrado
> en estrago y soledad?
> ¿Quién a mirarte se inclina
> y tus muros derrocados
> por la justicia divina
> que no vea en tus pecados
> la causa de tu ruina?

¿Cuál pecado pudo tanto
que no te conozco agora?
Mas no advirtiendo, me espanto;
que tú fuiste pecadora,
y quien te ha juzgado, santo.
La causa por que bajaste
y por que humilde caíste
de la gloria en que te viste
fue la verdad que dejaste,
la vanidad que seguiste.
Lloren, al fin, entre tanto
que no descansa tu mal
y obliguen al cielo santo,
que no puede ser el llanto
a tus delitos igual.[83]

Poeta bíblico, aunque vale harto menos que Pinto Delgado, fue David Abenatar Melo, fugitivo de las cárceles de la Inquisición en 1611 y autor de una mediana traducción de los *Salmos*, inferior no solo a las muestras que nos dejaron fray Luis de León y Malón de Chaide, sino a la del maestro Valdivieso y hasta a la del conde de Rebolledo, a pesar de su falta de color poético.

Era Abenatar Melo hombre de poca cultura, aunque de buen instinto poético, y hace alarde de ignorar hasta las reglas de la métrica: «Yo conozco que éstos no pueden tener nombre de versos; y afirmo que, aunque los hice, no sé medirlos ni sé si están con las sílabas que se requieren». Con todo eso, no son muchos los versos suyos que claudican; y debe haber algo de vanidad en su decantada ignorancia, puesto que le vemos recurrir a las formas más artificiosas y complicadas de nuestra versificación: tercetos y octavas reales. Tampoco faltan romances y estancias líricas. En la traducción de los *Salmos*, y aún más en el primer cántico de Moisés, que va al fin, hay algunos pasajes escritos con

---

83 Véase sobre las poesías de este judaizante: Amador de los Ríos, *Estudios sobre los judíos de España* (página 500 a 510), y Adolfo de Castro, *Poetas líricos de los siglos XVI y XVII* (Biblioteca de Ribadeneyra, tomo 42), página 22 y 23, donde reproduce la primera lamentación.

fuerza y color poético, pero ni una sola composición entera que pueda citarse por modelo. Reina en todo ello cierta facilidad desaliñada, no inmune de prosaísmos. No estará de más advertir que Melo sabía poco hebreo, y se valió casi siempre de la Biblia de Ferrara. Lo peor es que, sin respeto alguno al sagrado texto, ingiere mil circunstancias personales suyas y hasta pone en boca de David invectivas contra la Inquisición, en que describe el intérprete su propio tormento.[84]

> N'el infierno metido
> de la Inquisición dura,
> entre fieros leones de albedrío,
> de allí me has redimido,
> dando a mis males cura
> solo porque me viste arrepentido.
> Cuando en dura tormento
> porque a mi hermano y prójimo matase:
> me tenían atado
> helado, sin aliento,
> en alto levantado,
> mi lazo le pedí me desatase.
> Mas, al suelo bajado,
> con un corazón nuevo te he llamado.
> y, vuelto a atar de nuevo,
> me deshicieron como cera al fuego.
> De aquella fuessa oscura
> con gloria me has subido,

---

84   Los CL. *Psalmos de David: in lingua espannola, en varias rimas*, compuestos por David Abenatarmelo, conforme a la verdadera Traeducción ferraresqua: con algunas alegorías del Autor. Dedicados al D. B. y a su santa companha de Israel y Jeudad: esparcida por el mundo en este largo cautiverio, y al cabo la Baraká del mismo David y Cántico de Moyzés. En Franqua Forte. Anno de 5386 en el mes de Elul (agosto de 1626),
(En 4.º 141 hojas. Dedicatoria del autor a sus hermanos, en romance. Advertencias, en prosa. Sonetos laudatorios de un anónimo y de Isahak Herrera.) Detestable edición, llena de groseras erratas. Está analizado largamente este libro en los *Estudios*, de Amador de los Ríos, páginas 521 a 530.

> vivificando el alma que me diste,
> y en gusto mi tristura,
> mi Dios, has convertido,
> mostrando bien la fuerza que en ti asiste.

El mayor mérito de esta versión es la riqueza y salvaje energía de lengua; pero no es tanto mérito del traductor como de la Ferrariense, cuya prosa calcaba. De aquí el extraño y no desagradable sabor de arcaísmo que tienen los versos.

Hay otro traductor de los *Salmos* muy posterior a David Abenatar Melo; como que no publicó su traducción hasta el año 1720 (5480 según la cuenta de los judíos), si bien la tenía hecha algo antes. Se llamaba Daniel Israel López Laguna, y de su vida apenas sabemos más que lo que él quiso decirnos en estos versos:

> A las musas inclinado
> he sido desde mi infancia;
> la adolescencia en la Francia
> sagrada escuela me ha dado;
> en España algo han limado
> las artes mi juventud;
> hoy Jamaica en canción
> los *Salmos* da a mi laúd.

Y, en efecto, acabó su traducción (obra, según dicen sus panegiristas, «de veintitrés años de trabajo... entre persecuciones de guerras, incendios y huracanes») en la isla de Jamaica, y la publicó en Londres con el rótulo de Espejo fiel de vidas. Sus correligionarios la ensalzaron hasta las nubes; nada menos que trece poetas judíos y tres poetisas, a cual más oscuros y olvidados todos, la honraron con versos laudatorios, encontrando «delicado y dulce el estilo, melosos y sonoros los versos». Al revés de Abenatar Melo, parece que López Laguna sabía algo de hebreo, y quiso con su traducción remediar la ignorancia de sus hermanos, que venían de España sin poder traducir la lengua santa. Pero ésta es la única ventaja que tiene sobre su predecesor; y, por más que se jacte de escrupulosa fidelidad, hasta el punto de no «acrecentar ni disminuir una sílaba al texto hebraico», tan lejos está de hacerlo, que no deja de intercalar los usados anatemas contra el tribunal que infieles llaman santo.

Esta traducción tiene ciertas pretensiones de ser hecha para puesta en música, con lo cual se creyó autorizado Laguna para usar todas las formas métricas conocidas en nuestro Parnaso, desde las octavas, tercetos y estancias líricas, hasta las redondillas, quintillas, décimas y seguidillas; ejemplo insigne de perversidad de gusto. Así esta traducido el salmo 88:

> Ama Dios más las puertas
> de Sión, que todas
> las moradas que el pueblo
> de Jacob goza.
> Cuenta el Señor los pueblos,
> Y solo escribe
> en su libro al perfecto
> que en su ley vive.
> Todos estos loores
> en su alta esfera
> logra el trono del alto
> Dios en la tierra.

Semejantes coplas de fandango están pidiendo una guitarra y la puerta de una taberna. ¡Pobre David!

Hay dos judaizantes del siglo XVII que merecen el nombre de poetas y aun de escritores polígrafos: el segoviano Antonio Enríquez Gómez y el cordobés Daniel Leví de Barrios.

A Antonio Enríquez Gómez le supone Barbosa portugués; los demás autores que de él escriben, segoviano.[85] Su padre, Diego Enríquez Villanueva, era de familia de conversos, y no fue obstáculo éste para que el hijo alcanzara grados y honores militares. Mientras vivió en España se hacía llamar Enrique Enríquez

---

85 Véase principalmente Amador de los Ríos, *Estudios históricos, políticos y literarios sobre los judíos de España* (Madrid, imprenta De J. M. Díaz, 1848), página 569 a 607, y Barrera y Leirado, *Catálogo del teatro antiguo español* (Madrid, Rivadeneyra, 1860), páginas 134 a 142.

de Paz, y con tal apellido concurrió a un certamen poético de Cuenca, dio a las tablas varias comedias y firmó un soneto a la muerte de Lope de Vega, inserto en la *Fama póstuma* que recopiló Montalbán.

Por los años de 1636 pasó a Francia, tomando como nombre de guerra el de Antonio Enríquez Gómez, aunque no parece que por entonces renegara del catolicismo; a lo menos, jamás se manifiesta judío en las muchas obras que dio a luz en Francia, cuyo rey, Luis XIII, le honró con los cargos de secretario y mayordomo suyo y el hábito de la Orden Militar de san Miguel. Si hubiéramos de juzgar por varias alusiones suyas contra áulicos y envidiosos y por la satírica y poco embozada pintura que en *El siglo pitagórico hizo de la privanza del conde-duque de Olivares*, habríamos de decir que la causa de su destierro fue una intriga cortesana. Como quiera, no cabe duda que murió judío en Ámsterdam y que la Inquisición de Sevilla le sacó en estatua,[86] en un auto de fe de 14 dé abril de 1660, donde fueron castigados otros ochenta judaizantes. Dejó un hijo, llamado Diego Enríquez Basulto, autor de un poema culterano sobre la Paciencia del santo Job. (Ruán, 1649, en 4.º)

Las obras de Enríquez Gómez son en gran número, y puede decirse que cultivó más o menos todos los géneros de literatura, siempre con más audacia que fortuna. Hay de él libros de política nada menos que *Angélica*;[87] obras semihistóricas adulatorias de los reyes de Francia, como la que llamó *Luis dado de Dios a Luis y Anna y Samuel dado de Dios a Eleana y Anna*,[88] compuesta al nacimiento de Luis XIV, comedias en gran número, poesías líricas y didácticas, dos epopeyas o cosa tal, una novela picaresca y sueños morales a imitación de los de Quevedo.

De todo esto, muy poco es lo que conserva estimación. El ceñudo Moratín puso, entre los proyectiles que se disparaban en La derrota de los pedantes, las comedias, silvas y romances de Enríquez Gómez, pero también esta sentencia peca de extremada y hasta de injusta. Tenía este judaizante muy despierto y lucido ingenio, aunque de segundo orden e incapaz de la perfección en nada,

---

86 «Allá me las den todas», cuentan que dijo cuando supo que le habían quemado en efigie.
87 *Política angélica*, página 1.ª, dividida en cinco diálogos. (Rohan, Lorenzo Maurry, 1647; en 4.º) Cítase una segunda parte, que no he visto. La Inquisición prohibió este libro.
88 París, Renato Baudry, 1645; en 4.º (En prosa.)

y contagiado hasta los tuétanos de los vicios de la época y de otros propios y peculiares suyos.

No vale mucho como dramático, y eso que fue bastante fecundo. A veintidós llegaron, según él afirma,[89] sus comedias, la mayor parte del género heroico, llenas de hinchazón y culteranismo, de fieros y cuchilladas, de tramoyas y pomposas relaciones. Así, v. gr., *El cardenal de Albornoz, Engañar para reinar, Diego de Camos, El capitán Chinchilla, El rayo de Palestina, Las soberbias de Nembrot, El Caballero de Gracia, La Casa de Austria en España, El trono de Salomón, El Sol parado* (que es la historia de Josué), *La prudente Abigaíl* y las *Peregrinaciones de Fernán Méndez Pinto* (partes primera y segunda), en que le llevó su desatinado gusto a poner en verso y en diálogo el libro de los viajes de aquel famoso portugués. Ni en ésta ni en las demás hay apenas cosa tolerable, sino algunos retazos de versificación fácil y rotunda. Conócese, por lo demás, la sangre judaica de Enríquez en su declarada afición a las historias del *Viejo Testamento*, que llenan la mitad de su teatro.[90]

En sus dos mejores o menos malas comedias, *Celos no ofenden al Sol* y *A lo que obliga el honor*, Enríquez Gómez es calderoniano en todo lo malo y en poco de lo bueno. El asunto de *A lo que obliga el honor* es la misma celosa venganza que sirve de móvil a *El médico de su honra*, a *El pintor de su deshonra* y *A secreto agravio*; pero ¡cuán débil y pobremente tratado el asunto en Enríquez a pesar del servilismo con que pisa las huellas de su predecesor! No falta, sin embargo, algún feliz movimiento dramático:

¡Quitóme el honor el rey

---

89   En el prólogo del *Sansón Nazareno*.
90   Cuatro de las comedias de Enríquez: *A lo que obliga el honor, La prudente Abigaíl, Contra el amor no hay engaños* y *Amor con vista y cordura*, están incluidas en las *Academias morales de las musas*. Las demás se imprimieron sueltas o en colecciones de varios autores y algunas no parecen. Otras se imprimieron a nombre de Calderón y de don Fernando de Zárate. Barrera probó invenciblemente, contra don Adolfo de Castro, que Zárate (autor de muchas y muy notables comedias) es persona distinta de Antonio Enríquez Gómez. Además de las comedias citadas en el texto, se atribuyen a este último otras tres: *Jerusalén libertada, No hay contra el honor poder* y *La fuerza del heredero*. Para más pormenores, véase Barrera, En la *Biblioteca de autores españoles* (*Dramáticos posteriores a Lope de Vega*, tomo 1) están reimpresas *A lo que obliga el honor* y *Celos no ofenden al Sol*.

>   y entendió que me lo daba!

exclama el celoso marido cuando el rey don Pedro le envía de adelantado a la frontera. En *Celos no ofenden al Sol* hay en boca del gracioso una invectiva contra el matrimonio llena de desenfado y donaire. Pero siempre trozos, jamás una pieza entera.

Lo mismo digo de sus versos líricos, casi siempre del género moral y didáctico. Pertenecen a la misma escuela fría y prosaica que los de Francisco López de Zárate o los del conde de Rebolledo, tendencia que surgió en oposición a los desvaríos culteranos, y que luego reinó señora absoluta en el siglo XVII. En sus canciones, elegías y epístolas, recopiladas bajo el nombre de Academias de las musas, vierte el capitán Enríquez altos y generosos pensamientos morales, con todo y andar a veces en los lindes del lugar común. Pero, contagiado de la manía del prosaísmo, muy raras veces llega a poner armonía y número en sus versos, plenitud y vida en sus frases. Consíguelo mejor en las *Epístolas de Job*,[91] gracias a las reminiscencias del libro sagrado, en que se narran las calamidades del patriarca idumeo; lógralo también en la elegía de su peregrinación, por el color íntimo, personal y autobiográfico que llega a darle; pero en el resto de sus poesías, la grandeza y el interés estriban antes en la gravedad y fuerza que por sí traen las verdades éticas que en el arte del poeta. Las *Epístolas de Albano y Danteo*, *La risa de Demócrito*, *El llanto de Heráclito*, la *Canción a la vanidad del mundo*, se leen con cierto interés por la calidad de los asuntos, que salen de la monotonía petrarquista y de las fábulas a imitación del *Polifemo*; pero en rea-

---

91 *Academias morales de las musas*, dirigidas a la magetad cristianísima de doña Ana de Austria, reina de Francia y Navarra. Por Antonio Enríquez Gómez... Estampado en Burdeos por el señor Pedro de la Court, 1642.
(En 8.º mayor; con el retrato del autor.)
Los preliminares son: una dedicatoria del autor; *Apología de las Academias*, por el capitán M. F de Villarreal; prólogo; dísticos latinos, de Enrique Lopes y de Franc. Cassawielh, en alabanza del autor; madrigal francés de Colet; soneto de Alonso del Campo Romero.
Segunda edición: Madrid, por Joseph Fernández de Buendía, 1660. (La aprobación es de Valencia, 1646, y la licencia de 1659.) Quizá hubo una edición española anterior.
Tercera: Barcelona, R. Figuero, 1704.
Las principales composiciones líricas de Enríquez Gómez pueden leerse en el tomo 42 de la *Biblioteca de autores españoles*.
(*Poetas líricos de los siglos XVI y XVII*, tomo 2.)

lidad son muy pobres. Cuando toma frases de los libros sapienciales, se levanta algo más, y otro tanto le sucede en dos canciones a la vida del campo sobre el asendereado tema del *Beatus ille.*

Más vale Enríquez Gómez como satírico, y sin duda la más amena y deleitosa de sus obras es la que tituló *El siglo pitagórico*, en que, renovando un pensamiento de Luciano, ya utilizado por el autor del *Crotalón*, se propuso describir en prosa y verso las trasmigraciones de un alma presentando así un espejo fiel de las costumbres del tiempo.[92] El alma pasa sucesivamente por los cuerpos de un ambicioso, un malsín, una dama, un valido, un hipócrita, un avariento, un doctor, un soberbio, un ladrón, un arbitrista, un hidalgo y, finalmente, un virtuoso. El autor lo cuenta todo con apacible desenfado y mucha riqueza de estilo, que solo desmaya en lo prosaico cuando comienza a moralizar. Para la sátira, de corte español y no clásico ni horaciano, tenía Enríquez Gómez grandes condiciones. ¡Lástima que le despeñe el loco anhelo de imitar a Quevedo! ¡Cuán pálida, insípida y desmazalada cosa parece *La torre de Babilonia* cuando se piensa en los Sueños![93]

Intercalada en *El siglo pitagórico*, con bien poco arte y maña por cierto, anda la novela picaresca de don Gregorio Guadaña, o más bien un fragmento de ella, que sin ser de lo mejor del género, y hecha como está de relieves y desperdicios del *Buscón*, agrada y entretiene.

Al siglo pitagórico se refería sin duda el doctor Puigblanch cuando hablaba de cierto libro español impreso en Francia y Flandes que, a su entender, había sido original del *Gil Blas*. Pero, aunque pueda notarse cierta semejanza remota entre el objeto general de las dos obras, que parece ser una pintura de los

---

92 *El siglo pitagórico* y *Vida de don Gregorio Guadaña* (Rohan, por Lorenzo Maurry, 1644; en 4.º: Rohan, ídem. íd., 1647; Rohan, ídem íd., 1682).
—Nueva edición purgada de muchas erratas ortográficas (Bruselas, Francisco Foppens, 1747; en 4.º).
La vida de don Gregorio está reimpresa en el tomo 2 de *Novelistas posteriores a Cervantes*, de la Biblioteca de Rivadeneyra. *El siglo pitagórico* está dedicado al mariscal Bassompierre.

93 *La torre de Babilonia* (Rohan, por Lorenzo Maurry, 1647; Madrid, por Bernardo de Villadiego, 1670; en 4.º). Contiene las dos comedias de Fernán Méndez Pinto.
Sobre la cuestión de *Gil Blas* y de *El siglo pitagórico* véase Puigblanch, *Opúsculos gramático-satíricos* (Londres, Guthrie, 1833), tomo 2, página 372.

diversos estados sociales; y aunque se parezcan algo la salida de don Gregorio Guadaña de su casa y la de *Gil Blas* y las aventuras que les suceden en el camino; y aunque uno y otro autor maltraten al conde-duque de Olivares; y aunque parezca verosímil que Le-Sage, incansable lector de cuanto había que leer en materia de comedias y novelas españolas, conociera *El siglo pitagórico*, no puede con todo eso defenderse en serio el capricho de Puigblanch. El *Gil Blas* es libro de taracea, en que la composición y algunos incidentes pertenecen al autor francés, y lo demás es hijo de distintos padres españoles; siendo mérito de Le-Sage el haber entretejido hábilmente tan varias historias en su libro, aunque por lo amplio y holgado de la forma autobiográfica se prestaba a ello.

Dejó Enríquez Gómez dos poemas, Sansón nazareno[94] y *La culpa del primer peregrino*[95] (es decir, el pecado de Adán), los cuáles pueden citarse, sin escrúpulo de conciencia, como dechado y cifra de la más perversa, altisonante e hiperbólica poesía que se conoce en lengua castellana. Con decir que el autor se propuso por modelo el Macabeo, de Miguel de Silveira, está dicho todo. Y sin embargo, en ese retumbante Sansón nazareno, pero ya en el canto 14 y muy cerca del final, hay media docena de octavas, valientes, claras, tersas y bien escritas, que son como un oasis en medio de aquel espantoso desierto. Cuando

> baja sobre el hebreo peregrino
> del Señor el espíritu divino,

Enríquez Gómez se cansa de delirar y pone en boca del héroe esta plegaria:

> Dios de mis padres (dice), autor eterno
> de los tres mundos, soberano Atlante,
> incircunciso, santo y ab-eterno,
> Dios de Abraham, tu verdadero amante;
> Dios de Ishak, cuyo altísimo gobierno
> en la divina ley vive triunfante;

---

94 *Sansón Nazareno*, poema lírico (Rohan, en la imprenta De Laurencio Maurry, 1656; en 4.º, con láminas).

95 *La culpa del primer peregrino* (Rohan, Laurencio Maurry, 1644; en 4.º; Madrid, 1755, por Pedro Roboredo, sin los preliminares de la francesa). Ofreció Enríquez Gómez otro poema de Josué; pero, afortunadamente, no llegó a publicarle.

Dios de Jacob, de bendiciones lleno,
oye a Sansón, escucha al Nazareno.
Único Creador incomprensible,
Señor de los ejércitos sagrados,
Brazo de las batallas invencible,
por siglos de los siglos venerado,
causa sí, de las causas invisible,
perfecto autor de todo lo criado,
pequé, Señor, pequé: yo me condeno.
Misericordia pide el Nazareno.
Restituye, Señor, la prodigiosa
fuerza de mis cabellos a su fuego;
alienta con tu mano poderosa
el valor que perdí, quedando ciego,
tócame con tu llama luminosa,
pues a la muerte con valor me entrego:
dame aliento, Señor, para vengarme,
y tu auxilio eficaz para salvarme.
Yo muero por la ley que tú escribiste,
por los preceptos santos que mandaste,
por el pueblo sagrado que escogiste,
y por los mandamientos que ordenaste;
yo muero por la gloria que me diste,
y por la gloria con que al pueblo honraste;
muero por Israel, y lo primero
por su inefable nombre verdadero.
Y así prosigue, hasta que Sansón eslabona poderoso
los brazos a los ejes de diamante

y derrumba el templo con muerte de 30.000 filisteos. Pero repito que esto es lo único digno de leerse en el poema y que *La culpa del primer peregrino* nada recuerda de Milton[96] y es un centón de indigesta teología.

Muy parecido a Antonio Enríquez Gómez, en los sucesos de su vida y en lo errante y vagabundo de su ingenio, fue Miguel, entre los judíos Daniel Leví de Barrios, natural de Montilla:

> Mi gran patria Montilla, verde estrella
> del cielo cordobés...

e hijo de un judaizante portugués llamado Simón de Barros o Barrios. Así él como su hijo fingieron profesar el cristianismo, y Miguel fue capitán en Flandes, y allí publicó varias obras poéticas, hasta que abiertamente renegó de la verdadera fe para vivir entre los suyos en Ámsterdam, donde parece que alcanzó los últimos años del siglo XVII.[97] Sus obras son muchas y de diversos géneros, pero todas igualmente olvidadas y dignas de serlo; ya históricas y políticas, como el *Triunfo del gobierno popular y antigüedad holandesa* (1683), la *Historia universal judaica*, el *Imperio de Dios en la armonía del mundo*, el *Atlas ánglico de la Gran Bretaña*, etc.; ya poéticas; como las recopiladas en las dos colecciones que se llaman *Flor de Apolo* y *Coro de las Musas*. Algún interés ofrece, por las noticias que da de escritores judíos, su libro *Luces y flores de la ley divina en los caminos de la salvación*; pero en todo, hasta en los títulos, brilla su mal gusto.

Impresos sueltos hay de él muchos versos de circunstancias a bodas, natalicios y sucesos prósperos y adversos de príncipes o de amigos suyos;[98] pero el

---

96 En el prólogo de *Sansón* promete Enríquez otras obras suyas, que no se publicaron: *Amán y Mardocheo*, *El caballero del milagro*, una segunda parte de *La torre de Babilonia*, y *Los triunfos inmortales*, en rimas.

97 Véase acerca de él: Amador de los Ríos, *Estudios*, página 608 a 619; Barrera, *Catálogo del teatro*, página 26 y 27, y *Catálogo de la biblioteca de Salvá*, tomo 1, página 368.

98 *Aplauso métrico por las dos célebres victorias que tuvo a 7 y 14 de junio de 1673 la armada de los Estados de Flandes, mandada por el Príncipe de Orange* (Ámsterdam, sin año).
—*Epitalamio métrico a la feliz unión de don Pedro II de Portugal con la ínclita María Sofía* (Ámsterdam; en 4.°).
—*Alegorías o pinturas lucientes de himeneo* (Ámsterdam 1680).
—*Árbol florido dé noche* (Ámsterdam 1680).

cuerpo de sus poesías es el *Coro de las Musas*, donde, a imitación de Quevedo y de don Francisco Manuel, inserta poesías de todo linaje bajo la advocación de cada una de las doncellas del Parnaso; y aún no satisfecho con tal inundación de malos versos, añade la *Música de Apolo* y los *Cristales de Hipocrene*. Casi todas las poesías serias y de carácter didáctico, v. gr., las que tratan del mundo celeste y esférico, la descripción de España y genealogía de sus reyes, los elogios de los diferentes oficios, la fábula de Pan y Siringa, etc., son absolutamente perversas, ora culteranas, ora prosaicas, sin vislumbre ni rastro de verdadera poesía, que, a lo sumo, se encuentra en algunos sonetos, letrillas y composiciones ligeras. En los metros cortos es bastante feliz. Y lo dicho del *Coro de las Musas*, entiéndase de la *Flor de Apolo*, donde hay tres comedias muy flojas: *El canto junto al encanto*, *El español de Orán* y *Pedir favor al contrario*.[99]

En cuanto a los epitalamios y versos de encargo hechos por Leví de Barrios, son obras de verdadero delirante. Mentira parece que don José Amador de los Ríos tuviera valor para elogiar un epitalamio que comienza con estos versos:

—*Soledad fúnebre a la triste viudez del señor don Juan de Mascarenhas*.
—*Metros nobles dirigidos a los Parnasim del Santo Kahal desta ínclita ciudad de Ámsterdam*.
—*Sol de la vida, dirigido a la sacra y real magestad de doña Catalina de Portugal, reyna de la Gran Bretaña*.
—*Alabanza lyrica al señor don Bernardo Sarmiento y Sotomayor*.
—*Corte-Real genealógica y panegírica al... Señor don Francisco de Mora y Corte-Real*. Y otros y otros que, sin duda, no habré visto.

[99] *Coro de las Musas*. Por el capitán don Miguel de Barrios (Bruselas, por Baltasar Vivien, 1672; en 12.º; 21 hojas preliminares y 648 páginas). Se citan: otra edición de Ámsterdam, del mismo año, por Juan Luis de Paz, con el retrato de Melo, a quien el libro va dirigido, y otra de Amberes 1694.
—*Flor de Apolo*... (Bruselas, Baltasar Vivien, 1665; en 4.º 12 hojas preliminares y 256 páginas). Con un retrato de don Antonio Fernández de Córdoba, teniente general de caballería en Flandes (a quien el libro va dedicado), y muchas viñetas.
—Ídem, Amberes, Verdussen, 1674; en 4.º
—Ídem, Amberes, Verdussen, 1708; en 4.º (Con la misma edición, portada distinta, que a la letra dice: *Las poesías famosas y comedias de don Miguel de Barrios*, segunda impressión, enrisquecida con lindíssimas estampas.)
De Barrios hay en la biblioteca de Osuna otras dos comedias impresas sueltas: *Nubes no ofenden al Sol* y *Contra la verdad no hay fuerza*.

Aquella imperial águila
que del Sol más clarífico
se remonta a lo fúlgido
por mirarse en lo nítido,
de la fama en los cánticos
sube hasta el Norte frígido,
imán de cuanto hipérbole
es de su elogio símbolo.

También fue penado por judaizante en la Inquisición de Sevilla el doctor Felipe Godínez, fecundo poeta dramático, señalado entre los que escribieron autos sacramentales. No le valió su carácter sacerdotal, ni la fama que tenía como predicador, ni «el haberse llevado por las sentencias los doctos», en opinión de Enríquez Gómez. Pero, como quiera la penitencia fue leve, aunque bien la recordaba el implacable Quevedo cuando en *La Perinola* lanza tan agudos dardos contra Godínez, amigo, según se deja entender, de Montalbán: «Como que todo lo ha escrito bien el Godínez, ha salido en algunos autos mucho, y es más señalado en los autos que todos...». Y en otra parte dice que el doctor Montalbán cita a Godínez «con tanta reverencia como pudiera a León Hebreo». Godínez, como todos los poetas de su raza, se distingue por la afición a asuntos del *Antiguo Testamento*: *El divino Isaac*, *Los trabajos de Job*, *Amán y Mardoqueo*, *Judit y Holofernes*, *Las lágrimas de David*, *La mejor espigadera (Rut)* y *El primer condenado*. Y aún descubre a veces su mala voluntad contra el estado eclesiástico, v. gr., en la estrambótica comedia a lo divino que tituló O el fraile ha de ser ladrón o el ladrón ha de ser fraile.

Capítulo III. Moriscos. Literatura aljamiada. Los plomos del Sacro-Monte

I. Vicisitudes generales de la raza hasta su expulsión. II. Literatura aljamiada de los moriscos españoles. III. Los plomos del Sacro-Monte de Granada. Su condenación

I. Vicisitudes generales de la raza hasta su expulsión

No se hartan de encarecer los historiadores la tolerancia de los árabes con la población cristiana de España en los primeros siglos de la conquista. Y, si esta relativa moderación, que tan poco duró, y que vino a terminar con el largo y horrendo martirio de los muzárabes de Córdoba, y que al fin y al cabo se explica por las condiciones de la invasión, por el pequeño número y mal asentado poder de los muslimes, merece loa, ¿qué habremos de decir y cómo acertaremos a ponderar la que nuestros padres observaron por tan largos siglos con los vasallos mudéjares, cuya existencia en Castilla ni era forzosa ni se fundaba en la mayor debilidad del poder cristiano, que, al contrario, les abre las puertas y los admite en la nacionalidad española cuando las armas del Islam van de vencida? Otro fue el sistema de los primeros caudillos septentrionales. Las expediciones de los Alfonsos, Fruelas y Ramiros eran verdaderas razzias, seguidas de devastación y exterminio, en que eran pasados al filo de la espada o vendidos sub corona y llevados cautivos hasta los niños y las mujeres. Cierto que aún entonces quedaba a los musulmanes, y algunas veces lo aprovecharon, el recurso de salir de esclavitud, o a lo menos mejorar de condición, recibiendo el bautismo; pero, a la larga, el progreso de la Reconquista, el interés mejor o peor entendido de los señores de vasallos moros y la menor rudeza y barbarie de costumbres hicieron posible la existencia de los mahometanos, con su religión y leyes y con cierta libertad civil, en las poblaciones que nuevamente se iban reconquistando. Desde 1038 en adelante, casi todas las capitulaciones, y muy especial la de Toledo de 1085, autorizan legalmente la convivencia de cristianos y mudéjares.[100] Su situación no era la misma en todas partes, ni iguales sus derechos y deberes, dependiendo muchas veces de la mayor o menor generosidad del vencedor, del número e importancia de los vencidos y de otras mil circunstancias; pero, en general, se les permitía el ejercicio, a veces público, del culto y el juzgar entre sí sus propios litigios, pero no aquellos en que interviniesen cristianos. Su condición era mejor que la de los judíos y fueron siempre menos odiados. La historia registra muy pocos alborotos y asonadas

---

100 Así, por ejemplo, en la de Tudela, otorgada por Alfonso I el Batallador en 1155, se estipula: «Que stent illos moros in lures casas que habent de intro per unum annum; completo anno, quod exeant ad illos barrios deforas cum lure mobile... et que stent in lures manus. Illa mezquita maior... et que donent de X unum... Et si habuerit morus iuditio cum christiano vel christianus cum moro, donet iudicium alcadi de moros ad suo moro, secundum suam

contra ellos. No tenían espíritu propagandista; eran gente buena y pacífica, dada a la agricultura, a los oficios mecánicos o al arte de alarifes, y no podían excitar los celos y codicias que con sus tratos, mercaderías y arrendamientos suscitaban los judíos.

Las leyes severísimas con que nuestros códigos penan el delito de apostasía mahomética ha de entenderse de los tornadizos mudéjares que abrazaban el cristianismo y volvían a caer en su secta, y no en manera alguna de prosélitos que ellos hiciesen. Así vemos que las leyes de Partida desheredan al hijo que se torne moro, privan de su dote a la mujer y castigan el crimen de los renegados con suplicio de fuego, confiscación e imposibilidad de adquirir ni de testificar en juicio. Pocos mudéjares se hicieron cristianos, ni éstos pusieron empeño en convertirlos; y, fuera de la prohibición de tener mezquitas, puede decirse que su culto era libre, siendo no pequeña materia de escándalo para los piadosos viajeros de otras regiones, verbigracia el bohemio León de Rotzmithal.

Andando el tiempo, vino a menos la tolerancia, y ya don Juan I y la gobernadora doña Catalina atendieron con severos ordenamientos a evitar los peligros que nacían del trato de moros y cristianos. Las leyes de encerramiento de don Juan II alcanzaron a los mudéjares lo mismo que a los hebreos; se les obligó a llevar una señal en los vestidos hasta se suprimieron en 1408 los tribunales de los cadíes, que luego restableció Isabel la Católica.

---

zunam, et alcadi de christianos ad suum christianum secundum suo foro... Et non faciant exite moro in apellito per forza in guerra... Et non intret nullus christianus in casa de moro nec in horto per forza». (*Diccionario geográfico de España*, publicado por la Academia de la Historia, tomo 2, página 558.)

De parecida manera promete Ramón Berenguer IV el santo, en la capitulación de Tortosa (1148), que «totos illos mauros stent in lures foros et in lures iustitias... et stet supe illos luro iudice cum suos castigamentos sicut est in lure lege... et si venerit podia vel baralga inter mauro et christiano, quod iudicet et castiguet eos lur iudice de mauros ad illo moro et de christianos ad illo christianos» (Archivo de la Corona de Aragón).

Pudieran citarse innumerables documentos por el estilo, véase, además, la obra del señor don Francisco Fernández González acerca de *Los mudéjares de Castilla*, premiada por la Academia de la Historia.

Con la conquista de Granada apareció otro linaje de vasallos nuevos, que no se apellidaron ya mudéjares, sino moriscos.[101] Sabidas son las condiciones de la capitulación firmada por Hernando de Zafra en 28 de noviembre de 1491, no diferentes en esencia de las que los cristianos habían solido otorgar a las ciudades rendidas por moros desde el siglo XIII; antes bien, favorables con exceso, hasta el punto de consentirse en ellas a chicos y grandes vivir en su ley, con promesa formal de no quitarles sus mezquitas, torres y almuédanos, ni perturbarles en sus costumbres y usos, ni someter sus causas a otros tribunales que los de sus cadíes y jueces propios. Asimismo se otorgaba plena libertad a los que quisieran pasarse a Berbería o a otras partes para vender tierras, bienes muebles y raíces cómo y a quién quisieran, dándoles pasaje libre y gratuito por término de tres años, con sus familias, mercaderías, joyas, oro y plata y todo género de armas, excepto las de pólvora, y poniendo a su disposición, durante setenta días, diez naves gruesas para el transporte. Expirados estos plazos, cada morisco podría embarcarse cuando quisiera, pagando a sus altezas un ducado por persona. Prometíase solemnemente que los moros moros nunca llevarían una señal como la de los judíos; que los cristianos jamás entrarían en las mezquitas sin permiso de los alfaquíes; que los tributos no serían mayores que los que se pagaban en tiempo de los reyes granadinos; que a nadie, ni siquiera a los renegados (siempre que lo fuesen antes de la capitulación), se los apremiaría a ser cristianos por fuerza ni se los obligaría a ningún servicio de guerra contra su voluntad;[102] y, finalmente, que los alfaquíes administrarían por sí solos las rentas del culto y de las escuelas públicas.

---

101 No hay una historia completa de los moriscos; pero véanse, aparte de los muchos libros relativos a la expulsión, que luego citaré, las dos obras siguientes:
Histoire des Maures Mudejares et des Morisques, ou des Arabes d'Espagne sous la domination des chrétiens. Par le Comte Albert de Circourt. París, G. A. Dentu, 1846 (tres tomos, en 8.º).
—*Condición social de los moriscos de España: causas de su expulsión, y consecuencias que ésta produjo en el orden económico y político*: obra laureada con el accésit... por la Real Academia de la Historia en el concurso de 1857: su autor F. Florencio Janer. Madrid, 1857.

102 Estas capitulaciones pueden leerse íntegras en Mármol Carvajal, *Rebelión y castigo de los moriscos del reino de Granada.*

Triste es decir que esta capitulación, imposible de observar en muchas de sus cláusulas y temerariamente aceptadas por los reyes católicos, no se cumplió mucho tiempo. Y eso que los encargados de ponerla en vigor no podían ser más piadosos y cristianos varones; como que ocupó la nueva silla arzobispal de Granada fray Hernando de Talavera, modelo de bondad y mansedumbre, luz de la Orden Jeronimiana; y la capitanía general se confirió a don Anego López de Mendoza, conde de Tendilla, prudente y valeroso caballero.

En los principios, todo pareció sonreír. Fray Hernando, ocupado todo en la santa obra de la conversión de los muslimes, pero templando el celo con la discreción, atrájose el amor de los vencidos, que le llamaban el alfaquí santo, a fuerza de caridad y buenas obras, visitándolos, amparándolos y sentándolos a su mesa. Él mismo comenzó a aprender el árabe, hizo que fray Pedro de Alcalá ordenase una gramática y un vocabulario de esta lengua, dispuso la traducción a ella de algunos pedazos de las Escrituras, convenció en particulares coloquios a muchos alfaquíes y logró de tal manera portentoso número de conversiones. Hasta 3.000 se bautizaron en solo un día.[103]

La reina Isabel se inclinaba a acelerar el bautismo de los moros; pero es fama que el inquisidor Torquemada, aunque pese y asombre a los que a tontas y a locas claman contra su intolerancia, se opuso tenazmente a ello.[104] No así el gran cardenal don Pedro González de Mendoza, que, con haber dejado fama de tolerante, era partidario *De la expulsión de los moriscos*, dejándoles solo libertad para vender sus bienes.

El celo exaltado y la férrea condición de fray Francisco Jiménez de Cisneros atropellaron las cosas cuando, enviado a Granada en 1499 para reconciliar a los renegados y conocer en casos de herejía según el procedimiento del Santo oficio, no perdonó, además de los argumentos, ofertas ni dones para persuadir a los alfaquíes, y en un día bautizó a 4.000 moros por aspersión general. Y como algunos alfaquíes anduviesen recalcitrantes y amotinasen al pueblo, los prendió indignis modis y logró convertir al más docto y tenaz de ellos, el Zegrí. No satisfecho con todo esto, entregó a las llamas en la plaza de Vivarramba gran número

---

103 Véase además de la *Historia de Granada*, de Pedraza, y la *Crónica de la Orden de san Gerónimo*, del padre Siguenza (tomo 3, lib. 2, cap. 32) el *Sumario de la vida del primer arzobispo don fray Hernando de Talavera*, publicado en Granada por un canónigo en 1564.

104 Véase Bleda (fray Jaime), *Corónica de los moros de España* (Valencia 1618), página 640.

de libros árabes de religión y supersticiones, adornados muchos de ellos con suntuosas iluminaciones y labores de aljófar, plata y oro, reservando los de medicina y otras materias científicas para su biblioteca de Alcalá.

La persecución de los renegados, en que abiertamente se faltaba ya a la letra ya al espíritu de las capitulaciones, produjo primero un alboroto de los moros del Albaicín que a duras penas lograron calmar el arzobispo Talavera y conde de Tendilla con promesas y concesiones; y luego, una declarada y espantosa rebelión de los moros del Alpujarra y de Sierra Bermeja, donde corrió indignamente a manos de infieles la heroica y generosa sangre de don Alonso de Aguilar en 1501. Los reyes católicos aprovecharon esta ocasión, que venía a desatarles las manos, sujetas por la capitulación, y, considerándose libres y sueltos de todo lo pactado, pusieron a los vencidos moriscos en la alternativa de emigrar o recibir el bautismo; disposición que se aplicó también a los mudéjares de Castilla y León en 20 de febrero de 1502.

Casi al mismo tiempo, los moros del arrabal de Teruel pidieron espontáneamente, y con muestras de sinceridad, el bautismo; y, alarmados con esto los señores aragoneses y valencianos, que sacaban de los infieles grandes rentas y sabían la verdad de aquellos dos antiguos refranes: «Quien tiene moro, tiene oro» y «A más moros, más ganancia», lograron de Fernando el Católico, por el fuero de Monzón de 1510, que en aquellos reinos no se innovase nada en materia de moriscos.

Pero contra el interés de los señores se levantó el hierro de las venganzas populares, y, cuando estalló en Valencia la revolución social de las Germanías (en nada semejante a las comunidades castellanas), los moriscos pagaron duramente su adhesión a los caballeros contra los comunistas valencianos, que, poseídos de extraño anhelo de proselitismo, después de saquear, incendiar y desolar las casas y tierras de los moros, hicieron la sacrílega ceremonia de bautizar, en medio de las llamas y de la sangre, a más de 16.000 de ellos; y en Polop asesinaron a 600 inmediatamente después de la ceremonia. El grito de guerra de los agermanados era en aquella ocasión, según narra fray Damián Fonseca:[105] Echemos almas al cielo, y dineros a nuestras bolsas.

Una junta de teólogos convocada por Carlos V en 1525 declaró que aquel bautismo era lícito, y en 16 de noviembre del mismo año quedó solemnemente

---

105 *Expulsión de los moriscos de España* (Roma 1612).

abolido en los reinos de Aragón y Valencia el culto mahometano; todo porque los moriscos, al recibir el agua sacramental, «estaban en su juicio natural y no beodos ni locos».[106] Pasaron a Valencia, en comisión, fray Antonio de Guevara, fray Gaspar de Avalos y fray Juan de Salamanca para completar la obra de los agermanados; y, a pesar de la benignidad con que siempre trató a los moriscos el inquisidor general, don Alonso Manrique, se cosechó muy pronto el fruto de tanta iniquidad y desacierto. Los moriscos se levantaron en armas en la sierra de Espadán; y si, rendidos y domeñados por el número y por el hambre, consintieron, al fin, en hacerse cristianos, fue poniendo por condición que en cuarenta años estarían exentos de la jurisdicción inquisitorial y conservarían el hábito, la lengua y las costumbres de moros el uso de las armas, pues tan bien y fielmente habían servido a la Corona contra los agermanados.

La avenencia y la fusión de las dos razas era ya imposible. En fuerza de haber sustituido a las catequesis de la predicación la del hierro, nos encontramos dentro de casa con una población de falsos cristianos, enemigos ocultos e implacables, que sin cesar conspiraban contra el sosiego del reino, ya en públicos levantamientos y rebeliones, ya en secretos conciliábulos y en tratos con el turco y con los piratas bereberes. Bien puede decirse que entre los moriscos apenas había uno que de buena fe profesara la religión del Crucificado. La Inquisición lo sabía, y alguna vez los llamaba a su Tribunal como apóstatas; pero acabando siempre por tratarlos con extraordinaria benignidad, sin imponerles pena de relajación ni confiscación de bienes, ya que no era de ellos toda la culpa, sino que alcanzaba no pequeña parte a los cristianos viejos.[107] Los edictos de gracia se multiplicaban, pero sin fruto. Resistíanse los conversos a dejar su antiguo traje, se congregaban en secreto para retajar a sus hijos y practicar los ritos de

---

106 Cédula de 4 de abril de 1525.

107 En las instrucciones que el obispo de Calahorra don Antonio Ramírez de Haro dio a fray Bartolomé de los Ángeles para la instrucción de los conversos, se aconsejaba a los predicadores que «tratassen a los neófitos con toda charidad, humildad, modestia y buen ejemplo; que solicitasen la benevolencia de los señores de vasallos; que no propusiesen materias altas, sutiles y difíciles, sino comunes, fáciles e inteligibles a todos, tratando los negocios familiarmente, con apariencias claras y comparaciones naturales y sencillas, persuadiéndoles la vida moral conforme a razón natural... y dándoles a entender la buena voluntad y amistad que les tenemos por ser nuestros próximos, y ser tan antiguos españoles, y muchos dellos descendientes de christianos» (Janer, página 231).

su ley, alentaban sus esperanzas de futuros imperios y glorias con la lectura de ciertos jofores y pronósticos, huían de saber la lengua castellana por excusarse de aprender nuestras oraciones, lavaban a sus hijos para quitarles la señal del bautismo, observaban las ceremonias del viernes y seguían celebrando sus bodas y zambras con más o menos recato. Al amparo de los moriscos de la costa tomaba espantosas proporciones la piratería, y jamás dormían con sosiego los pobres habitantes de las marinas de Cataluña, Valencia y Málaga.

Carlos V trató varias veces de poner algún remedio a estado tan deplorable; pero ni la institución de los visitadores eclesiásticos, ni las juntas de teólogos que se celebraron en Granada, ni las ordenanzas de 1526, que prohibían el uso de la lengua árabe, el regalo de los baños, los cantos y bailes moriscos y el cerramiento de las puertas en día festivo, fueron de ningún efecto en fuerza de su intolerancia misma; siendo lo peor que el César no acertó a usar oportunamente ni la severidad ni la clemencia, puesto que, vencido, duro es decirlo, por el oro de los moriscos, que le ofrecieron 80.000 ducados de oro para subvenir a las necesidades del reino, suspendió la ejecución de sus mismos edictos imperiales.

En el reino de Valencia la conversión adelantó algo gracias al celo del bendito arzobispo santo Tomás de Villanueva; pero la escasez de clérigos y el mal ejemplo de algunos puso mil entorpecimientos a aquella obra santa, y la mayor parte de los moriscos, según amargamente se queja el mismo arzobispo, siguieron del todo perdidos, sin orden y sin concierto, como ovejas sin pastor, y tan moros como antes de recibir el bautismo.

A la vez que la piratería en las costas, se desarrolló el bandolerismo en los montes, y los monfíes de La Alpujarra, fugitivos muchas veces de la rapacidad de los curiales, salían de sus breñales y madrigueras para robar y matar a los cristianos, llegando en ocasiones a penetrar en el mismo Albaicín.

Nuestro Gobierno no acertaba más que a hacer pragmáticas, tardías y mal obedecidas, sin otro efecto que acumular tesoros de odio en el alma de los moriscos. En mal hora se le ocurrió a Felipe II poner en ejecución (en 1566) las ordenanzas de su padre, vedando la lengua, el traje, las costumbres y hasta los nombres arábigos y forzándoles a aprender en el término de tres años el castellano. Los conversos trataron de parar el golpe con todo género de súplicas, dones y promesas; pero la conciencia de Felipe II era más estrecha que la de su padre y nada consiguieron; hasta que, perdida toda esperanza, acordaron levantarse en rebelión abierta; tal y tan horrible, que puso en aventura la seguridad de la monarquía española precisamente en el instante de su mayor poderío. Aceleraron la explosión las enconadas desavenencias entre el capitán general de Granada, marqués de Mondéjar, y el presidente de la Cancillería, don Pedro Deza, empeñado el primero en suspender la ejecución de las pragmáticas, y el otro, en no dilatarla. Felipe II dio la razón al presidente, y apenas comenzaba la ejecución de los edictos estalló la insurrección en La Alpujarra, entregándose los monfíes, como verdaderos caníbales o humanas fieras, a todo linaje de atroces venganzas represalias con los infelices cristianos de la sierra, sobre todo con los sacerdotes. «Lo primero que hicieron —dice Mármol— fue apellidar el nombre y secta de Mahoma, declarando ser moros agenos de la santa fe católica que profesaron ellos y sus abuelos. Y a un mismo tiempo, sin respetar cosa divina ni humana, como enemigos de toda religión y caridad, llenos de rabia cruel y diabólica ira, robaron, quemaron y destruyeron las iglesias, despedazaron las venerables imágenes, deshicieron los altares, y poniendo manos violentas en los sacerdotes de Christo, que les enseñaban las cosas de la fe y administraban los Sacramentos, los llevaron por las calles y plazas desnudos y descalzos, en público escarnio y afrenta.»

No hay para qué detenernos en los sucesos de aquella guerra, que largamente refirieron dos ilustres historiadores nuestros: Luis de Mármol Carvajal, en sencillo y apacible estilo y con toda la riqueza de pormenores propia de una crónica; don Diego Hurtado de Mendoza, con la noble austeridad de Tácito y el majestuoso arreo de la historia clásica.

Los moriscos alzaron por rey al renegado don Fernando de Valor (Abenhumeya), y, haciendo la guerra de montaña, que se ha hecho y hará eternamente en España, resistieron por mucho tiempo, sin notable derrota, las fuerzas del marqués de Mondéjar, del marqués de los Vélez y de don Juan de Austria. Solo la muerte del reyezuelo, asesinado por sus propios partidarios, vino a dar señalada ventaja a las armas reales; y, aunque el nuevo caudillo Abenabó inauguró su mando con la toma de Orjiva, logró al año siguiente (1573) don Juan de Austria rendir los presidios de Galera, Serón y Purchena; y con estos descalabros y con templarse algo los rigores de la guerra, que hasta entonces se había hecho ferozmente y sin cuartel, fueron decayendo de ánimo los moriscos y entrando algunos en correspondencia y tratos de paz. Abenabó cayó, como Aben-humeya, bajo el puñal de los suyos, conjurados contra su tiránico dominio, y el joven de Austria abatió en todas partes el pendón rojo de moriscos y monfíes. Para sosegar la tierra fueron trasladados muchos de ella a Castilla, a la Mancha y a Extremadura; y buena parte del reino de Granada quedó en soledad y despoblación creciente.[108] Otros emigraron al África. A los de Valencia se les prohibió en 1582 acercarse a las costas y a los de Aragón se les vedó en 1593 el uso de las armas.

La hora de la expulsión había sonado, y el desacierto de Felipe II estuvo en no hacerla y dejar este cuidado a su hijo. Ni el escarmiento de la guerra civil pasada; ni los continuos asaltos y rebatos de los piratas de Argel, protegidos por ellos, que iban haciendo inhabitables nuestras costas de Levante; ni la inseguridad de los caminos, infestados por bandas de salteadores; ni las mil conjuraciones, tan pronto resucitadas como muertas, bastaron a decidirle a cortar aquel miembro podrido del cuerpo de la nacionalidad española. Todo se redujo a consultas, memoriales, pragmáticas y juntas: antigua plaga de España. Y entre tanto «no había vida cierta ni camino seguro», dice fray Marcos de Guadalajara. La rapiña y las venganzas mutuas de cristianos viejos y nuevos iban reduciendo muchas comarcas del reino de Aragón y de Valencia a un estado anárquico y semisalvaje.[109] Las leyes se daban para no ser obedecidas y la predicación no adelantaba un paso, porque todos los moriscos eran apóstatas. «Por maravilla

---

108 Buckle atribuye a la despoblación causada por el destierro de los mariscos el desarrollo del bandolerismo en España. Pero de los procedimientos que el doctor Liébana hizo por comisión del Consejo, resulta que, desde 1557 a 1581, seis o siete cuadrillas de moriscos de los expulsados de Granada cometieron más de doscientos robos y asesinatos casi a las puertas de Toledo, Alcalá, Guadalajara y Valladolid, encarnizándose sobre todo con los pobres arrieros que cruzaban los caminos (Janer, página 272).
Los moriscos de Hornachos, en Extremadura, formaban una banda de facinerosos, contra los cuales hizo información judicial el doctor Gregorio López Madera (Véase Guadalajara, *Memorable expulsión*, etc.)
Con que lo más que podemos conceder a Buckle es que a unos bandidos sustituyeron otros; y ésta es la verdad.
109 Para repoblar los lugares de La Alpujarra y de las marinas abandonados por los moriscos se repartieron las haciendas a censo perpetuo, con muy favorables condiciones, y acudieron colonos de Castilla, la Montaña y Asturias. (Véase Janer, páginas 258 y siguientes, donde está el pliego de condiciones.)

se hallará entre tantos uno que crea derechamente en la sagrada ley cristiana», dice Cervantes.

La Inquisición apuraba todos los medios benignos y conciliatorios: absolvía a los neófitos con leves penitencias y sin auto público e inauguró el reinado de Felipe III con un nuevo y amplísimo *Edicto de gracia* para los que abjurasen de la ley muslímica y confesasen sus pecados. Tan persuadido estaba todo el mundo de la obstinación y simulada apostasía de los conversos, que llegó a tratarse en junta de teólogos valencianos si para evitar sacrilegios, convendría no obligarles a oír misa ni a recibir los sacramentos.

Los moriscos, entre tanto, se arrojaban a mil intentonas absurdas: elegían reyes de su raza, se entendían hasta con los hugonotes del Bearne y mandaban embajadores al gran Sultán, ofreciéndole 500.000 guerreros si quería apoderarse de España y sacarlos de servidumbre. ¿Qué mella habían de hacer en gente de tan dura cerviz los edictos ni los perdones, ni los esfuerzos del Beato Patriarca Juan de Ribera enviando misioneros y fundando escuelas? Él mismo se convenció de la inutilidad de todo, y en 1602 solicitó de Felipe III la expulsión total de la grey islamita, fundado en los continuos sacrilegios, conspiraciones y crímenes de todo género que se les achacaban. Por entonces, ni el rey, ni su confesor, ni el duque de Lerma tomaron resolución, aunque alababan el buen celo del arzobispo. Insistió éste, recordando cuán inútiles habían sido todos los arbitrios que el emperador y su hijo habían buscado para la conversión y poniendo de manifiesto el crecer rápido y amenazador de la población morisca, natural en gentes que no conocían el celibato ni daban soldados a ningún ejército.

El proyecto del patriarca y otros muchos más violentos que por entonces se presentaron, en que hasta se proponía mandar a galeras y confiscar sus bienes a todos los moriscos y quitarles sus hijos para ser educados en la religión cristiana, tropezó con la interesada oposición de los señores valencianos, que desde antiguo cifraban su riqueza en los vasallos moros. Acostáronse a su parecer algunos obispos, como el de Segorbe; se consultó al papa, se formó una junta de prelados y teólogos en Valencia para tomar acuerdo en las mil embrolladas cuestiones que a cada paso nacían del estado social y religioso de los moros; duraron las sesiones hasta 1609, y tampoco se adelantó nada. Llovían memoriales pidiendo la expulsión, y los moriscos tramaban nuevas conjuras.

Quedó la última decisión del negocio en manos de una junta, formada por el comendador mayor de León, el conde de Miranda y el confesor fray Jerónimo Xavierre, que en consulta elevada al rey en 29 de octubre de 1607 opinaron resueltamente por la expulsión. Pasó esta consulta al Consejo de Estado, que, tras largas discusiones y entorpecimientos, que sería enojoso referir, la confirmó, cerca de dos años después, en 4 de abril de 1609. En vano reclamaron los nobles valencianos, pues el duque de Lerma optó por la expulsión, y Felipe III firmó el decreto.

La expulsión comenzó por Valencia, principal foco de los moriscos después de la derrota y dispersión de los de Granada. Allí estaban los más en número y los más ricos, y podía y debía temerse un levantamiento. Para prevenirle y dar cumplimiento al edicto fue enviado a Valencia don Agustín Mejía, veterano de las guerras de Flandes, antiguo maestre de campo y castellano de Amberes, a quien llamaron los moros el Mexedor, porque iba a expulsarlos. En 23 de septiembre se proclamó el bando que intimaba a los moriscos prepararse para ser embarcados en el término de tres días, reservándose solo seis familias en cada lugar de cien casas para que conservasen las tradiciones agrícolas y permitiendo quedarse a los niños de menos de cuatro años, con licencia de sus padres o tutores.

Hasta 70.000 moriscos iban ya trasladados a Barbería en dos expediciones, cuando la extrema desesperación puso las armas en la mano a los que quedaban, y empezando por robos, asesinatos y salteamientos, que respondían casi siempre a feroces provocaciones de los cristianos viejos y a la codicia y mala fe de los encargados subalternos de la expulsión, acabaron por negarse abiertamente a cumplir las órdenes reales; y en Finestrat, en Sella, en Relleu, en Tárbena y Aguar, en todo el valle del Guadalest, en Muela de Cortes y en la sierra, tornaron a levantar el pendón bermejo, apellidando simultáneamente a dos caudillos o reyezuelos: Jerónimo Millini y el Turigi. Empresa más descabellada no se vio jamás en memoria de hombres. Ni la guerra fue guerra, sino caza de exterminio, en que nadie tuvo entrañas, ni piedad, ni misericordia; en que hombres, mujeres y niños fueron despeñados de las rocas o hechos pedazos en espantosos suplicios. La resistencia del Turigi fue heroica; pero, abandonado por sus parciales, si es que ellos mismos no le entregaron, violé pendiente de la horca el pueblo de Valencia. «Murió como buen católico —dice Gaspar

Escolano—, dejando muy edificado al pueblo y confundidos a sus secuaces.» Muy pocos de los rebeldes llegaron a embarcarse; sucumbieron casi todos en esta final y miserable resistencia, cuyos horrores cantó en fáciles octavas Gaspar de Aguilar.

En el resto de la Península la expulsión no ofreció dificultades. Los moriscos de Andalucía fueron arrojados en el término de treinta días por don Juan de Mendoza, marqués de San Germán, que publicó el bando en 12 de enero de 1610. Más de 80.000 emigraron sin resistencia alguna. De Murcia arrojó más de 16.000 don Luis Fajardo. En Aragón y en Cataluña, donde las sediciones de los moriscos habían sido nulas o de poca importancia, y grande el provecho que de ellos se sacaba para la agricultura y las artes, la expulsión no pareció bien, y los diputados de aquel reino y principado reclamaron varias veces, aunque sin fruto. El edicto se pregonó en Zaragoza el 23 de mayo, con grave disgusto de los señores de vasallos moros. Pasaron de 64.000 los expulsos, unos por Tortosa y los Alfaques, otros por los puertos de Jaca y Canfranc, donde los franceses se aprovecharon de la calamidad de aquella miserable gente haciéndoles pagar un ducado por cabeza. De Cataluña expulsó 50.000 el virrey, marqués de Monteleón, en el término preciso de tres días, dejándolos, en caso de contravención, al arbitrio de los cristianos viejos, que podían prenderlos y matarlos. Y, finalmente, en Castilla fue encargado de ejecutar el bando el cristianísimo conde de Salazar, don Benardino de Velasco, que desterró por la parte de Burgos a unas 16.713 personas. Ya no quedaba en España más gente de estirpe arábiga que los descendientes de los antiguos mudéjares. En vano pretendieron quedarse alegando las viejas capitulaciones y los buenos servicios que habían hecho a la Corona de Castilla. Una real cédula de 31 de mayo de 1611 los comprendió en la ley común. y, en consecuencia, salieron hasta unos 20.000 más por los puertos de Andalucía y Cartagena. En 1613, y mediante nuevos y apremiantes bandos, se completó la expulsión con la de los moros del Campo de Calatrava y otras partes de la Mancha y los del valle de Ricote, en Murcia, aunque bueno será advertir que muchos, especialmente mudéjares, quedaron ocultos y rezagados entre la población cristiana, y a la larga llegaron a mezclarse con ella.

No es posible evaluar con exactitud el número de los expulsos. Ni los mismos historiadores que presenciaron el hecho están conformes. La cifra más alta es 900.000, a la cual es necesario agregar los muchos que perecieron antes de llegar a embarcarse, asesinados por los cristianos viejos o muertos de hambre y fatiga o exterminados en la sedición de Valencia. No fue mejor su suerte en los países a que arribaron. Ni moros ni cristianos los podían ver; todo el mundo los tenía por apóstatas y renegados. Sus correligionarios de Berbería los degollaban y saqueaban, lo mismo que los católicos de Francia.[110] Algunos se dieron a la piratería e infestaron por muchos años el Mediterráneo.[111]

Y ahora digamos nuestro parecer sobre la expulsión con toda claridad y llaneza, aunque ya lo adivinará quien haya seguido con atención y sin preocupaciones el anterior relato. No vacilo en declarar que la tengo por cumplimiento forzoso de una ley histórica, y solo es de lamentar lo que tardó en hacerse. ¿Era posible la existencia del culto mahometano entre nosotros, y en el siglo XVI? Claro que no, ni lo es ahora mismo en parte alguna de Europa; como que a duras penas le toleran en Turquía los filántropos extranjeros que

---

110 Horrorizan las penalidades que padecieron los moriscos después de su salida de España, tales que llegaron a mover a compasión a sus más encarnizados enemigos. «Salidos ya de los señoríos de nuestro católico rey (dice Aznar de Cardona), perecieron en pocos días, aquejados de mil duras pesadumbres... más de sesenta mil: unos por esos mares, hacia Oriente y Poniente; otros por esos montes, caminos y despoblados, y otros a manos de sus amigos los alárabes en la costa de Berbería, cuyos cuerpos han servido para henchir los buches desaforados de las bestias marinas, y los estómagos de los animales cuadrúpedos y fieras alimañas de la tierra».
Algunos fueron muertos durante la navegación, y violadas sus mujeres e hijas, etc., etc.

111 Pocos hechos de nuestra historia son tan conocidos y ampliamente ilustrados como la expulsión de los moriscos. Narráronla en sendos libros fray Marcos de Guadalajara y Javier (*Memorable expulsión y justíssimo destierro*..., Pamplona 1613), fray Damián Fonseca (*Justa expulsión*..., Roma 1612), el licenciado Pedro Aznar de Cardona (*Expulsión justificada de los moriscos de España*), Juan Méndes de Vasconcelos (*Liga deshecha por la expulsión de los moriscos*), don Antonio del Corral y Rojas (*Relación del rebelión y expulsión de los moriscos del reino de Valencia*), Vicente Pérez de Culla (*Expulsión de los moriscos rebeldes de la Sierra y Muela de Cortes*), fray Blas Verdú (*De la expulsión de los moriscos*), etc., etc., historiadores todos coetáneos y bien informados y noticiosos; como que alguno de ellos tuvo parte no secundaria en los preparativos de la expulsión.
Véase, además, las obras de fray Jaime Bleda (*Defensio fidei in causa Morischorum*, *Crónica de los Moros de España*, etc.), las Instancias del patriarca Ribera (Barcelona 1612), el poema de Gaspar de Aguilar, etc. Entre los modernos, además de las obras de Circourt y Janer, puede y debe leerse un discurso del señor Cánovas, contestación a otro del señor Saavedra en la Academia española.

por el hecho de la expulsión nos llaman bárbaros. Y peor cien veces que los mahometanos declarados, con ser su culto rémora de toda civilización, eran los falsos cristianos, los apóstatas y renegados, malos súbditos además y perversos españoles, enemigos domésticos, auxiliares natos de toda invasión extranjera, raza inasimilable, como lo probaba la triste experiencia de siglo y medio. ¿Es esto disculpar a los que rasgaron las capitulaciones de Granada, ni menos a los amotinados de Valencia que tumultuaria y sacrílegamente bautizaron a los moriscos? En manera alguna. Pero, puestas así las cosas desde el principio, el resultado no podía ser otro; y avisado sin cesar el odio y los recelos mutuos de cristianos viejos y nuevos; ensangrentada una y otra vez el Alpujarra; perdida toda esperanza de conversión por medios pacíficos, a pesar de la extremada tolerancia de la Inquisición y del buen celo de los Talaveras, Villanuevas y Riberas, la expulsión era inevitable, y repito que Felipe II erró en no hacerla a tiempo. Locura es pensar que batallas por la existencia, luchas encarnizadas y seculares de razas, terminen de otro modo que con expulsiones o exterminios. La raza inferior sucumbe siempre y acaba por triunfar el principio de nacionalidad más fuerte y vigoroso.

Que la expulsión fue en otros conceptos funesta, no lo negaremos,[112] siendo como es averiguada cosa que siempre andan mezclados en el mundo los bienes y los males. La pérdida de un millón de hombres, en número redondo, no fue la principal causa de nuestra despoblación, aunque algo influyera; y, después de todo, no debe contarse sino como una de tantas gotas de agua al lado de la expulsión de los judíos, la colonización de América, las guerras extranjeras, y en cien partes a la vez, y el excesivo número de regulares; causas señaladas todas sin ambages por nuestros antiguos economistas, algunos de los cuales, como el canónigo Fernández Navarrete, tampoco vaciló en censurar bajo tal aspecto

---

112 A ninguno de los que más instaron y trabajaron por la expulsión se le ocultaban los perjuicios materiales que iba a producir. «La ruina que padecerá el reino será grandísima», dice en uno de sus memoriales el Patriarca Ribera.
Con todo eso, el pueblo se alegró, y lo dio todo por bien empleado, si hemos de creer al intemperante fray Marcos de Guadalajara, eco de la opinión general: «Baxó con su destierro el precio del trigo; corren por mar y tierra libremente las mercaderías... estamos libres en nuestras costas y riberas de los insultos y robos africanos; cesan tantas muertes como cada hora sucedían; queda la tierra asegurada ya de prodiciones y levantamientos», etc.
Y lo que es en esto tenía razón el padre Guadalajara.

el destierro de los moriscos bien pocos años después de haberse cumplido. Ni han sido ni son las partes más despobladas de España aquellas que dejaron los árabes, como no son tampoco las peor cultivadas; lo cual prueba que el daño producido en la agricultura por la expulsión de los grandes agricultores muslimes no fue tan hondo ni duradero como pudiéramos creer guiándonos solo por las lamentaciones de los que contemplaban los campos yermos al día siguiente de la ejecución de los edictos. Lejos de nosotros creer, con el cándido y algo comunista poeta Gaspar de Aguilar, que solo los señores de vasallos moros perdieron con la expulsión, y que la masa de las gentes ganó, quedando así los

> ricos, pobres, y los pobres, ricos;
> los chicos, grandes, y los grandes, chicos.

Porque tales teorías, aunque las disculpe la inocencia y el entusiasmo plebeyo del poeta, son de la más absurda y engañosa economía política. Todo el reino de Valencia debía perder, y perdió, con la salida de tantos y tan hábiles y sobrios y diligentes labradores, que según relación del secretario Francisco Idiáquez, «bastaban ellos solos a causar fecundidad y abundancia en toda la tierra, por lo bien que la saben cultivar y lo poco que comen»; al paso de los cristianos viejos dice el mismo secretario que «se daban mala maña en la cultura». Pero lo cierto es que fueron aprendiendo y Valencia se repobló muy luego, y todas las prácticas agrícolas y el admirable sistema de riegos, que, quizá con error, se atribuye exclusivamente a los árabes, han vivido en aquellas comarcas hasta nuestros días.[113]

Si el mal de la agricultura es innegable, aunque quizá encarecido de sobra, la industria padeció menos, porque venía ya en manifiesta decadencia medio siglo había y porque las principales manufacturas, si se exceptúan la seda y el papel,

---

113 El extraño historiador positivista E. Tomás Buckle, que atribuye todos los males de España a la superstición que engendra en nosotros el espectáculo de los terremotos, dice que los riegos y el cultivo de arroz, etc., «todo desapareció, y en gran parte para siempre», con la expulsión de los moriscos. Véase *Historia de la civilización en España*..., cap. 1 del tomo 2 de la *Historia de la civilización en Inglaterra*, traducido de la primera edición inglesa por F. G. y T. Londres 1861.)

¡Lástima que el benemérito historiador haya muerto sin haber salido de su error mediante un paseo por la huerta de Valencia!

no estaban en manos de moriscos, siempre y en todas partes más labradores que artífices. Y cuando se dice, por ejemplo, que de los 16.000 telares que antiguamente hubo en Sevilla no quedaban en tiempo de Felipe V más que 300, y se atribuye todo esto a la expulsión, olvídase que en Sevilla no había moriscos y que las fábricas estaban casi abandonadas cincuenta años antes de la expulsión, como que nuestros abuelos preferían enriquecerse batallando en Italia y en Flandes o conquistando en América, y miraban con absurdo y lamentable menosprecio las artes y oficios mecánicos. El descubrimiento del Nuevo Mundo, las riquezas que de allí vinieron a encender la codicia y despertar ambiciones fácilmente satisfechas, ésta es la verdadera causa que hizo enmudecer nuestros telares y nuestras alcanás, y nos redujo, primero, a ser una legión de afortunados aventureros, y luego, un pueblo de hidalgos mendicantes. Absurdo es atribuir a una causa sola, quizá la menor, lo que fue obra de desaciertos económicos, que bien poco tienen que ver con el fanatismo religioso.[114]

---

114 El licenciado Pedro Aznar de Cardona dice que «los moros eran dados a oficios de poco trabajo: tejedores, sastres, sogueros, esparteñeros, olleros, zapateros, albéitares, colchoneros, hortelanos, recueros, revendedores de azeite, pescado, miel, pasas, azúcar, lienzos, huevos, gallinas, zapatillas y cosas de lana para los niños, y al fin tenían oficios que pedían asistencia en casa, y daban lugar para ir discurriendo por los lugares y registrando cuanto pasaba...»

Todos éstos le parecían oficios de poco trabajo al buen licenciado Aznar. ¿Cuál sería el suyo? Este insensato menosprecio de las artes mecánicas nos arruinó y nos perdió en el siglo XVII y no ha desaparecido todavía.

El historiador de Plasencia fray Alonso Fernández dice (lib. 3, cap. 25) que «tenían tiendas de comestibles y que se empleaban en oficios mecánicos, caldereros, herreros, alpargateros, juboneros y arrieros...». Y añade: «Todos tenían oficio y se ocupaban en algo... Su trato común era trajinería y ser ordinarios de unas ciudades a otras». Eran, además, buenos contribuyentes y pagaban con exactitud las gabelas y derramas.

Nada puede dar idea del odio feroz y absurdo en que rebosan los libros publicados al tiempo de la expulsión contra los moriscos. Así, el licenciado Aznar de Cardona los llama «gente vilíssima, descuidada, enemiga de las letras y ciencias ilustres compañeras de la virtud, y agena de todo trato urbano, cortés y político; torpes en sus razones, bestiales en sus discursos, bárbaros en su lenguaje, ridículos en sus trajes, brutos en su comida, amigos de entretenimientos bestiales, cobardes y afeminados, entregadísimos al vicio de la carne», etc.

Con la misma templanza se explican Guadalajara y otros. La plebe los aborrecía de muerte, y, a decir verdad, aunque sobrios y trabajadores, debían de ser mala gente, como agriada

En resumen, y hecho el balance de las ventajas y de los inconvenientes, siempre juzgaremos la gran medida de la expulsión con el mismo entusiasmo con que la celebraron Lope de Vega, Cervantes y toda la España del siglo XVII: como triunfo de la unidad de raza, de la unidad de religión, de lengua y de costumbres. Los daños materiales, el tiempo los cura; lo que fue páramo seco y deslucido, tornó a ser fértil y amena huerta; pero lo que no se cura, lo que no tiene remedio en lo humano, es el odio de razas; lo que deja siempre largo y sangriento reato son crímenes como el de los agermanados. Y, cuando la medida llegó a colmarse, la expulsión fue no solo conveniente, sino necesaria. El nudo no podía desatarse, y hubo que cortarle; que tales consecuencias trajeron siempre las conversiones forzadas.

II. Literatura aljamiada de los moriscos españoles

Vana pretensión sería la de hallar en los desdichados restos de la morisma española una cultura semejante a la que floreció en Córdoba en tiempo de los Al-hakem y Abderrahmanes, o en Sevilla bajo el cetro de Al-Motamid. Ni el estado de abyección y servidumbre en que los moriscos iban cayendo, ni los oficios mecánicos en que solían ocuparse, ni la falta de tradición y escuelas, ni el olvido de la lengua propia eran condiciones muy favorables para que la ciencia y el arte literario se desarrollasen entre ellos. Pero tampoco hemos de tenerlos, como su implacable enemigo el licenciado Aznar de Cardona, por «gente vilíssima y enemiga de las letras... torpes en sus razones y bestiales en sus discursos»: pues escribieron mucho, y no siempre mal, presentando su literatura caracteres especialísimos; que con brevedad vamos a determinar, siguiendo las huellas del señor Gayangos, a quien puede estimarse casi como descubridor de esta literatura, y del señor Saavedra, que la estudió ampliamente en su discurso de entrada en la Academia española.[115]

---

      por la persecución y servidumbre.
115 Todavía en el siglo pasado se desconocía hasta tal punto el carácter de estos libros aljamiados, que algunos los creyeron persas o turcos. Casiri los juzgó obra de renegados de África; pero conde trasladó ya algunos manuscritos de los caracteres árabes a los comunes. Silvestre de Sacy habló de otros en las *Notices et extrait des mss. de la Bibliotheca Nationale de París*, tomo 4. Finalmente, Gayangos, primero en un artículo de *British and Foreign Review*, n.º 15, y luego con la publicación de algunos poemas de Mohamad Rabadán en el tomo 4 de la traducción española del Ticknor, y de parte de la

Y, empezando por su forma más externa, los códices moriscos, que todavía suelen encontrarse en aldeas y villorrios de Aragón y Valencia, donde ellos los dejaron enterrados y ocultos al tiempo de la expulsión están escritos con letras arábigas, pero en romance castellano, que ellos decían ajamí, o extranjero, de donde aljamía y aljamiado. Prueba evidente de dos cosas: primera, de la pérdida de la lengua, a lo menos en el uso vulgar; segunda, del supersticioso respeto con que los árabes y todo pueblo semítico miran como sagrado y conservan el alfabeto. A cuya razón capital debieron agregarse otras secundarias, verbigracia, la de ocultar a los profanos las materias escritas bajo aquellos caracteres.

Y, en efecto, muy pocos de estos libros hubieran dejado de escapar de las llamas del Santo oficio a estar escritos en letras comunes, siendo como es, por la mayor parte, su contenido extractos del Alcorán, rezos muslímicos, ceremonias y ritos, compendios de la Sunna, escritos para «los que no saben la algarabía en que fue revelada nuestra santa ley... ni alcanzan su excelencia apurada, como no se les declare en la lengua de estos perros cristianos ¡confúndalos Alláh!». En el largo catálogo formado por el señor Saavedra figuran muchos tratados «de los artículos que el muslim debe creer» «de los principales mandamientos y devedamientos de nuestra santa Sunna» y no pocos devocionarios y libros de preces. Entre estos teólogos muslimes ninguno tan notable como el que se hacía llamar el Mancebo de Arévalo, autor de una *Tafsira, o exposición de las tradiciones mahométicas*, y de un *Sumario de la relación y ejercicio espiritual*, en que se acuesta a las doctrinas místicas de Algazel en su última época, no sin mostrarse influido también por las ideas cristianas, hasta el punto de rechazar la poligamia y condenar el fatalismo. El Mancebo de Arévalo había recorrido la mayor parte de España, viendo y palpando las miserias de sus correligionarios y recibiendo la enseñanza de los ancianos y de dos mujeres profetisas y sabias en la ley: la Mora de Úbeda y la de Ávila.

Otro género muy rico y abundante entre los moriscos es el de los pronósticos, jofores y alguacías, de los cuales hay algunos en la Historia del rebelión, de Mármol; otro en el Cartulario, de Alonso de Castillo, quedan no pocos inéditos.

Historia de Alejandro en los *Principios elementales de escritura arábiga*, que anónimos estampó en 1861, puso en moda la literatura aljamiada, siguiéndole lord Stanley y mister J. Müller, cuyas ediciones mencionaré más adelante. El discurso del señor Saavedra, al cual acompaña un índice de la literatura morisca, es de 1878.

Todos se reducen a esperanzas de futura gloria, en que no solo se harán libres y dominarán a España, sino que irán a Roma, y «derribarán la casa de Pedro y Pablo, y quebrarán los dioses y ídolos de oro y de plata y de fuste y de mármol, y el gran pagano de la cabeza raída será desposeído y disipado».

Otro fondo importante son los libros de recetas y los de conjuros, supersticiones e interpretación de sueños, como el de *Las suerte de Dulcarnain* y el famoso *Alquiteb*.

La amena literatura está representada por gran número de tradiciones, leyendas, cuentos y fábulas maravillosas, refundiciones casi todas de originales antiguos, ya árabes, ya cristianos. Así es que encontramos, v. gr., un texto aljamiado de la novela francesa o provenzal de París y Viana[116] al lado del *Alhadiz del alcázar de ozo*, del de *Aly con las cuarenta doncellas*, del *Libro de las batallas*, del de *La doncella Arcayona*, del *Alhadiz del baño de Zarieb* (cuentos que no figurarían mal en *Las mil y una noches*), y aun del Recontamiento del rey Alixandre, donde la historia del héroe macedonio está vestida y trastrocada en modo profundamente musulmán y llena de prodigios y maravillas que exceden a cuanto pudieron fantasear el Seudo-Calístenes y Julio Valerio, o los troveros del norte de Francia que escribieron el Roman d'Alexandre. El Alejandro de la leyenda aljamiada, traducción de otra en árabe puro, no se contenta con menos que con «ligar sus caballos al signo del Buey y arrimar sus armas a las Cabriellas»; y el fin de sus conquistas no es otro que dilatar la religión de Alá y quebrar los ídolos y confundir a sus adoradores. Cuantos prodigios de pueblos fabulosos, con un solo ojo, con cabeza de perro, con orejas que le dan sombra; cuantas aves y animales prodigiosos, cuantas virtudes escondidas en los metales y en las piedras pueden hallarse en las leyendas griegas y persas de Alejandro, otras tantas se ven reunidas en esta peregrina historia.

También tuvieron los moriscos sus poetas, y algunos muy fecundos y abundantes. El único quizá de verdadera genialidad artística, fácil y lozano, brillante a las veces, ameno en las descripciones y no mal versificador, aunque desaliñado, fue el aragonés Mohamed Rabadán,[117] natural de Rueda, autor de diversos y no breves poemas narrativos en romance, cuyos títulos son: *Discurso de la luz y descendencia y linaje claro de nuestro caudillo... y bien aventurado profeta*

---

116 *Revista Histórica* (Barcelona 1876), tomo 3. Publicada por el señor Saavedra.
117 Florecía por los años 1603.

Mohamad, Historia del espanto del día del juicio según las aleyas y profecías del honrado Alcorán, Calendario de las doce lunas del año y Los noventa y nueve nombres de Alláh. El primero, que es el más importante y comprende una historia genealógica de Mahoma, ha de considerarse como una serie de poemas cíclicos, que comienzan en la creación y caída de nuestros primeros padres y se dilatan por la historia de los patriarcas, siguiendo la varonía de la luz, hasta llegar a Mahoma:

> Fue la clara luz pasando
> siempre por estos varones
> más perfectos y estimados...
> Corriendo de padre en hijo,
> de un honrado en otro honrado.

La obra no tiene originalidad alguna, como traducida que está de otra árabe de Abul-Hasán Albecrí; pero las diversas historias, de Ibrahim Hexim, Abdulmutalib, etc., son divertidas y agradables de leer, y el autor las cuenta con gracia y desenfado, recordando a veces el tono de los mejores romances castellanos, como quien estaba empapado en la lectura de ellos. Es, de todos los moriscos, el que mejor manejó nuestra lengua y menos la estropeó con exóticos arabismos. En algunos pasajes de la *Historia del día del juicio* alcanza verdadera plenitud y grandeza de dicción.[118]

Mucho más antiguos parecen los tres poemas que sacó Mr. J. Müller de un códice de El Escorial. Lengua y versificación inducen a ponerlos en el siglo XV, y no antes, pues los moriscos se distinguieron siempre por lo arcaico de sus giros, frases y metros, que conservaron tenazmente aún después de abandonados por los cristianos. Estos poemas, llenos de vocablos muslimes hasta en el título, son: la *Almadha de alabanza al annabí, Mahomad*, la *Alhotba arrimada* y una plegaria

---

118 De las poesías de Rabadán hay varios códices: uno en el Museo Británico de Londres, otro en la Biblioteca Nacional de París. Morgan dio a conocer a este poeta, traduciéndole casi íntegro en su obra *Mahometism fully explained* (Londres 1723-1725). Luego Gayangos publicó las historias de Hexim y Abdulmutalib en el tomo 4 del Ticknor. Finalmente, lord Stanley ha impreso toda la genealogía de Mahoma en el *Journal of the Royal asiatic Society* (1868).

en que el autor pide perdón de sus pecados.[119] El estribillo está en árabe. Bajo el aspecto métrico tiene algún interés; además de los versos octosílabos:

> Sennor, fes tu azalá sobre él,
> y fesnos anar con él;
> sácanos en su tropel
> Yus la seña de Mahomed,

hay endecasílabos (de los llamados de gaita gallega), v. gr.:

> Sabed que la verdadera creencia
> es fraguada sobre cinco pilares...;

y, lo que es más raro, alejandrinos; notable muestra de la terquedad con que conservaron los mudéjares la antigua forma del mester de clerezía, en que otros de su ley habían escrito el *Poema de Yusuf* (siglo XIII), y mucho más acá, *La alabanza de Mahoma*,[120] cuya antigüedad nos parece que exagera el señor Saavedra por fijarse más en el metro que en la lengua.

Mucho menos poetas que Mahomad Rabadán, o, si se quiere, no poetas en manera alguna, sino vulgares copleros, fueron Ibrahim de Bolfad, vecino de Argel, ciego de la vista corporal y alumbrado de la del corazón y entendimiento, y el aragonés Juan Alfonso, que, dejando en España grandes rentas, emigró a Tetuán y vivió pobremente del trabajo de sus manos. Entre el populacho morisco lograron mucha boga sus romances, llenos de groseros insultos contra los dogmas cristianos, y en especial contra el de la Trinidad:

> Pestífero cancerbero
> que estás con tus tres cabezas
> a la puerta del infierno.

---

119 Véase Müller en el *Sitzungsberichte der Akademie der Wissenschaften zu München* (1860).
120 Publicada por Gayangos en el tomo 4 de su versión del Ticknor.

Siquiera Juan Alfonso versifica con regularidad; pero Ibrahim de Bolfad, que compuso una declaración de la ley mahometana en quintillas, es torpísimo y desmañado hasta en la construcción material de los versos.

También hicieron los moriscos algún ensayo dramático, y queda noticia de la *Comedia de los milagros de Mahoma*, cuya representación interrumpió el Santo oficio, con grave susto de los espectadores. Realmente los conversos tenían alguna noticia de nuestra literatura teatral; y en cierto libro alegórico compuesto por un renegado de Túnez, que parece más culto que otros de su ralea, ha notado el señor Saavedra citas de Lope de Vega y claras reminiscencias de los autos sacramentales.

La prosa de los moriscos vale siempre más que sus versos, y suele tener un dejo muy sabroso de antigüedad y nativa rustiqueza, libre de afectaciones latinas e italianas, aunque enturbiada por arabismos inadmisibles. Gente, al fin, de pocas letras, no curtida en aulas ni en palacios, que decía sencilla y llanamente lo que pensaba, claro es que había de mostrar, a falta de otro mérito, el de la ingenuidad y sencillez. Voces hay, en estos libros aljamiados, de buen sabor y buena alcurnia, felices, pintorescas y expresivas, que ya en aquel entonces rechazaban como plebeyas los doctos; pero que el pueblo usaba y aún usa, y que los moriscos, gente toda plebeya y humilde, no tenían reparo en escribir. Sirven, además, estos libros para fijar la mutua transcripción de los caracteres árabes y los comunes tal como en España se hacía, y, por lo tanto, para resolver muchas cuestiones de pronunciación hasta ahora embrolladas.

En su fondo, la literatura aljamiada no tiene interés estético, sino de historia y de costumbres. Y a nosotros nos sirve para sacar una consecuencia algo distinta de la que por remate de su docto trabajo pone el señor Saavedra. Pues así como a él le parece que la fusión de los moriscos con la población española hubiera llegado a verificarse, y descubre indicios de ello en el uso de la lengua y de los metros castellanos, en alguna que otra idea religiosa y en las rarísimas citas de nuestros escritores (no faltando, dicho sea entre paréntesis, algún morisco que pusiera a contribución libros protestantes, como el *Tratado de la missa*, de Cipriano de Valera), para nosotros, por el contrario, es no pequeño indicio de que la asimilación era imposible el que tan poco como eso tomaran en tiempo tan largo, puesto que en sus libros es árabe y muslímico todo, excepto la lengua, y jamás aciertan a salir del círculo del Alcorán, ni olvidan una sola de sus antiguas supersticiones, antes procuran inflamarlas y avivarlas en el alma de sus correligionarios, no reduciéndose en puridad a otra cosa toda la literatura aljamiada, bastante a probar por sí sola que los moriscos jamás hubieran llegado a ser cristianos ni españoles de veras y que la expulsión era inevitable.

III. Los plomos del Sacro-Monte de Granada. Su condenación

Ningún fruto tan curioso de la literatura morisca como los libros plúmbeos de Granada. Triste fama, aunque algo merecida, hemos logrado siempre los españoles de falsificadores en historia. Y aunque sea verdad que no nació en España, sino en Italia, el fray Anio de Viterbo, autor de los fragmentos apócrifos de Manethon y de Beroso, y que críticos españoles, como Vives y Juan de Vergara, fueron los primeros en llamarse a engaño, también lo es que en el siglo XVII dieron quince y falta al Viterbiense nuestros falsarios, y a la cabeza de todos, Román de la Higuera y Lupián Zapata, que con los forjados *Cronicone*s de Dextro, Luitprando, Marco Máximo, Julián Pérez y Hauberto Hispalense infestaron de malezas el campo de nuestra historia eclesiástica, llenando, con la mejor voluntad del mundo y la más ancha conciencia, todos los vacíos, dotando a todas nuestras ciudades de larga procesión de héroes y santos y confundiendo y trastrocando de tal manera las especies, que aún hoy, después de abatido el monstruo de la fábula por los generosos esfuerzos de los Nicolás Antonio, los Mondéjar y los Flórez, aún dura el contagio en los historiadores locales. Pero, si es grave crimen la mentira en cosa tan sagrada como la Historia, y más la *Historia eclesiástica*, ¿qué decir de otro linaje de falsarios, enemigos solapados del Catolicismo, los cuales, no por fraude piadoso, sino con propósito aleve de herirle en el corazón, o, a lo menos, de promover sacrílegas fusiones y amalgamas, entregaron a la engañada devoción del vulgo, como monumentos de los primeros siglos cristianos, groseras ficciones llenas de mahometismo y herejías? Que tal, y no otra cosa, son los plomos del Sacro-Monte, cuyo verdadero carácter y origen, por mucho tiempo desconocidos, puso en claro el ingenioso autor de la *Historia de los falsos cronicones*.[121] Tratada por él esta materia de un modo que apenas deja lugar a emulación, seré muy breve en mi relato.

---

121 Por don José Godoy Alcántara. Obra premiada por voto unánime de la Real Academia de la Historia (Madrid 1869).

Por febrero de 1595 toparon ciertos trabajadores del Sacro-Monte, que aún no se llamaba así, con un rollo de plomo, que contenía, grabados en hueco, caracteres no inteligibles. Un fraile los leyó de esta manera: *Corpus ustum divi mesitonis martyris: passus est sub Neronis imperatoris potestate.* Sucesivamente aparecieron otras láminas de plomo, que declaraban haber padecido martirio, *in hoc loco ilipulitano*, san Hiscio, compañero de Santiago, y varios discípulos suyos. Estos primeros documentos estaban en latín y tan llenos de incongruencias y anacronismos, que su falsedad resaltaba desde las primeras líneas. *Anno secundo Neronis imperii*, comenzaban.

Aún más despertó la curiosidad otra lámina, en que se decía que uno de los varones apostólicos, san Tesifón, había escrito en láminas de plomo y en lengua arábiga un libro de los *Fundamentos de la Iglesia*, que se encontraría, junto con sus reliquias, en aquel monte. Prosiguiéronse las excavaciones, con notable diligencia, a costa del arzobispo don Pedro de Castro, y hallóse el libro, compuesto de cinco hojas delgadas de plomo, a modo de hostias; todo él en árabe, menos el título, que a la letra decía: *Liber fundamenti Ecclesiae, Salomonis characteribus scriptus.*

Este libro anunciaba la existencia de otros, que poco a poco fueron apareciendo, con gran júbilo del arzobispo y de la ciudad. Hasta fines de 1597 duraron los descubrimientos. Una biblioteca plúmbea entera y verdadera, como la biblioteca de ladrillos de Assurbanipal descubierta en Nínive en nuestros días, se presentó a las absortas miradas de los granadinos. Allí estaban el libro *De la esencia veneranda* y el *Ritual de la misa de Santiago*, obras una y otra de Tesifón; la *Oración y defensorio de Santiago Apóstol, hijo del Zebedeo, contra toda clase de adversidades*; el *Libro de la predicación del mismo apóstol*, dictado por él a su discípulo Tesifón Ebnatar, a quien se suponía árabe: el *Llanto de san Pedro*; una *Vida de Jesús* y otra de la Virgen; una *Historia de la certidumbre del santo Evangelio*; un tratado *Del galardón de los creyentes*; un libro *De las visiones de Santiago*; otro *De los enigmas y misterios que vio la Santísima Virgen María*... en la noche de su coloquio espiritual; uno de *Sentencias de la fe, manifestadas por la Virgen a Santiago y por éste a su discípulo san Cecilio Ebnelradí*, a quien se atribuía asimismo la *Historia del sello de Salomón*; las dos partes *De lo comprensible del divino poder, clemencia y justicia sobre las criaturas*; el tratado *De la naturaleza del ángel y de su poder*; la *Relación de la casa de la paz y de la casa de la venganza y de los tormentos* y una *Vida de Santiago*. Y aun se presume que hubo otros libros, que no llegaron a traducirse o que se perdieron.

La peregrina idea de hacer hablar en árabe a los varones apostólicos bastaría para suponer moriscos a los autores; pero esta sospecha se convierte en certidumbre así que se penetra algo en el contenido de los libros.

Y, en efecto, además de encontrarse repetida en ellos la fórmula islamita: «Unidad de Dios, no hay otro Dios sino Dios y Jesús, espíritu de Dios», y de llamarse «torta de harina» a la hostia consagrada, como solían llamarla los moriscos; además de contener, aún en la vida de Jesús, detalles tomados del Korán, a la vez que de los *Evangelios* apócrifos; además de ensalzarse a los árabes hasta declararlos «los más hermosos de las gentes, elegidos por Dios para salvar su ley en los últimos tiempos, después de haber sido sus mayores adversarios», y de anunciarse para la plenitud de los días un concilio en la isla de Chipre, «que el rey de reyes de los árabes ha de ganar a los venecianos»; además de todo esto, digo, cuantas descripciones del paraíso se hacen en estos libros rebosan de mahometismo carnal y sensualista y parecen versículos de suras coránicas, sin que falte ni la yegua del ángel Gabriel ni el misterioso anillo de Salomón, tan decantado por los nigrománticos orientales, que daba a su regio señor ciencia y poderío y hábito de virtud y justicia, y clave para interpretar el canto de los pájaros y el murmullo de los vientos; ni los grados y jerarquías de los espíritus, conforme a la teología muslímica; ni los árboles celestes, cuyas ramas no podría atravesar un pájaro en cincuenta años de vuelo. Y más que todo esto llama la atención el herético silencio de aquellos falsificadores acerca de la Trinidad y el no afirmarse nunca expresa y claramente la divinidad de Cristo y su consustancialidad con el Padre...

El doble propósito de la ficción es evidente. Querían, por una parte, deslumbrar a los cristianos con las tradiciones de Santiago y de los varones apostólicos, largamente exornadas y dramatizadas, y con la creencia de la Inmaculada, cuestión de batalla por entonces en las escuelas y hasta en las plazas de Sevilla. Querían, por otra parte, buscar una transacción o avenencia entre cristianos y moriscos y hacer entrar a éstos en la ley común, pasando ligeramente por los puntos de controversia o esquivándolos en absoluto, salvando todo lo salvable del Islam y lisonjeando el orgullo semítico con ponderaciones de su raza y esperanza de futuras grandezas; ni más ni menos que hacían los autores de pronósticos y jofores.

Aunque es corto el mérito literario de estas ficciones y en modo alguno igualan a los apócrifos de los primeros siglos cristianos, parecen, con todo eso, obra de distintos ingenios, dotado alguno de ellos de más fantasía poética y descriptiva y de más condiciones para la leyenda; y es a quien parece que han de atribuirse las vidas de Jesús, de Nuestra Señora y de Santiago. Procediendo por meras conjeturas, si bien desarrolladas con ingenio, quiso Godoy Alcántara reducir a dos el número de los autores, y se fijó en los dos moriscos, intérpretes de lengua arábiga, que tradujeron los plomos: Miguel de Luna y Alonso del Castillo, conocido el primero como falsario por su historia de Abulcacim-Abentarique, o de la pérdida de España, y el segundo, como romanceador de jofores y agente nada escrupuloso, poco menos que espía, durante la guerra de Granada, hombres uno y otro de sospechosos antecedentes y abonados para todo, aunque de lucido ingenio.

El austero arzobispo de Granada don Pedro de Castro tomó con extraño calor la defensa de las láminas después de haber pedido consejo a los que más sabían. Arias Montano se excusó de darle con pretexto de enfermedad y achaques; pero el obispo de Segorbe, don Juan Bautista Pérez, luz de nuestra historia y ornamento grande de nuestra Iglesia, se declaró resueltamente contra los plomos y quitó el miedo a otros para que los impugnasen. Siguiéronle el sapientísimo helenista y hebraizante Pedro de Valencia, discípulo querido de Arias Montano; un intérprete de árabe llamado Gurmendi y el confesor del rey, fray Luis de Aliaga, que cubría con su autoridad a todos ellos. Pero don Pedro de Castro no se dio por vencido; buscó en todas partes intérpretes e hizo que una junta de teólogos calificase de doctrina sobrenatural y revelada la de los libros. No bastó esta resolución para atajar las lenguas de los murmuradores; mandó el Consejo traer los plomos a Madrid, se examinaron y tradujeron de nuevo, y la cuestión hubiera permanecido en tal estado si la muerte de don Pedro de Castro, ya arzobispo de Sevilla, en 1623 no hubiera privado a las láminas de su mejor patrono. Roma reclamó los libros, que fueron entregados en 1641, y a los cuarenta años, después de haber sido escrupulosamente examinado el texto, traducido al latín por los padres Kircher y Maraci,[122] fueron condenados solem-

---

122 Manuscrito que posee nuestro sabio y querido amigo don Aureliano Fernández Guerra.

nemente los plomos y cierto pergamino de la torre Turpiana como «ficciones humanas fabricadas para ruina de la fe católica, con errores condenados por la Iglesia, resabios de mahometismo y reminiscencias del Alcorán»; y se prohibió para en adelante escribir en pro ni en contra de tales engendros ni alegarlos «en sermones, lecciones y escritos».

Así fracasó esta absurda tentativa de reforma religiosa; notable caso en la historia de las aberraciones y flaquezas del entendimiento humano.

Capítulo IV. Artes mágicas, hechicerías y supersticiones en los siglos XVI y XVII

I. Las artes mágicas en las obras de sus impugnadores: Francisco de Vitoria, Pedro Ciruelo, Benito Pererio, Martín del Río. II. Principales procesos de hechicería. Nigromantes sabios: el doctor Torralba. Las brujas de Navarra. *Auto de Logroño*. III. La hechicería en la amena literatura.

I. Las artes mágicas en las obras de sus impugnadores: Francisco de Vitoria, Pedro Ciruelo, Benito Pererio, Martín del Río

Abre la serie de los impugnadores españoles de la magia en el siglo XVI el nombre ilustre del Sócrates de la teología española, del maestro de Melchor Cano: Francisco de Vitoria, que trató de la hechicería, con su habitual discreción y brevedad, en una de sus *Relectiones Theologicae*,[123] opinando que son por la mayor parte falsos y fingidos los prodigios que se atribuyen a los nigromantes y que no suelen pasar de prestigio e ilusión de los ojos. Con todo eso, admite la existencia de una magia preternatural, que no procede por causas y modos naturales, sino por virtud y poder inmaterial, el cual no puede ser de los ángeles buenos, sino de los demonios. Niega que los magos puedan hacer verdaderos milagros, pero les concede cierto poder sobre los demonios, y nunca sobre las almas de los muertos. Toda la eficacia de la magia se funda en el pacto hecho y firmado con el demonio. Mediante él, y por el movimiento local, puede

---

[123] *Relectiones Theologicae* R. P. fray Francisci Victoriae, Ordinis Praedicatorum, Sacrae Theologiae Professoris Eximii, atque in Salmanticensi Academia quondam Cathedrae Primariae Moderatoris, Praelectorisque incomparabilis... Matriti. Anno 1765. En la oficina de Manuel Martín (607 páginas, en 4.º). Hay ediciones de Salamanca 1565, Lyon 1587, Venecia 1640, Colonia y Francfort 1696, etc.

trasladarse con suma celeridad un cuerpo a largas distancias y aun alterarse la materia y las naturalezas corpórea aplicando lo activo a lo pasivo.

De las brujas de Navarra trató largamente fray Martín de Castañega, franciscano de la provincia de Burgos, en su rarísimo *Tratado de las supersticiones, hechicerías y varios conjuros y abusiones, y de la posibilidad y remedio dellos*;[124] pero mucho más conocido e importante es el libro de Pedro Ciruelo, egregio matemático y filósofo, autor del primer curso de ciencias exactas que poseyó España y lumbrera de las Universidades de París y Alcalá; hombre de espíritu claro y limpio de preocupaciones, a la vez que de natural cándido y de piedad sincera y acrisolada. Su obra se titula *Reprobación de las supersticiones y hechicerías*,[125] y, aunque menos docta y rica en noticias que la de Martín del Río, tiene para nosotros más interés por referirse exclusivamente a las cosas de España; como que el autor quiso que su libro sirviera de antídoto aun a los pobres y humildes y fuera como un apéndice a la *Suma de confesión*, que antes había recopilado. De aquí que lo escribiera en lengua vulgar y que, en vez de remontarse con afectada erudición a los orígenes de las artes supersticiosas o de perderse en intrincadas y sutiles cuestiones escolásticas, no apartara un momento los ojos de la cuestión práctica y describiera fielmente el estado de la hechicería y de las ciencias ocultas en su país y en su tiempo; no el que habían tenido en Grecia y Roma o el que tenían en Alemania. Su objeto es impugnar y desterrar «muchas maneras de vanas supersticiones y hechicerías que en estos tiempos andan muy públicas en España». No hay ningún libro sobre la materia que tenga tanto valor histórico. En cuanto a los argumentos y razones, él mismo confiesa que los toma de san Agustín (lib. 2 de *Doctrina christiana*, 1.4

---

124 Logroño 1529. (En 4.º gótico.) Dedicado a don Antonio de Castilla, obispo de Calahorra.
125 *Reprobación de las supersticiones y hechizerías*. Libro muy útil y necesario a todos los buenos Christianos. El qual compuso el reverendo maestro Ciruelo, canónigo que fue en la sancta yglesia catedral de Salamanca. Ahora nuevamente corregido y emendado, con algunos apuntamientos desta señal. En Salamanca. En casa de Juan de Canova, 1556. (En 4.º gótico; 85 folio.) Hay otras ediciones, pero ésta es la que tengo. En el folio segundo dice: «Doctrina muy verdadera y cathólica, sacada de las entrañas de la más sana philosophia y theologia, que por muy ciertas y claras razones arguye reprobando muchas maneras de vanas supersticiones y hechizerías, que en estos tiempos andan muy públicas en nuestra España, por la negligencia y descuido de los señores prelados y de los jueces ansí eclesiásticos como seglares, a los quales va dirigida esta obrezilla».

De las confesiones y en los *De Civitate Dei*), de santo Tomás (2-2, q. 92 a 96), de Guillermo de París y de Gersón, sin poner casi nada de propia *phantasía*. Procuraremos compendiar más bien las noticias que la doctrina.

El primer mandamiento es el más santo y excelente de todos, y los pecados más abominables son los que se cometen contra él. Tales son las supersticiones y hechicerías que aprenden y ejecutan los discípulos del diablo, padre de toda vanidad y mentira. Muchas de estas prácticas son restos de la antigua idolatría, o más bien una idolatría cubierta y disimulada, un culto demoníaco. Todo efecto que se consigue con palabras o acciones que no tienen virtud natural para producirle, debe calificarse de diabólico, dado que no puede proceder ni de causas naturales, ni de Dios, ni de los ángeles buenos, que no se aplacen en tales vanidades. Ha de intervenir, pues, forzosamente pacto expreso o tácito en esas operaciones.

Dos maneras principales hay de supersticiones; se emplean las unas para saber algunos secretos que por razón natural no se puede o es muy difícil alcanzar; tienen por fin las otras lograr algunos bienes o librarse de ciertos males. Las primeras se llaman propiamente divinatorias, y comprenden a *nigromancia*, en que media pacto expreso e invocación del diablo, y la *geomancia*, quiromancía, *piromancia*, etc., en que no interviene plática o habla con el enemigo malo. En la segunda especie entran los conjuros, ensalmos y hechicerías.

Ciruelo atribuye la invención de la *nigromancia* a Zoroastro y a los magos de Persia, y añade: «Es arte que en tiempos pasados se ejercitó en nuestra España, que es de la misma constelación que la Persia, principalmente en Toledo y Salamanca. Mas ya por la gracia de Dios y con la diligencia de los príncipes y prelados católicos está desterrada de todas las principales ciudades, aunque no del todo».

Para hacer las invocaciones usan los nigromantes ciertas palabras y ceremonias, sacrificios de pan y viandas, sahumerios con diversas hierbas y perfumes. Unos llaman al diablo trazando un círculo en la tierra; otros, en una redoma llena de agua, o en un espejo de alinde, o en piedras preciosas, o en las vislumbres de las uñas de las manos. A veces se aparece el demonio en figura de hombre, y *El nigromante* le ve y habla con él. A veces viene en figura de ánima ensabanada que dice que anda en pena. En otras ocasiones se presenta en forma de perro, de gato, de lobo, de león o de gallo, y por ciertas señas se hace entender del mágico, o bien se encierra en el cuerpo de algún hombre o animal bruto, y vive y habla en él, o mueve la lengua de los cadáveres, o se aparece en sueños, o hace estruendo por la casa y señales en el aire, en el río, en el fuego o en las entrañas de las reses carniceras. Y aún no están agotados todos los modos y variedades.

El principal es el arte de las brujas, o xorguinas, que, «untándose con ciertos ungüentos y diciendo ciertas palabras, van de noche por los aires y caminan a lejanas tierras a hacer ciertos maleficios». Pero Ciruelo no admite la realidad de todos estos casos, y piensa que muchas veces las brujas no se mueven de sus casas, sino que el diablo las priva de todos sus sentidos y caen en tierra como muertas, y ven en sus fantasías y sueños todo lo que luego refieren haberles acontecido. El buscar así una explicación natural y poner en duda la veracidad de muchos casos era ya un evidente progreso en la manera de considerar la brujería, y podía arrancar, y arrancó, de las garras de la ley a muchas infelices.

Cuando las brujas caían en ese estado de sopor, observábanse en ellas fenómenos muy semejantes a los del espiritismo y mesmerismo. Se les desataban las lenguas y decían muchos secretos de ciencias y artes, que pasmaban no solo a los simples, sino a los mayores letrados; y algunas de ellas eran tenidas por profetas, como que alegaban autoridades de la Sagrada Escritura, con un sentido contrario del que la Iglesia tiene recibido.

Ni faltaban en el siglo XVI lo que hoy llaman espíritus *frappants* o golpeadores, pues nuestro autor nos enseña que el diablo puede entrar muchas veces en casas de personas devotas y en monasterios de frailes y monjas, y para inquietarlos «hacer ruidos y estruendos, dar golpes en las puertas y ventanas, tirar piedras, quebrar ollas, platos y escudillas y revolver todas las preseas de casa, sin dejar cosa en su lugar».

Los remedios que da para tales incomodidades no pueden ser más piadosos: con verdadera contrición y purificaciones y exorcismos, ramos, candelas y agua bendita y con la devoción al ángel custodio no hay que temer los asaltos del enemigo nocturno.

Entre las cosas que por adivinación y pacto diabólico se aprenden hay muchas que la razón natural puede alcanzar; pero, huyendo los hombres del estudio y trabajo de las ciencias, se dieron a las prácticas divinatorias, y especialmente a la falsa astrología, que conviene con la verdadera no más que en el nombre. Y Ciruelo, que era astrólogo y matemático, extiende tanto los confines de su ciencia, que le concede el averiguar «si el niño nacido será de bueno o de rudo ingenio para las letras o para las otras artes y ejercicios», cosa que, por ningún lado que se mira, entra en los canceles astronómicos y es tan superstición como las que censura; sus mismas palabras le condenan: «Es vanidad querer aplicar las estrellas a cosas que no pueden ser causa». En ninguna manera consiente que por los movimientos y aspectos de los planetas pueda juzgarse de las cosas que acaecerán en el camino o de la suerte de los juegos de azar, ni menos del corazón y voluntad del hombre, que es mudable y libre.

Enlazadas con la astrología están otras artes, «que adivinan por los elementos y cuerpos de acá abajo», y son: la *geomancia*, que cuenta los puntos y líneas trazados en la tierra o en un papel; la *hidromancia*, que procede derritiendo plomo, cera o pez sobre un vaso lleno de agua y adivinando por las figuras que allí se forman; la aerimancía, por la cual «los vanos hombres paran mientes a los sonidos que se hacen en el ayre cuando menea las arboledas del campo o cuando entra por los resquicios de puertas y ventanas»; la *piromancia*, que observa atentamente el color, la disposición y el chasquido de la llama; la espatulamancía, o adivinación por los huesos de la espalda puestos cabe el fuego hasta que salten o se hiendan; la quiromancía, por las rayas de la mano; la sortiaría, por cartas, naipes o cédulas. «Otros hacen las suertes con *Psalmos* del *Psalterio*, otros con un cedazo y tijeras adivinan quién hurtó la cosa perdida o dónde está escondida.» Aun de las suertes buenas es poco amigo Pedro Ciruelo, y no gusta de que se eche a cara o a cruz nada, porque «parece que es tentar a Dios en cosa de poca importancia y sin necesidad»; y solo admite que estas suertes se hagan para evitar cuestiones y rencillas.

De agüeros distingue tres especies: 1.ª, según el vuelo o canto de las aves o el encuentro fortuito de alguna alimaña: 2.ª, según los movimientos del cuerpo; 3.ª, según las palabras que se oyen al pasar.

No menos reprueba la oneirocrítica, u observancia de los sueños, que solo pueden proceder de causa natural, moral o teologal, sin que sea nunca lícito juzgar por ellos de las cosas de fortuna.

En las pruebas judiciales, así la caldaria como la del desafío, no ve más que barbarie y un querer tentar a Dios, aconteciendo, además, que muchas veces el culpado escapa del peligro y queda salvo.[126]

En el segundo grupo de artes mágicas tenemos en primer lugar el arte notoria, con la cual dicen que se puede alcanzar ciencia infusa y sin estudiar, como la alcanzó el rey Salomón, que por medio de ella aprendió todas las ciencias humanas y divinas en una noche y luego dejó escrito en un librillo mágico el modo de adquirirlas. Y ésta es la *Clavicula Salomonis*, tan famosa en los siglos medios, para usar de la cual era menester un noviciado de oraciones y ayunos. El libro, tal como circulaba en el siglo XVI, contenía ciertas figuras y oraciones, que debían ser recitadas en los siete primeros días de Luna nueva al apuntar el Sol por la mañana. «Y hechas estas observancias tres vezes en tres lunas nuevas, dizen que el hombre escoja para sí un día en que esté muy devoto y aparejado. Y a la hora de tercia esté solo en una yglesia o hermita, o en medio de un campo, y puestas las rodillas en tierra, alzando los ojos y las manos al cielo, diga tres veces aquel verso Veni, Sancte Spiritus... Y dizen que luego de súbito se hallará lleno de ciencia.»

Pero tales experiencias no carecían de peligro, y Ciruelo nos enseña que a muchos de estos escolares del arte notoria los arrebató el diablo en un torbellino y los llevó arrastrando por la tierra y por el agua, dejándolos para toda la vida lisiados e incurables.

Para lograr riquezas y ser afortunados en amores usaban otras cédulas escritas en papel o pergamino virgen, suspendiéndolas a veces del quicio de sus puertas o enterrándolas en sus huertas, viñas y arboledas para atraer la

---

126 Aquí se intercala un capítulo muy curioso *Del saber que tiene el diablo*: «Sabe los movimientos de los cielos y de los elementos, y sabe las virtudes de las estrellas, los eclipses y las conjunciones y otras aspectos de los planetas. Sabe las propiedades de los metales y piedras, yerbas y de todas las medicinas, y las de los peces y aves y de las animalias de la tierra. Sabe la astrología, philosophía y medicina mejor y más perfectamente que todos los philósofos y sabios del mundo... De las cosas ya passadas en el mundo, aunque los hombres las tengan olvidadas, el diablo tiene memoria y las sabe casi todas, cómo y en qué manera acaescieron, y las puede contar como un grande coronista, porque todas las tiene en su memoria, y puede luego recontar las historias de los sanctos Patriarcas de las primeras edades del Mundo, y las de los Hebreos, Griegos y Latinos y de todas las otras naciones bárbaras, porque él se halló en todas ellas donde quiera que acontecieron... Y todas estas cosas el diablo las puede revelar a los malos hombres siervos suyos».

fertilidad sobre ellas. Al mismo propósito se encaminaban ciertos amuletos de plata oro, semejantes a los *phylacteria* de los priscilianistas, y enlazados con supersticiones siderales.

Mayor era en España la plaga de los ensalmadores, que ya con palabras, ya con nóminas, pretendían curar las llagas y heridas de hombres y bestias. «Algunos dicen que la nómina ha de estar envuelta en cendal o en seda de tal o cual color. Otros que ha de estar cosida con sirgo o con hilo de tal o tal suerte. Otros que la han de traer colgada al cuello en collar de tal o tal manera. Otros que no se ha de abrir ni leer porque no pierda la virtud... Otros miran si las cosas que ponen son pares o nones, si son redondas o tienen esquinas de triángulo o cuadrado... porque dicen que mudada la figura o el número, se muda la virtud y operación de la medicina.» Pedro Ciruelo no admite ningún género de remedios vanos y supersticiosos; sostiene que tales cosas para nada aprovechan ni son más que temeridad o concierto con el diablo, y lo único que aconseja es levantar a Dios los ojos y ponerse en manos de un buen médico, que sin nóminas y ensalmos, sino por vía natural, nos cure. Ni siquiera le parece bien la aplicación de las reliquias de los santos; y hoy mismo nos asombra que dejase pasar sus palabras sin correctivo, y en tantas ediciones, el Santo oficio. «De cierto —escribe— sería cosa más devota y más provechosa que pusiesen las reliquias en las iglesias o en lugares honestos... Y esto por tres razones: La una es porque ya en este tiempo hay mucha duda y poca certidumbre de las reliquias de los santos, que muchas dellas no son verdaderas. La otra razón es porque ya sean verdaderas reliquias, no es razón que ellas anden por ahí en casas y en otros lugares profanos. La tercera razón, porque los más de los que las traen tienen vana imaginación de poner esperanza en cosas muertas.» (Fol. 45.) ¡Con tal audacia se escribía a los ojos de los celadores de la fe en pleno siglo XVI y después de la Reforma, y por un hombre piadosísimo!

Peores y más diabólicos que todos los hasta aquí referidos, por ser además pecados contra la caridad y ley de natura, eran los maleficios que se ordenaban «para ligar a los casados... o para tollir o baldar a otro de algún brazo o pierna», o hacerle caer en grave enfermedad; a cuya especie de hechicerías se reduce la del mal de ojo, que Ciruelo tiene la debilidad de admitir, explicándolo ya por vía natural, ya por influjo diabólico. Para él es cosa cierta que algunos hombres tienen el triste privilegio de inficionar a otros con la vista, especialmente a los niños ternezuelos y a los mayores de flaca complexión; pero en ninguna manera a las bestias, «por la diversidad de las complisiones». Para sanar de este maleficio solía llamarse a las desaojaderas, que quitaban unos hechizos con otros; pero Ciruelo lo reprueba altamente como una superstición nueva, tan peligrosa como las restantes.

También es opinión vana y de gentiles la de los días aciagos, por más que el descuido de los prelados dejara imprimir en los breviarios, misales y salterios ciertos versos en que esta distinción se declaraba, siendo como es manifiesta herejía decir que parte alguna del tiempo sea mala y que las obras humanas estén sujetas a las horas del día y a las constelaciones del cielo.

Duraban en el siglo XVI, como duran hoy, los saludadores o familiares de santa Catalina y de santa Quiteria, que con la saliva y el aliento curaban el mal de rabia.[127] Y con ellos compartían el aplauso y favor del vulgo sencillo otros tipos, hoy perdidos: los sacadores del espíritu, los conjuradores de ñublados (antiguamente *tempestarii*) y los descomulgadores de la langosta. Los primeros eran exorcistas legos, que «con ciertos conjuros de palabras ignotas y otras ceremonias de yerbas y sahumerios de muy malos olores, fingen que hacen fuerza al diablo y lo compelen a salir, gastando mucho tiempo en demandas y respuestas con él, a modo de pleito o juicio». Otro tanto hacían, pero en términos aún más forenses, los descomulgadores de la langosta y del pulgón. Aparecía cualquiera de estas calamidades en un pueblo, desvastando sus viñas, trigos y frutales, e *ipso facto* se hacía llamar al conjurador. Sentábase éste en su tribunal, y ante él comparecían dos procuradores: uno por parte del pueblo, pidiendo justicia contra la langosta; otro en defensa de esta alimaña. Exponían uno y otro sus razones, hacían sus probanzas, y el conjurador sentenciaba, mandando salir a la langosta del término de aquel lugar dentro de tantos o cuantos días, so pena de excomunión mayor *latae sententiae*. Pedro Ciruelo se esfuerza en probar muy cándidamente que «es operación de vanidad el armar pleyto y causa contra criaturas brutas, que no tienen seso ni razón para entender las cosas que les dicen», y que la sentencia de excomunión contra ellas no es justa, «porque ellas no tienen culpa alguna mortal ni venial en lo que hacen, ni tienen libre voluntad para cumplir el mandamiento».

---

127 En oposición a las vanidades de los saludadores trae Ciruelo varios remedios naturales contra la rabia, algunos de ellos bien absurdos.

Los conjuradores de nublados hacían creer al pueblo que en la tempestad caminaban los diablos y que era preciso lanzarlos con palabras y ceremonias del país que amenazaban; a lo cual nuestro autor responde que, «de cient mil nublados, apenas en uno dellos vienen diablos»; antes proceden todos de causas naturales, que largamente, aunque con errores meteorológicos, explica.

Completan el escaso número de prácticas supersticiosas registradas en este libro ciertas oraciones temerarias[128] y la creencia de las almas en pena, que el autor tiene por manifiesto engaño y trapacería, «pues nunca ánima de persona defuncta torna a se convertir en cuerpo de persona viva»; y, si alguna vez Dios, por altos designios permite apariciones, no es en cuerpo real, sino «fantástico y del aire».

Tal es el libro del geómetra de Daroca, prueba la más fehaciente de la ninguna importancia y escasa difusión de las artes mágicas en España. Compárese con cualquiera de los libros escritos sobre el mismo asunto en Alemania, con el *Malleus maleficarum* por ejemplo, y se palpará la diferencia. Obsérvese cuán de pasada habla Ciruelo de la *nigromancia* propiamente dicha y de las xorguinas o brujas, cuán poco se dilata en la astrología judiciaria y en todo lo que pudiéramos llamar ciencias ocultas, y cómo, por el contrario, insiste de preferencia en costumbres casi anodinas, como hoy se diría, en prácticas y ritos de la gente del campo, que procedía más por ignorancia que por impiedad o malicia. ¡Feliz nación y sigo feliz aquél, en que la superstición se reducía a curar la rabia con ensalmos o a conjurar la langosta!

Los dos insignes jesuitas Benito Perer (Pererius) y Martín del Río no escribieron para España sola, sino para todo el mundo cristiano, y sus tratados son más didácticos que históricos. El primero, conocido entre nuestros filósofos por su elegante y metódico libro *De principiis* y por el *De anima*, todavía inédito, en que manifiesta tendencias a la conciliación platónico-aristotélica de Fox Morcillo, intercaló en su comentario sobre Daniel un breve y perspicuo tratado, *Adversus fallaces et superstitiosas artes, id est, de Magia, de observatione somniorum et*

---

128 «Otros hazen maleficios y hechizos contra los que mal quieren, con pedazos del ara consagrada del altar, y con otras reliquias santas y con candelas o yerbas bendecidas... o ponen en la missa las ropas de los niños o de otros enfermos debaxo de los pies del sacerdote... Otra manera es de las mujeres casadas para haber hijos de sus maridos, y la de las doncellas para casar con quien ellas desean», etc. (folio 73).

De divinatione astrologica, que luego se ha impreso por separado.[129] Distingue cuidadosamente la magia natural de la diabólica y tiene por falsedad y mentira mucho de lo que se cuenta de los magos. Solo exceptúa los prodigios narrados en los sagrados Libros y en historias eclesiásticas dignas de fe y a duras penas quiere admitir la existencia de las brujas.[130] En cuanto a las apariciones de almas en pena, totalmente las rechaza como fabulosas o simuladas y aparentes. Toda su erudición es de cosas antiguas y clásicas; se muestra muy leído en Filostrato y Luciano y habla largamente de los prodigios de Apolonio. Alarga cuanto puede los límites de la magia natural y estrecha los de la diabólica. Con todo eso, por el movimiento local de los espíritus malos explica muchas maravillas; pero no les concede el que puedan perturbar o destruir el orden del universo, ni trasladar un elemento de un lugar a otro, ni producir el vacío, ni crear ninguna forma sustancial o accidental, ni resucitar los muertos, porque todo esto excede la fuerza y capacidad del demonio. Subdivide la magia ilícita en teurgia, goetia y *necromancia*; la natural, en física y matemática. En cuanto a la cábala y a la astrología judiciaria, no quiere que se las tenga por ciencias, sino por vanidades y delirios. No menos incrédulo se muestra en cuanto al poder de la alquimia, que juzga arte inútil y perniciosa a la república, a lo menos en cuanto a la pretensión de hacer oro, que tanto contrastaba con la habitual miseria de los alquimistas. El resto de su obra es toda contra la oneirocrítica, o adivinación por los sueños, y contra la superstición astrológica.

No tan sereno de juicio como Benito Pererio y más fácil que él en admitir portentos y maravillas se mostró Martín del Río, gloria insigne de la Compañía de Jesús, portento de erudición y doctrina, escriturario y filólogo, comentador del *Eclesiastés* y de Séneca, historiador de la tragedia latina, adversario valiente

---

129 *Benedicti Pererii Valentini, e Societate Iesu*. Adversus fallaces et superstitiosas artes, etc. Libri tres... Lugduni, apud Horatium Carlon, 1603 (253 páginas).

130 «Non est dubium quin eorum quae de Magis aut dicuntur aut scribuntur, quam plurima sint ficta et falsa: nam plerique hominum nimis sunt creduli et superstitiosi... Porro quae de Strigibus vulgo circumferuntur non sunt in totum falsa...» (Y se refiere al testimonio de Alfonso de Castro y de Silvestre, como queriendo declinar en ellos su responsabilidad.) «Ceterum plurima Magorum opera esse simulata, fallentia oculos spectantium» (folios 1, 2 y 12). Véase todo el capítulo sobre la *Necromancia*, página 57 a 71.

de Escalígero, cronista de los Países Bajos y doctísimo catedrático de teología en Salamanca.[131]

Nada le dio tanta fama como sus extensas *Disquisiciones mágicas*, libro el más erudito y metódico y el mejor hecho de cuantos hay sobre la materia y libro que en su última parte llegó a hacer jurisprudencia, siendo consultado casi con la veneración debida aun código por teólogos y juristas. Presentar un análisis completo y detallado de obra tan voluminosa, y que, por otra parte, no se refiere exclusiva ni principalmente a España, nos obligaría a mil repeticiones de cosas ya dichas o que hemos de decir en adelante, puesto que Martín del Río es una de nuestras principales fuentes en toda esta historia de las artes mágicas. Su saber era prodigioso; no hay sentencia de filósofos griegos, ni fábulas de poetas, ni dichos de santos padres, ni ritos y costumbres del vulgo que se escaparan a su diligencia. Y con esta erudición corre parejas su extraña sutileza de ingenio, que le hace descender al último de los casos particulares, dividiendo y subdividiendo hasta lo infinito al modo escolástico, exponiendo largamente los argumentos que militan por una y otra opinión y ahogando la materia en un océano de distinciones y autoridades que realmente confunde y marea. Libro inapreciable de consulta, apenas sufre una lectura seguida; pero cuanta doctrina puede apetecerse sobre la magia y sus afines, allí está encerrada, y el autor tiene la gloria de haber destruido muchas supersticiones, otorgando gran poderío a la fuerza de la imaginación, probando la vanidad de los anillos, caracteres y signos astrológicos, de los conjuros y de los números pitagóricos. No condena en absoluto la alquimia, como Benito Pererio, antes parece que se ve en ella, como en profecía, la futura química, y la defiende como lícita y posible, porque nadie sabe hasta dónde alcanzan las fuerzas desconocidas de la naturaleza; y hasta admite, teóricamente, la posibilidad de la transmutación de los metales.

En cuanto a los efectos mágicos propiamente dichos, Martín del Río es muy crédulo. Nadie ha descrito con tantos pormenores como él las ceremonias del pacto diabólico; y de tal suerte, que no parece sino que las había presenciado. El poder del demonio es grande. Cierto que no puede impedir ni detener el curso celeste y el movimiento de las estrellas, ni arrancar la Luna del cielo,

---

131 Nació casualmente en los Países Bajos, pero su padre era oriundo de la Torre de Proaño, cerca de Reinosa, donde aún persiste la noble familia montañesa de su apellido.

como creyeron los antiguos; pero sí mover la tierra, desencadenar los vientos, producir y calmar las tempestades, lanzar el rayo, inficionar el aire, secar las fuentes, dividir las aguas, extender las tinieblas sobre la faz de la tierra, engendrar los minerales en sus entrañas, exterminar los rebaños, llevar de una parte a otra las mieses y sacar a sus servidores de las cárceles y procurarles honores y dignidades, pero no dinero (¡rara distinción!), a menos que no sea moneda falsa y de baja ley. De encantar alimañas no se hable; no solo se adormece con conjuros a las serpientes, sino que hay ejemplos de un mágico que domó a un toro y lo llevó arrastrando de una cuerda. En cuanto a monstruos y a demonios súcubos e íncubos, Martín del Río lo admite todo, y podemos agradecerle el que no crea, con Cesalpino, que de la putrefacción y del calor del Sol puede nacer un cuerpo humano. Para él es cosa real, y de ningún modo ilusoria o fantástica, la nocturna traslación de las brujas montadas en un macho cabrío, en una escoba o en una caña. Lejos de poner duda en el poder del ungüento, hasta le analiza y distingue sus ingredientes, y nos hace penetrar en el aquelarre,[132] abrumando al más incrédulo con un maremágnum de declaraciones y procesos de sagas y hechiceras de Francia, de Alemania y de Italia.

¿Puede el demonio transformar los cuerpos de una especie en otra, trocar un hombre en bestia? No, en cuanto a la transformación misma, que es siempre ilusoria, responde Martín del Río, pero sí en cuanto a los efectos, porque el demonio hace que nos parezca lo que realmente no es. He aquí la explicación de la lycantropía. Tampoco tiene repugnancia en que los magos puedan hacer hablar a las bestias, aunque esto rara vez y por alta permisión de Dios acontezca, ni menos en que puedan trocar los sexos; y, si no, ahí está el médico judaizante Amato Lusitano para testificarnos que en Coímbra se convirtió de repente en hombre una nobilísima doncella, llamada doña María Pacheco, y se embarcó para la India e hizo portentosas hazañas.

Algo le detiene la cuestión de si puede el diablo remozar a sus discípulos, como se remoza Fausto en la leyenda alemana; pero corta por lo sano, respondiendo problemáticamente que esto es posible en cuanto a los accidentes que diferencian al joven del viejo, pero no en cuanto a la esencia misma de la vida y a su duración ordenada por Dios.

---

132 Aquelarre es palabra vascongada, que equivale a prado del cabrón.

Con larguísimo catálogo de testimonios, distribuidos por siglos, prueba las apariciones de espectros, y hace enseguida una larga clasificación de los demonios, en que van desfilando a nuestra vista los seres sobrenaturales de toda mitología, así griega y oriental como septentrional, desde los espíritus ígneos, aéreos, terrestres y subterráneos hasta los lucífugos, enemigos del Sol; los tesaurizadores, que guardan el oro en las cavernas; los sátiros, faunos y empusas; los luchadores, las lamias, los demonios metálicos y una procesión de espectros y sombras, que ya simulan ejércitos en pelea, ya turbas de gigantes, ya coros de mancebos y doncellas.

Cuestión a primera vista difícil es cómo, siendo el demonio invisible, puede presentarse como visible a los ojos corpóreos; pero Martín del Río la resuelve diciendo que el demonio puede mover un cadáver y aparecer en él, o formar un cuerpo de los elementos, y no del aire solo, pues no siempre aparece en forma de vapor sino a veces de cuerpo sólido y palpable. Y, si ahora no son tan frecuentes las apariciones del demonio como en lo antiguo, se debe, en opinión de nuestro autor, a haber crecido tanto la perversidad humana, que ya no necesita el enemigo tan extraordinarios medios para vencernos.

No menos selecta y extraña doctrina nos ofrece el jesuita montañés sobre el maleficio, que divide en somnífero, amatorio, hostil, de fascinación, de ligadura, incendiario, etc., en todos los cuales suele procederse por yerbas y ungüentos, por el aliento, por palabras, amenazas y deprecaciones y por otros ritos aún más horrendos y sanguinosos, tales como el infanticidio y la succión de sangre y hasta la profanación de la hostia consagrada. Largamente discute si el maleficio amatorio puede forzar la voluntad o solo el apetito. Como ejemplo de ligaduras mágicas trae la historia del presbítero Palumbo y de la estatua de Venus, que le pone en la mano el anillo y le impide acercarse a su mujer en la noche de bodas; leyenda popularísima en la Edad media, y atribuida con piedad poco discreta a la Virgen en las *Cantigas del rey sabio*, y hoy renovada con su antiguo y pagano sentido en *La Venus de Ilo*, de Merimée, y en *Los dioses desterrados*, de Enrique Heine.

El libro 4 de las *Disquisiciones mágicas* versa todo sobre la adivinación, que distingue escrupulosamente de la profecía. Y no solo da noticia de cuanto especularon los antiguos sobre agüeros, auspicios y oráculos, sobre la *necromancia* e *hidromancia*, sobre el movimiento de la llama, sobre la *lecanomancía*, catoptromancía y *christallomancía*, modos diversos de la adivinación por espejos o superficies tersas, sino que desciende a otras artes mucho más peregrinas e inauditas hasta en los nombres, como la *onuxomanteia*, o adivinación por las uñas manchadas de aceite, que practicaba en Bélgica un soldado montañés llamado Quevedo, más ilustre en las armas que en la piedad; la *coskinomanteia*, que usaban como instrumentos una criba y unas tenazas; la *axinomanteia*, que adivina los secretos por la rotación de una cuchilla sobre un palo; la *kefalenomanteia*, que practicaban los germanos en cabeza de jumento asada, y los lombardos en cabeza de carnero; la *chleidomanteia*, o adivinación por las llaves; la *daktylomanteia*, por los anillos movidos sobre un trípode; la *daphnomanteia*, por combustión del laurel; la *bolanomanteia*, que predice el futuro con ramos de verbena o salvia; la *omphalomanteia*, especialidad de las parteras, a quienes dejaremos el secreto; la *soixeiomanteia*, que consiste en abrir al acaso los poemas de Homero o de Virgilio y leer la suerte en el primer verso que se halle; y otra infinidad de vanas observancias, que apenas pueden reducirse a número, y cuyos nombres, inventados casi todos por Martín del Río, que era grande helenista, semejan palabras de conjuro. Cierra esta sección un minucioso tratado sobre las pruebas ilícitas: *monomaquia* o duelo, agua fría o hirviendo, que bárbaramente se empleaba en Alemania para descubrir a las brujas; peso y balanza, etc.

La última parte de las *Disquisiciones* es toda práctica y legal, y puede considerarse como un tratado de procedimientos para los jueces en causas de hechicería y manual de avisos para los confesores. De estos dos últimos libros dijo Manzoni con evidente, aunque chistosa hipérbole, que han costado más sangre a la humanidad que una invasión de bárbaros. Pero, en realidad, el casuista español no innovó nada ni llevó a nadie a las llamas por su autoridad, invención o capricho, ni hizo otra cosa que apurar todos los casos posibles e introducir alguna luz en el caos de prácticas bárbaras, absurdas y contradictorias que, especialmente en Alemania, se seguían en los procesos de brujas, allí tan frecuentes como raros eran en los países latinos. Regularizar el procedimiento con cierta benignidad, relativa siempre, era un merito, y esto hizo Martín del Río en sus capítulos sobre los indicios, los testimonios y las pruebas, aconsejando que se hiciera el menor uso posible del tormento y solo en casos de grave necesidad, distinguiendo los sortilegios propiamente heréticos de los que no lo son, fundando en esto una escala gradual de penas, y rechazando abiertamente la prueba caldaria para averiguar la culpabilidad de los reos. Todo con erudición inmensa así de cánones como de Derecho civil, tal que hace inútil cualquier otro tratado sobre la materia.[133]

II. Principales procesos de hechicería. Nigromantes sabios: El doctor Torralba. Las brujas de Navarra. Auto de Logroño

La magia docta del siglo XVI, la que se alimentaba con los recuerdos de la teurgia neoplatónica y crecía el calor de los descubrimientos de las ciencias naturales, adelantándose audazmente a ellas entre vislumbres, tanteos y experiencias; mezcla informe de cábala judaica, supersticiones orientales, resabios de paganismo, pedanterías escolares, secretos alquímicos y embrollo y farándula de charlatanes de plazuela; la ciencia de los Paracelsos, Agripas y Cardanos apenas tuvo secuaces en España. Recórrase la dilatada y gloriosa serie de nuestros médicos, desde Valverde, uno de los padres de la anatomía, juntamente con Vesalio, hasta el Divino Vallés y Mercado y Laguna, y apenas se encontrará rastro de ese espíritu inquieto, aventurero y teósofo. El espíritu de observación predominaba siempre entre nuestros naturalistas, y a él deben su valor las obras de los Acostas, Hernández y García de Orta. Lejos de nosotros siempre esa interpretación simbólica de la naturaleza, esa especie de panteísmo naturalista que solía turbar la mente de los sabios del Norte, moviéndolos a escudriñar en la materia ocultos misterios y poderes y a ponerse en comunicación directa o mediata con los espíritus animadores de lo creado. Solo de un hombre de ciencia español tengo noticia que pueda ser calificado plenamente de nigromante docto a la vez que de escéptico y cuasi materialista. Llamábase el doctor Eugenio Torralba y era natural de Cuenca, como tantos otros personajes de esta historia. Su nombre, y la más singular de sus visiones de nadie son desconocidos gracias a aquellas palabras de don Quijote subido en Clavileño: «Acuérdate del verdadero cuento del licenciado Torralba, a quien llevaron los diablos en volandas por el aire, caballero en una caña, cerrados los ojos, y en

---

133 *Disquisitionum Magicarum libri sex*, quibus continentur accurata curiosarum artium et vanarum superstitionum confutatio utilis Theologis, Iurisconsultis, Medicis, Philologis, auctore Martino del Rio, Societatis Iesu Presbytero, LL. Licenciato, et Theologiae Doctore, olim Academia Graetzensi, nunc in Salmanticensi publica SS. Scripturae Professore..., Maguntiae, apud Ioannem Albinum. Anno MDCXII. (Tres tomos, en 4.º)

doce horas llegó a Roma y se apeó en Torre de Nona... y vio todo el fracaso, asalto y muerte de Borbón, y por la mañana estaba de vuelta en Madrid ya, donde dio cuenta de todo lo que había visto; el cual asimismo dijo que cuando iba por el aire le mandó el diablo que abriese los ojos y los abrió, y se vio tan cerca, a su parecer, del cuerpo de la Luna, que la pudiera asir por la mano, y que no osó mirar a la tierra por no desvanecerse».

Torralba había ido a Italia muy mozo, de paje del obispo Volterra, después cardenal Soderini, y en Roma había estudiado filosofía y medicina, contagiándose de las opiniones de Pomponazzi acerca de la mortalidad del alma, y cayendo, por fin, en un estado de absoluta incredulidad, a lo cual contribuyó su trato con un renegado judío, llamado Alfonso, como Uriel da Costa y otros de su raza, había parado en el deísmo y en la ley natural.

Otro de los amigos de Torralba en Roma allá por los años de 1501 era un fraile dominico dado a las ciencias ocultas, que tenía a su servicio, pero sin pacto ni concierto alguno, a un espíritu bueno, dicho Zequiel gran sabedor de las cosas ocultas, que revelaba o no a sus amigos según le venía en talante. El fraile, que estaba agradecido a Torralba por sus servicios médicos, no encontró modo mejor de pagarle que poner a su disposición a Zequiel.

Este se apareció al doctor, como Mefistófeles a Fausto, en forma de joven gallardo y blanco de color, vestido de rojo y negro, y le dijo: «Yo seré tu servidor mientras viva». Desde entonces le visitaba con frecuencia y le hablaba en latín o en italiano, y como espíritu de bien, jamás le aconsejaba cosa contra la fe cristiana ni la moral;[134] antes le acompañaba a misa y le reprendía mucho todos sus pecados y su avaricia profesional. Le enseñaba los secretos de hierbas, plantas y animales, con los cuales alcanzó Torralba portentosas curaciones; le traía dinero cuando se encontraba apurado de recursos; le revelaba de antemano los secretos políticos y de Estado, y así supo nuestro doctor antes que aconteciera, y se los anunció al cardenal Cisneros, la muerte de don García de Toledo en los Gelves y la de Fernando el Católico y el encumbramiento del mismo Cisneros a la Regencia y la guerra de las comunidades. El cardenal entró en deseos de conocer a Zequiel, que tales cosas predecía; pero como era espíritu

---

134 Sin embargo, consintió en dar a Camilo Rufini, amigo de Torralba, cierta cédula con palabras mágicas: para que ganase en el juego, y una cédula, escrita con sangre de murciélago, para que la usase al mismo propósito don Diego de Zúñiga.

tan libre y voluntarioso, Torralba no pudo conseguir de él que se presentase a fray Francisco.

Prolijo y no muy entretenido fuera contar todos los servicios que hizo Zequiel a Torralba, sin desampararle aun despues de su vuelta a España en 1519. Para hacerle invulnerable le regaló un anillo con cabeza de etíope y un diamante labrado en Viernes santo con sangre de macho cabrío. Los viajes le inquietaban poco, porque Zequiel había resuelto el problema de la navegación aérea en una caña y en una nube de fuego, y así llevó a Torralba en 1520 desde Valladolid a Roma, con grande estupor del cardenal Volterra y otros amigos, que se empeñaron en que el doctor les cediese aquel tesoro; pero en vano, porque Zequiel no consintió en dejar a su señor.

En 1525, y a pesar de tan absurda y extravagante vida, Torralba llegó a ser médico de la reina viuda de Portugal, doña Leonor, y con ayuda de Zequiel hizo maravillas. Acortémoslas para llegar a la situación capital eternizada por Cervantes. Sabedor Torralba, por las revelaciones de su espíritu, de que el día 6 de mayo de 1572 iba a ser saqueada Roma por los imperiales, le pidió la noche antes que le llevase al sitio de la catástrofe para presenciarla a su gusto. Salieron de Valladolid en punto de las once, y cuando estaban a orillas del Pisuerga, Zequiel hizo montar a nuestro médico en un palo muy recio y ñudoso, le encargó que cerrase los ojos y que no tuviera miedo, le envolvió en una niebla oscurísima y, después de una caminata fatigosa, en que el doctor, más muerto que vivo, unas veces creyó que se ahogaba y otras que se quemaba, remanecieron en Torre de Nona y vieron la muerte de Borbón y todos los horrores del saco. A las dos o tres horas estaban de vuelta en Valladolid, donde Torralba, ya rematadamente loco, empezó a contar todo lo que había visto.

Con esto se despertaron sospechas de brujería contra él, y le delató a la Inquisición su propio amigo don Diego de Zúñiga, que ni siquiera agradecía a Torralba el haberle sacado adelante en sus empresas de tahúr. Y como, por otra parte, el médico, lejos de ocultar sus nigromancias, hacía público alarde de ellas, no fue difícil encontrar testigos. La Inquisición de Cuenca mandó prenderle en 1528, y Torralba estuvo pertinacísimo en afirmar que tenía a Zequiel por familiar, pero que Zequiel era espíritu bueno y que jamás él le había empeñado su alma. Aún en las angustias del tormento, se empeñó en decir que todavía le visitaba en su prisión. El pacto lo negó siempre; pero la cuestión vino a complicarse con motivo de ciertas declaraciones acerca del materialismo y escepticismo del doctor. El cual, en suma, fue tratado con la benignidad que su manifiesta locura merecía, sentenciándosele en 6 de marzo de 1531 a sambenito y algunos años de cárcel, a arbitrio del inquisidor general, con promesa de no volver a llamar a Zequiel ni oírle. Don Alonso Manrique, cuya dulzura de condición es bien sabida, le indultó de la penitencia a los cuatro años, y Torralba volvió a ser médico del almirante de Castilla don Fadrique Enríquez.[135]

Una historia algo parecida, pero no confirmada, como ésta, por documentos judiciales y auténticos, cuentan en Navarra y la Rioja (tierras clásicas de la brujería española) del cura de Bargota, cerca de Viana, que hacía extraordinarios viajes por el aire, pero siempre con algún propósito benéfico o de curiosidad, v. gr., el de salvar la vida a Alejandro VI contra ciertos conspiradores, el de presenciar la batalla de Pavía, etc., todo con ayuda de su espíritu familiar, cuyo nombre no se dice.

Este cura de Bargota nos lleva como por la mano a las brujas navarras, de que dan noticia fray Martín de Castañeda y fray Prudencio de Sandoval. Ya en 1507 la Inquisición de Calahorra castigó a veintinueve mujeres por delitos de hechicería semejantes a los de la Peña de Amboto; y en 1527 se descubrió en Navarra un foco mucho más considerable[136] por espontánea confesión de dos niñas, de once y nueve años, respectivamente, que declararon ser xorguinas y conocer a todas las que lo eran con solo verles cierta señal en el ojo. Los oidores del Consejo de Navarra mandaron hacer secreta información sobre el caso, y resultaron más de cincuenta cómplices, por cuyas declaraciones se supo que habían tenido trato con el diablo en forma de mozo gallardo y fornido, y otras veces en figura de macho cabrío negro, celebrando con él estupendos y nefandos aquelarres, en que bailaban al son de un cuerno; todo después de los vuelos y untos consiguientes. Ítem, que entraban en las casas y hacían en ellas muchos maleficios, y que en pago de su mala vida, y diabólicos pactos no veían en la misa la hostia consagrada. El juez pesquisidor quiso certificarse de la

---

135 Torralba es personaje importante en el Carlo Famoso, indigesto poema o crónica rimada del buen don Luis Zapata. (Véase los cantos 28, 30, 31 y 32.) Hay muchas relaciones manuscritas de las audiencias y de la sentencia de Torralba en volúmenes de papeles varios. Yo poseo una, de letra del siglo XVII, conforme en lo sustancial a otra de la Biblioteca Nacional. Véase, además Llorente, cap. 15 a. 2.
136 Véase Sandoval, *Historia del emperador*, lib. 16 §15.

verdad del caso, y ofreció el indulto a una bruja si a su presencia y a la de todo el pueblo se untaba y ascendía por los aires; lo cual hizo con maravillosa presteza, remaneciendo a los tres días en un campo inmediato. De resultas de toda esta baraúnda, las brujas fueron condenadas a azotes y cárcel. No así algunas de Zaragoza, que fueron relajadas al brazo seglar en 1536 tras larga discordia de pareceres entre los jueces.

Desde el tiempo del cardenal Manrique comenzaron a añadirse en los edictos de gracia y delaciones, a los antiguos crímenes de judaizantes, moriscos, etc., los de tener espíritus familiares o pacto con el demonio; hacer invocaciones y círculos; formar horóscopos por la astrología judiciaria; profesar la *geomancia, hidromancia, aeromancia, piromancia* y *necromancia*, o los sortilegios con naipes, habas y granos de trigo; hacer sacrificios al demonio; tener espejos, redomas o anillos encantados, etc., etc. Y en las reglas generales del *Índice expurgatorio* totalmente se prohíben los libros, cédulas, memoriales, recetas o nóminas, ensalmos y supersticiones; los de judiciaria, «que llaman de nacimientos, de levantar figuras, interrogaciones y elecciones... para conocer por las estrellas y sus aspectos los futuros contingentes», sin que esta prohibición se extendiera en modo alguno a las observaciones útiles a la navegación, agricultura y medicina.

La condición de hechiceros solía atribuirse a los moriscos. Citaré algunos casos. En el auto de fe de Murcia de 20 de mayo de 1563 salió con sambenito y condenado a reclusión por tres años un don Felipe de Aragón, cristiano nuevo, que se decía hijo del emperador de Marruecos, y que, entre otras cosas, declaró tener un diablo familiar, dicho Xaguax, que, mediante ciertos sahumerios y estoraques, se le aparecía en figura de hombrecillo negro.[137] En 10 de diciembre de 1564, y por la misma Inquisición, fue castigado un morisco de Orihuela, grande artífice de ligaduras mágicas e infernador de matrimonios con ayuda de un libro de conjuros. Otros se dedicaban a la pesquisa de tesoros ocultos,[138] siendo muy notable a este propósito el caso del morisco aragonés que engañó a don Diego de Heredia, señor de Bárboles, víctima de las turbulencias de Aragón y de su amistad con Antonio Pérez. Pedro Gonzalo de Castel,

---

137 Llorente, cap. 23 a. 1.
138 Hoy mismo lo practica el vulgo de Andalucía y Extremadura, valiéndose de ciertos libros supersticiosos, que suelen salir de los presidios de África.

uno de los testigos contra Heredia en el proceso que le formó la Inquisición, le acusa de tener en su casa unos libros de *nigromancia* en lengua arábiga, por los cuales «el que los sabe leer puede hacer conjuros e invocar demonios para saber en dónde hay moneda y tesoros encantados; porque el padre del que los ha dado a don Diego era muy hábil deste oficio, y sabiendo dicho don Diego que este Marquina (el morisco de quien viene hablando) era hombre que entendía la arte mágica, lo ha recogido en su casa y tierra, para que le declare dichos libros... Por persuasión de este morisco fue don Diego a media noche a buscar un tesoro escondido en el contorno de una hermita llamada Matamala... Y assentóse el dicho Marquina en un banco, y dixo que le asiesse uno de un brazo y otro de otro y otro le abrazase por detrás, y... abrió los libros y empezó a hablar en lengua arábiga, y luego sonaron tantos ruydos y estruendo a manera de truenos, con estar el cielo sereno, y a rodar grandes piedras y cantos de un montecillo que está a la hermita, que parece se hundía el mundo, y quedamos tan atemorizados, que pensamos caer muertos... Hecho esto salió fuera de la hermita dicho Marquina y subió en el montecillo, y no cessando el ruydo, oíase que hablaba con los diablos, estando a todo esto muy atento el dicho don Diego. De allí a poco bajó Marquina, y le dixo: "Señor, mandad ahondar aquí debaxo del coro, que allí hay señales del tesoro; y hallaréis ciertos vasos a manera de tinajas". Don Diego hizo ahondar y hallaron los vasos sin los dineros, y entonces dixo don Diego al Marquina: "Volved allá y decid a los diablos cómo no hay nada en los vasos que se han descubierto". Y luego a la hora volvió el dicho Marquina a hablarles, y oíase cómo se quejaba de que no habían hallado nada: "dice que le respondieron los demonio que no era cumplido el tiempo del encanto". Volvieron a hacer el conjuro, cavaron otra vez allí, y en el camino de Velilla, y en las inmediaciones de Bárboles y en otras partes, porque don Diego de Heredia tenía esperanza de allegar con sus libros mucho tesoro, pero nunca hallaron más que ceniza y carbones».[139]

En esto paran siempre los tesoros del diablo, y bien lo experimentó, por su desgracia, otro nigromante morisco, Román Ramírez, de la villa de Deza, héroe de una comedia de don Juan Ruiz de Alarcón, *Quien mal anda, mal acaba*, y de quien hay, además, larga noticia en las *Disquisiciones mágicas*, del padre Martín

---

139 Manuscrito 85 de la Biblioteca Nacional de París, fondo español, colección Llorente: *Proceso de don Diego de Heredia*.

del Río. El susodicho Ramírez había hecho pacto con el demonio, entregándole su alma a condición de que le ayudara y favoreciera en todas sus empresas, y le diese conocimiento de yerbas, piedras y ensalmos para curar todo linaje de enfermedades, y mucha erudición sagrada y profana, hasta el punto de recitar de memoria libros enteros. Viajaba a caballo por los aires. Restituyó a un marido, por medios sobrenaturales, su mujer, que los diablos habían arrebatado. Ejercitaba indistintamente su ciencia en maleficiar y en curar el maleficio, hasta que por sus jactancias imprudentes descubrieron el juego, y la Inquisición de Toledo le prendió y castigó en 1600.[140]

Para hechicerías con intento de amores igualó a la Camacha de Montilla, recordada por Cervantes, y de quien se lee en relaciones manuscritas del tiempo, que tengo a la vista[141] que tan poderosa como las antiguas hechiceras de Tesalia, llegó a convertir en caballo a don Alonso de Aguilar, hijo de los marqueses de Priego, el cual, por este y otros extraños casos, estuvo dos veces preso en el Santo oficio de Córdoba.

---

140 Martín del Río traduce al latín la acusación fiscal (libro II, q. 24).
141 Biblioteca Colombina, SS-251-10.
(Varios sucesos acaecidos a don Alonso de Aguilar, caballero de Córdoba.)
Como muestra de lo que eran los conjuros en el siglo XVII, y para que sc comparen con los de épocas anteriores, copio el siguiente de otra bruja cordobesa, Catalina Salazar, en 1625:

Yo te conjuro
por Tizón
y por Carbón
y por cuantos diablos con ellos son,
y por el diablo cojuelo,
para que con pronto vuelo
me traigas a...
(Aquí el nombre.)
Venga, venga y no se detenga
por el aire como torbellino,
sin que encuentre tropiezo en su camino.

(*Colección de autos generales y particulares de fe celebrados por la Inquisición de Córdoba*. Publícalos el licenciado Gaspar Matute y Luquín, seudónimo de don Luis María Ramírez de las Casas Deza.)

Fuera empresa fácil, pero no sé hasta qué punto útil, reunir noticias de procesos de brujería. Hay en todos ellos una fatigosa monotonía de pormenores, que quita las ganas de proceder a más menuda investigación. En España su escasez los hace algo más estimables. Yo poseo tres o cuatro, y no de la Inquisición todos. El más curioso es contra ciertas brujas catalanas de la diócesis de Vich en 1618 y 1620. Arnaldo Febrer, procurador fiscal de la curia de la Veguería de Llusanés, denunció al veguer que «pocos años antes habían sido sentenciados a muerte muchos brujos y brujas en Urgel, Segarra y otros puntos del Principado, todos los cuales habían sido conocidos por una señal que tenían en el hombro, con la cual marcaba el demonio a sus secuaces», hábiles todos en hechizar y matar niños, transportarlos de unas a otras ciudades y villas, envenenar y matar bestias, dar y quitar bocios, sustituir el agua bendita de las pilas de las iglesias con agua sin bendecir. Y, sospechándose que en la dicha villa de san Felíu había otros malhechores semejantes, procedióse a examinar a tres mujeres: Marquesa Vila, de oficio partera; Felipa Gallifa y Monserrata Fábregas, alias Graciana, mojándoles la espalda con agua bendita, y encontrándoles la consabida señal. Esto bastó para que se les condujese a las cárceles reales de la villa y diera comienzo el proceso, que por no ser inquisitorial, sino del foro ordinario, abunda en refinamientos de ignorancia y barbarie, prodigándose, sobre todo, el tormento con lastimosa prodigalidad. Uno de los testigos dijo que las brujas tenían grano de falguera y que con pedriscos y tempestades destruían los frutos de la tierra. Otro declaró que con sus trazas diabólicas sustituían y secuestraban los niños, de tal suerte que «quien piensa tener hijos propios, los tiene de morería y otras partes». A consecuencia de esto y de las sabidas acusaciones de cohabitación con el demonio y demás impurezas y baileteos del aquelarre, la justicia secular torturó a Juana Pons, a la Vigatana, a Juana Mateus, a Rafaela Puigcercós y a otras muchas, y, arrancándoles las confesiones por aquel execrable sistema de procedimientos, acabó por decir «quod suspendantur laqueo per collum, in alta furca taliter quod naturaliter moriantur, et anima a corpore separetur».[142]

De tal modo de enjuiciar descansa el ánimo recordando los procesos de la Inquisición, tanto y tan indignamente calumniada, y que, sin embargo, fue sobria siempre en la aplicación del tormento y en la relajación al brazo seglar por

---

142 Me regaló los autos de esta causa mi amigo don Ramón Vinader.

causas de hechicería. Bien lo prueba el mismo auto de Logroño en 1610, que Moratín exornó con burlescas y sazonadas notas, volterianas hasta los tuétanos e hijas legítimas del *Diccionario filosófico*. Auto notable y digno de memoria además, por ser el único celebrado casi exclusivamente contra brujos, y el que más pormenores contiene acerca de la organización de la secta, tal como existió en Navarra y en las Vascongadas, su principal asiento por lo menos desde el siglo XV. Veintinueve reos salieron en él por cuestión de hechicería, todos de Vera y Zugarramurdi, en el Baztán, cerca de la raya de Francia, donde la secta tenía afiliados que concurrían puntualmente a aquella especie de aquelarre internacional.[143] Los conciliábulos se tenían en un prado, dicho Berroscoberro, tres días a la semana y en algunas fiestas solemnes. Presidía el diablo en forma de sátiro o semicapro negro y feo, a quien todos adoraban con diferentes besuqueos y genuflexiones. Venía después una sacrílega parodia de la confesión sacramental, de la eucaristía y de la misa, y acababa la sesión con extraños desenfados eróticos del presidente y de los demás en hórrida mescolanza. De allí salían, trocados en gatos, lobos, zorras y otras alimañas, a hacer todo el daño posible en las heredades y en los frutos de la tierra. El que pasara algún tiempo sin dedicarse a estos ejercicios era castigado en pleno aquelarre con una tanda de azotes.

Las ceremonias de iniciación consistían en renegar de Dios, de su ley y de sus santos y tomar por dueño y monarca al diablo, que les prometía para esta vida todo género de placeres, y en señal de dominio les marcaba con sus garras en la espalda y les imprimía además, en la niña del ojo izquierdo, un sapo muy pequeño. Ni paraba aquí su afición a este asqueroso animalucho. Cada brujo

---

[143] Véase *Carta del Inquisidor de Calahorra al condestable de Navarra sobre el suceso de las Brujas*, año 1590 (Biblioteca Nacional, ms. O, 150, página 103).

En el libro titulado *Castellanos y vascongadas* (Madrid 1876) hay un apéndice sobre *Brujerías vascongadas* (página 267).

En las *Leyendas vascongadas*, por don José María de Goizueta (Madrid, Imprenta de F. García Padrós, 1851), hay una leyenda con el título de Aquelarre.

Lo que se hizo por los inquisidores de Calahorra para averiguar el mal trato y vivienda de las brujas (Biblioteca, ms., V. 99, página 259).

Relación de la visita que hizo en Vizcaya el doctor don Lope de Isasti, Beneficiado de Lezo, sobre las brujas de Cantabria: noticia de las que castigó don fray Prudencio de Sandoval en Navarra la Baxa (Biblioteca Nacional, ms, G. 115, página 129).

tenía a su servicio un espíritu familiar en figura de sapo, con obligación de vestirle, calzarle y tratarle con todo amor y reverencia. Este sapo les suministraba el ungüento para volar y les despertaba antes de la hora del aquelarre.

Cerca de éste, pero con absoluta separación, había un plantel de niños brujos, que se divertían bailando juntos hasta que les llegase la edad de renegar y ser admitidos en los misterios.

Las aficiones gastronómicas del demonio son tan abominables como todo lo demás: gustaba mucho de sesos y ternillas de ahorcados, y para procurárselas recorren sus familiares los cementerios y mutilan los cadáveres de los maleficiados.

Descubrióse este foco de malas artes por declaración de una muchacha de Hendaya que había ido varias veces al aquelarre, pero que no quiso pasar de la categoría de las novicias. Ella dio el hilo para descubrir a todas las restantes, y así fueron encarcelados: María de Zuzaya, la principal maestra y dogmatizadora; María de Iurreteguia, a quien habían catequizado sus tías María y Juana Chipía; Miguel de Goiburu, rey de los brujos del aquelarre y famoso tempestario o movedor de tormentas en los mares de san Juan de Luz; su hermano Juan de Goiburu, que era el tamborilero de la reunión, salvaje, ebrio y feroz, que confesó haber matado a su propio hijo y dado a comer su carne a los demás brujos; su mujer, Graciana de Barrenechea, que por pendencia de amor y celos con el demonio envenenó a Mari-Juana de Oria; Juan de Sansin, que solía tañer la flauta mientras los demás tertulianos se entregaban a sus bestiales lujurias; Martín de Vizcay, ayo o mayoral de los novicios; las dos hermanas Estefanía y Juana de Tellechea, famosas infanticidas; el herrero Juan de Echaluz y María Juancho, de la villa de Vera, matadora de su propio hijo.

El lector me perdonará que no insista más en este repugnantísimo proceso, extraño centón de asquerosos errores. Todos los acusados se confesaron no solo brujos, sino sodomitas, sacrílegos, homicidas y atormentadores de niños, y todos ellos merecían mil muertes; a pesar de lo cual la Inquisición solo entregó al brazo seglar a María de Zuzaya, que así y todo no murió en las llamas, sino en el garrote.

La impresión de este auto con todas sus bestialidades contristó extraordinariamente el ánimo de uno de los más sabios varones de aquella edad y de España, el insigne filósofo, teólogo, helenista y hebraizante Pedro de Valencia, discípulo querido de Arias Montano. El cual dirigió entonces al cardenal inquisidor general, don Bernardo de Sandoval y Rojas, su admirable *Discurso sobre las brujas y cosas tocantes a magia*, escrito con la mayor libertad de ánimo que puede imaginarse. En él mostró lo incierto y contradictorio de las confesiones de los reos, las más arrancadas por el tormento; y, dando por supuesta la posibilidad del pacto diabólico y de la traslación local, mostró mucha duda de que Dios lo permitiera, y aconsejó la mayor cautela en los casos particulares, como quiera que podían depender de causas naturales, v. gr., el poder de la fantasía, la virtud del ungüento, etc. Ni le parecía necesario el pacto para explicar los crímenes de los brujos, sus homicidios y pecados contra natura, pues muchos otros los cometen sin tal auxilio. Por eso se inclinaba a creer que algunas operaciones de los brujos son ciertas y reales, pero no sobrenaturales; que otras pasan solo en su imaginación, y que otras son embustes de los reos, torpemente interrogados por los jueces. En la segunda especie pone los viajes aéreos y todo lo concerniente al aquelarre, que mira como una visión semejante a las que disfrutaban los sectarios del Viejo de la Montaña, y nacida quizá de estar compuesto el unto que las brujas emplean «de yerbas frías como cicuta, solano, yerba mora, beleño, mandrágora, etc.», que, según Andrés Laguna en sus anotaciones a Dioscórides, no solo producen efectos narcóticos, sino visiones agradables. De todo esto infería Pedro de Valencia que debía el Santo oficio obrar con mucha cautela en cosas de hechicería, redactar una instrucción y formulario especial, no relajar a ningún mal confitente, ya que todas las pruebas eran falibles, y no imprimir las relaciones y extractos, por ser curiosidad malsana, perjudicial y escandalosa. Tal es, en sustancia, la doctrina de este discurso, todavía inédito por desgracia, exornado con peregrina erudición acerca de la magia de los antiguos y con la traducción en verso castellano de un largo trozo de *Las bacantes*, de Eurípides, en que se describe algo semejante a un aquelarre.[144]

Nada contribuyó tanto como este discurso del autor de la Académica a la creciente benignidad con que procedió el Santo oficio en causas de brujería. En adelante se formaron pocas y de ninguna importancia, no se relajó a casi nadie por este crimen, no hubo autos particulares contra él; se redactó una ins-

---

144 Hay varias copias del *Discurso*, una de ellas en los manuscritos de la Biblioteca Nacional.

trucción especial, como quería Pedro de Valencia, y la secta fue extinguiéndose en la oscuridad. A fines del siglo XVII no era más que un temeroso recuerdo.[145]

---

145 Artes Mágicas. Siglo XVII. Astrología judiciaria.
«Contra el licenciado Gonçalez, catedrático de mathematicas en Salamanca y contra Luis Rosicler, bordador y pintor, vecino de Madrid.
»En la villa de Almorox en tres días del mes de mayo de mil y seysçientos y çinco a os aviendo tenido el señor Inquisidor licenciado don Gaspar de Quiroga relaçión de qe es necesario ver y visitaros los sanbenitos que ay en las iglesias de la villa de Ecalona...
»Y asimismo por quanto Gaspar de Montemayor, contador mayor del marqués de Vilena, que reside en la dicha villa de Escalona, vino a comunicar ciertas cosas de qe *un Rosicler bordador, vecino de la villa de Madrid*, so color de astrología alça figuras, y diçe algunas cosas de los sucesos por venir de que el dicho Gaspar de Montemayor dijo averle pedido en su nombre y de otras personas lo hiciese y alçase juyço sobrello, y porque al tiempo y quando lo comunicó con el señor Inquisidor era en el campo y adonde no se pudo escriuir y ser tarde y estar de camino el dicho Montemayor, y por ser lo susodicho de las cosas prohibidas por el Santo oficio y de las que e han leydo y publicado en el edicto general, y aviendome hallado presente a lo dicho con el señor Inquisidor cometió a mi el dicho secretario examine en forma al dicho Gaspar de Montemayor cerca de lo susodicho... y para lo susodicho y sobre lo mismo de un licenciado Gonçalez, catedrático en Salamanca... El licenciado don Gaspar de Quiroga. Ante mí Mathias Barrantes de Aguilera, Secretario.»
«En la villa de Escalona en 4 dias del mes de marzo de 1604 años ante mi el presente secretario y ante Juan Romo de Aguero, comissario del Sato Oficio de la Inquisición, en virtud de la comission del Santo oficio paresçió llamado y juró en forma de derecho y prometió decir verdad un hombre que siendo preguntado dijo llamarse Gaspar de Montemayor, contador mayor del marqués de Villena y vecino de Escalona, de edad que dijo ser de quarenta y cinco años, y siendole dicho diga y declare lo que de su boluntad fue a decir y declarar ante el señor Inquisidor licenciado don Gaspar de Quiroga en la villa de Almorox el lunes último de febrero cerca de ciertos juicios y figuras que dijo haber levantado un vecino de Madrid y el licenciado Gonçalez, catedrático de mathematicas en Salamanca:
»Dijo que aviendo leydo el edicto de la fee que se publicó en la iglesia parroquial de san Martín desta villa a beynte de febrero deste presente año entendió por él estava prohibido la judiçiara, respecto de lo qual le pareçió tenía obligación de dar noticia de algunas cosas cerca de lo dicho al su Inquisidor don Gaspar de Quiroga, y éste fue a la villa de Almorox a ello y trató con el dicho señor Inquisidor y ante el presente secretario todo lo que se le ofreçía en raçon de la dicha judiçiaria, que son las cosas siguientes:
»Lo primero que había diez o doce años que el licenciado Gonçalez susodicho le alçó figura a este testigo sobre su nacimiento y se la dio por escrito, al qual no vido como la avia alçado, y aunque este testigo la tomó no dio crédito a lo que allí decía tenía efecto como despues lo vido por lo que sucedió en los años siguientes, que aunque en algunas

Con todo eso, la acusación de nigromantes siguió formulándose de tiempo en tiempo sobre todo como instrumento político, en causas de ministros y grandes señores. Así se acusó de hechicería a don Rodrigo Calderón y al conde-duque de Olivares, y así lograron triste celebridad, a fines de aquel mismo siglo, los

> acertó en otras muchas erró —el qual residia a la saçon en Madrid y aora entiende reside en Salamanca— y que tambien oyo decir alço figura el marqués de Villena, que hoy es, sobre su nacimiento, y vio el papel de las cosas que iba juzgando en él, y que ha entendido y oydo que el dicho licenciado Gonçalez es persona que lo saue hacer y lo hacía en aquel tiempo —y que este es un hombre que ha oido decir que el Consejo Real de Castilla le llamó quando se mudava la corte sobre cierto juycio que había hecho y que lo (que) toca al papel cerca destos juycios, así el que fue del suyo y el del marqués, no sabe hoy dellos— y asi mismo dijo al Señor Inquisidor que Luys Rosicler, bordador y pintor, vecino de Madrid, es tambien mathematico y que usa de judiciaria, y este declarante le ha pedido ale figura de su nacimiento y del marqués de Villena dicho y de otras personas, y asi mismo que la alçó del suceso de algunos caminos que han de tener del marqués y pleytos de otras personas y lugares, y otras cosas, y él lo ha hecho algunas veces delante deste testigo en la forma y como suele juzgarse por la ciencia de matemática y los juycios que ha hecho algunos han salido verdaderos y otros no; y que este declarante nunca creyó que había certeza en esto, asi porque en lo que tocava al libre albedrio save y tiene por fee que no tienen fuerça las estrellas sino que el sabio predomina sobre ellas y puede librarse de cualquiera ynclinación mala que ellos le ynfluyen, y tambien porque los secretos juycios de Dios pueden mudar y encaminar las cosas diferentemente de como los astros y planetas ynfluyen demás de que entiende de que son pocos los que saben bien la ciencia de la mathematica y que con ella no alcanza muchos secretos de la fuerça que más estrellas y otras tienen como se ve por los juycios que andan de los temporales, que las más veces salen mentirosos con ser en lo que más podian acertar: y que por no saber estava prohibido por el santo oficio esta ciencia habia tenido curiosidad de preguntar lo que aquí ha declarado y que como ha dicho no le dio crédito ni aora se le da tampoco, antes ha dicho muchas veces lo tiene por burlería, aunque ha tenido, como ha dicho, curiosidad de preguntar.
> »Preguntado que en qué forma alzaba las figuras el dicho Rosicler, pues de tantas veces alguna lo veria o entenderia como era.
> »Digo que en un papel hazia con la pluma un quadrado y en él dos triángulos encontrados con que quedaban doce casas divididas dentro del quadrado, y en ellos conforme el día del nacimiento y la hora o en lo que se preguntaba lo que se queria saver, mirava el signo o planeta que reynaba y los ponia en alguna de aquellas casas, y todos los demás, por la orden que están en los cielos, los yva poniendo or los caracteres que son conoscidos y luego yva juzgando conforme hablaba las posura en ellos dando raçon en lo que yva

hechizos de Carlos II, en que por ser tan conocidos no quiero insistir. Y la acusación de nigromante docto, semejante al doctor Torralba, recayó, v. gr., en el noble y piadoso caballero montañés don Juan de Espina, de quien trazó Quevedo, al fin de los *Grandes anales de quince días*, un tan magnífico retrato, diciendo de él, entre otras cosas, que «hizo tan delgada inquisición en las artes y ciencias, que averiguó aquel punto donde no puede arribar el seso humano». Personaje

---

diciendo de que por estar en aquella forma oda planeta significaba lo uno u lo otro y que este testigo oyo decir que cuando qería verificar —lo más se ayudaba de algunas regllillas que él sabía— y que esto es quanto de Rosicler, y que en cuanto al licenciado Gonçalez nunca le vio en la frma que lo hacia...

»Escalona (recibida en 16 de março de 1605 en Almorox). Gaspar de Montemyor, contador del marqués de Villena. En 1.º de Set. de 1605. Suspenso.»

«Cuando declaré por escrito lo que savia del lycenciado Gonçalez y Luis Rosicler en razon de la judiciaria me acuerdo se me preguntó si sabia que se havien hecho los papeles que havia juzgado el licenciado Gonçalez y dije que no, y es asi; y aunque en lo que tocaba a lo que havie juzgado Rosicler no se me preguntó por sus ppeles, despues aca reparé en esto y con cuydado miré un escritorio y he allado algunos papeles de los que Rosicler juzgó, que son sobre mi nacimiento y el de mis hijos en la forma que el que va con este, y por él berá V. m. de la manera que el ombre alça las figuras y las juzga, y si V. m. le pareciere que conviene se lleven los demás, que son en esa forma, los ymbiaré... Escalona, 13 de março, 1605.

Gaspar de Montemayor.»

(Un cuadrángulo en el centro, a su izquierda varios signos, y a la derecha, el nombre Antonio, que era el hijo del contador para quien se alzaba esta figura.)

«Sagitario por acsendens (sic) tendrá el mirar honesto, la cabeza no muy gruesa, el rostro lleno, hermosa nariz, los dientes bueras (sic) y cortos, tendrá una herida en la parte siniestra de la cabeça y en la parte alta, será muy ligero, tendrá una señal en las partes bajas, pelo negro, el rostro tirante a cetrino, será de engenio agudo y constante y firme y por tanto querá mucho a los sabios y prudentes y amigo de converçar con ellos. En que sea cupido y enclinado, a la abaricia será estudioso, amigo de las cosas buenas, liberal, no será amigo de tener los bienes ajenos, será poderoso, vendrá a grande honor, será un poco arogante, será facil a engañar, será vengativo, tratará mal de palabras a sus enemigos, será adquirido a adquerir riquezas y guardallas, ynclinado a Venus, en que algunas veces no podrá cumplir su deseo por alguna ingurança (sic) de Saturno que tiene en este lugar: tendrá l'alma más luxuriosa quel cuerpo, entre las viandas será inclinado a las jervas y cosas de ençaladas, tendrá una enfermedad larga, tendrá dolor en el coraçón, tendrá tres grandes enfermedades la primera a veinte, la segunda cuarenta y siete, la tercia a ochenta años, se berá en grande honra, tendrá algunos trabajos y parece que morirá de muerte súbita, por tener el Señor de la oposición preudenta (sic) en el açedente, será mordido por

ciertamente digno de más honrada suerte que la de haber servido de protagonista a dos comedias de magia de Cañizares, *Don Juan de Espina en su patria* y *Don Juan de Espina en Milán*, donde aquel taciturno filósofo cristiano aparece convertido en redomado brujo y nigromante.

III. La hechicería en la amena literatura

Estudiada ya la hechicería en los libros que de propósito la combaten y en los procesos que nos la muestran en la vida real, fáltanos solo indicar cómo influyen estas creencias y prácticas supersticiosas en el arte literario. La materia es amena y pudiera dar motivo para un largo estudio; pero me limitaré a breves indicaciones, que pongan de manifiesto la absoluta conformidad de lo que describen poetas y novelistas con lo que arrojan las causas inquisitoriales y los libros de los teólogos. Siempre vendremos a parar a la misma conclusión: las artes mágicas tienen menos importancia y variedad en España, tierra católica

---

algún animal, y guardase (sic) de alguna mujer que le causara moncho (sic) mal y en quiça destiero, será benturoso en cosas de la iglesia romana, tendrá fiebres éticas y enfermedad en el pulmón, tendrá siempre seis meses buenos y luego otros seis meses malos, pasará mucho trabajo en los caminos largos...»

Siguen otros desatinos semejantes en pésimo castellano, que revela a las claras el origen francés del astrólogo.

«En la audiencia de la mañana de la Inquisición de Toledo en primero día del mes de Setiembre de 1605 años, estando en ella los señores inquisidores licenciados don Pedro de Girón y don Gaspar de Quiroga y don Francisco de Muxica, vieron la testificación recluida contra el licenciado Gonçalez y contra Luys Rosicler... y conformes dixeron que esta causa se suspenda, y lo señalaran.» (Archivo Histórico Nacional. Inquisición de Toledo, leg. 87, n.º 105.)

Publicado por don Cristóbal Pérez-Pastor (*Proceso de Lope de Vega...* [Madrid, Fortanet, 1901], páginas 270-278).

Este mismo Luis Rosicler o un hijo suyo del mismo nombre, íntimo amigo de Lope de Vega, es autor del horóscopo de este gran poeta publicado en la *Proceso de Lope de Vega*, Troyes (Tricassibus), 1618, que por su curiosidad reproduzco a la letra, como ya lo hizo el señor Pérez Pastor:

«Ex iudicio astronomico Ludouici a Rosicler, natione galli.»

«Erit (Lupus a Vega Carpio) modesto vultu, imaginativo, licet alacri, fideli, pudibundo et liberali; procerae staturae; plerisque gratus, comis, ingeniosus, prudens, peritus, poeta; in magni ingenii homines affectus. Loquetur magna cordis vehementia, suavissima tamen linguae pronuntiatione; illum invidia insectabitur, sed temporis sucessu se hostium vic-

por excelencia, que en parte ninguna de Europa y todavía influían menos y eran menos temibles en el siglo XVI que lo habían sido en la Edad media.

Hay con todo en nuestra literatura novelesca una rama bastante fecunda: la de celestinas o libros lupanarios, en que la heroína tiene invariablemente puntas y collares de bruja y encantadora. Pero su carácter principal no es ése, ni los autores insisten en él. La brujería de las celestinas no es más que pretexto y capa de las malas artes del lenocinio, y en los procedimientos mágicos hay tan poca variedad, ya por falta de inventiva de los autores, ya porque la vida real no diera

---

torem sentiet (Et paulo inferius.) Ingenio erit admodum subtili nec subtili tantum sed etiam firmo et constanti; licet aliquid crassi ob aliquos improvisae iracundiae impetus admissuro; illum magni facient potentiores, et eum unusquisque ad virtutis et liberalitatis famam mutua commendatione protrudet.»

Este Rosicler amigo de Lope, ¿será, por ventura, el César de la *Dorotea*, que había estudiado astrología con el portugués Bautista Lavaña (maestro de matemáticas y astrología de Lope de Vega por los años de 1582 a 1584)?

César: «Yo soy amigo vuestro hasta las aras: en qué os sirvo?».

Fernando: «Alzad una figura para que veamos qué fin prometen estos sucesos».

César: «Interrogaciones no se pueden hacer, y es muy justo prohibirlas, pero yo tengo hecha una figura de nuestro nacimiento y solo me faltaba juzgarla». (*La Dorotea* acto 5 esc. 3.)

En la misma escena se cita a Livinio Lemno de la verdadera y falsa Astrología, pero Lope, a pesar de las salvedades cuerdas y ortodoxas que hace acerca de la pretendida ciencia que procura adivinar los futuros contingentes, parece ya que no imbuido, algo preocupado por la astrología judiciaria.

Más claramente se ve esto en la escena octava del mismo acto, en que César declara su pronóstico (autobiografía de Lope, compendio), a la cual preceden estas saludables advertencias de sus amigos.

—«Miradlo en aquel lugar de Jeremías: "No seáis como los gentiles, ni aprendáis sus caminos, ni temáis las señales del cielo, porque las leyes de los pueblos son vanidades".

—»Lo mismo dice Isaías por los que se daban a la curiosa observación de las estrellas: "Sálvente los adivinos del cielo, que contemplan las estrellas, para anunciar las cosas futuras, porque ya, como si fueran aristas, los ha consumido el fuego".»

César: «Bien lo veo, Julio, bien conozco y sé que la misma verdad dixo, que no fuessemos solícitos en inquirir la observación de las cosas futuras; y os aseguro, que siempre me desagradaron, y parecieron temerarias las predicaciones de lo que Dios inescrutable tiene prescrito en su mente eterna. Esto estudié en mi tierna edad del doctissimo portugués Juan Bautista de Labaña, y solo tal vez juzgo por curiosidad, y no de otra suerte, algún nacimiento; pero no respondo a las interrogaciones por ningún caso. El hombre no se hizo por las estrellas, ni el libre albedrío les puede estar sujeto».

más de sí, que después de recorridos escrupulosamente casi todos estos libros, desde *La segunda Celestina*, de Feliciano de Silva, hasta *La tercera*, de Gaspar Gómez de Toledo, y la *Tragicomedia de Lisandro y Roselia*, y la *Policiana*, y la *Selvagia*, y la *Eufrosina*, y la *Florinea*, ninguna novedad encuentro en ellas digna de registrarse en esta historia de las artes mágicas, puesto que los conjuros y las recetas y las operaciones mágicas están servilmente calcadas en las de Fernando de Rojas, de que dimos larga cuenta y razón tratando del siglo XV.

El *Crotalón* puede servir de comentario a lo que dejamos escrito de las brujas de Navarra, si bien se ve que el autor imita muchos rasgos de Luciano y mezcla reminiscencias clásicas con historias de su tiempo. Los cantos 5 y 7 contienen la historia de un noble y vicioso mancebo que, yendo al socorro de Fuenterrabía en 1522, tuerce el camino, como el héroe de Apuleyo, por haber sabido que «las mujeres de Navarra eran grandes hechiceras y encantadoras, y que tenían pacto y comunicación con el demonio... y eran poderosas en pervertir los hombres y aun convertirlos en bestias y piedras, si querían». El mancebo, movido de curiosidad, iba deseoso de topar con alguna, cuando su mala suerte le deparó un caminante, que comenzó a loarle la hermosura y el mágico poder de una vecina suya: «Llama ella al Sol y obedece: a las estrellas fuerza su curso, y a la Luna quita y pone su luz, conforme a su voluntad. Añubla los ayres y haze, si quiere, que se huellen y paseen como la tierra. Al fuego haze que enfríe y al agua que queme... De día y de noche va por caminos, valles y sierras a hazer sus encantos y a coger sus yerbas y piedras y hazer sus tratos y conciertos». Cae en el lazo el caballero, y se deja conducir a un palacio encantado, donde vive algunos meses en ocio torpe, olvidado de sí mismo y de su fama, como Rugiero en casa de Alcina o Reinaldo en los jardines de Armida.

La primera comedia española que se adorna con encantamientos y entra plenamente en el género que después se llamó la magia es la *Armelina*, desatinadísima farsa de Lope de Rueda, en que un morisco granadino, Muley Búcar, grande hechicero, conjura a Medea y a Plutón, en híbrida mezcolanza de ritos clásicos y de otros contemporáneos del autor. Hay fórmulas curiosas de conjuro:

> Que no le empezca el humo ni el zumo,
> ni el redrojo ni el mal de ojo,
> torobisco ni lentisco,

> ni ñublando que trayga pedrisco.
> Los bueyes se apacentaban
> y los ánsares cantaban;
> pasó el ciervo prieto por tu casa
> de cabeza rasa;
> y dixo: No tengas más mal
> que tiene la corneja en su nidal.
> Así se aplaque este dolor
> como aquesto fue hallado
> en barco de tundidor.

Otras comedias del mismo autor y de sus discípulos y secuaces son meras imitaciones italianas, y no pueden tomarse por reflejo de las costumbres españolas del tiempo, a no ser en algunos incidentes del diálogo. Así, por ejemplo, la *Cornelia*, de Juan de Timoneda, imitación de *El nigromante*, de Ariosto, y la *Aurelia*, obra también de Timoneda, que en ella se propuso

> ...esquivar pasos de amores,
> y tomar nueva invención;

reduciéndose todo el argumento al hallazgo de un tesoro con ayuda de un anillo mágico; cuento vulgarísirno.

Juan de la Cueva, ejemplo insigne de facilidad desastrosa y abandonada, prodigó en todas sus informes comedias, y especialmente en *La constancia de Arcelina* y en *El informador*, los recursos mágicos, buenos para deslumbrar los ojos con tramoyas y apariencias y henchir los oídos con retumbantes conjuros en octavas reales y estancias líricas, que, a juzgar por las alusiones mitológicas, no eran, de seguro, los que usaban los brujos de entonces:

> Agora es tiempo, ioh tú Plutón potente!,
> que des lugar al fuerte encanto mío,
> sin que impida ningún inconveniente
> lo que demando y lo que ver confío,
> y es que envíes con priesa diligente

> un alma de tu estigio señorío
> a ver la luz del mundo que aborrece
> y a declarar un caso que se ofrece.
> Por virtud que tiene
> esta esponjosa piedra
> desde el nevado Cáucaso traída
> que en este vaso viene;
> por esta blanda yedra,
> que en la cumbre del Hemo fue cogida,
> que al punto sea movida
> tu voluntad al ruego,
> etc., etc.

Pero he aquí otra fórmula de conjuro menos clásica y más morisca, que no creemos invención de Cervantes (quien la pone en sus *Tratados de Argel*), sino oída por él a algún embaucador callejero:

> Rápida, ronca, run, ras, parisforme,
> grandura denclifax, pantasilonte.

Necedad fuera buscar algún sentido en este género de ensalmos. El uso de palabras exóticas, campanudas y vacías de sentido era uno de los medios más eficaces para embobar al vulgo, sin que esto arguya tradición, ni etimología, ni misterio alguno.

En ninguno de nuestros novelistas y dramaturgos del gran siglo puede estudiarse lo que fueron las artes mágicas tan bien como en la rica galería de las obras de Cervantes, hombre de ingenio tan vario y rico como la misma naturaleza humana, de que fue fidelísimo intérprete. Cierto que a veces idealizaba de sobra, a despecho de su idiosincrasia realista; y tomó, por ejemplo, de la vida y de las costumbres de su siglo el tipo de Preciosa, la gitanilla aguda y discreta, decidora de la buena ventura, la transfiguró y hermoseó de tal suerte, que en vano hubiera sido buscar por las plazas de Sevilla o de Madrid el original del retrato. Como quiera que sea, y aparte de sus buenaventuras y adivinanzas, la gitanilla cervantesca usaba ensalmos para preservar del mal del corazón y de los vaguidos de cabeza, y Cervantes nos ha conservado los términos del conjuro, tomados probablemente de la tradición oral, y sujetos, como siempre, a forma rítmica:

> Cabecita, cabecita,
> tente en ti; no te resbales
> y apareja los puntales
> de la paciencia bendita...
> Verás cosas
> que toquen en milagrosas;
> Dios delante
> y san Cristóbal gigante.

El *Coloquio de los perros*, obra maestra del diálogo lucianesco en castellano, es un tesoro para la historia de la *nigromancia* hasta por la novedad y audacia de las ideas del autor, que se acercan mucho a las de Pedro de Valencia. Cervantes nos da peregrinas noticias de la Camacha, de Montilla, «tan única en su oficio que las Eritos, las Circes, las Medeas, de que están las historias llenas, no la igualaron: ella congelaba las nubes cuando quería, cubriendo con ellas la faz del Sol, y cuando se le antojaba, volvía sereno el más turbado cielo: traía los hombres en un instante de lejanas tierras: descasaba las casadas y casaba las que quería: por diciembre tenía rosas frescas en su jardín, y por enero segaba trigo: esto de hacer nacer berros en una artesa, era lo menos que ella hacía, ni el hacer ver en un espejo o en la uña de una criatura los vivos o los muertos que le pedían que mostrase: tuvo fama que convertía los hombres en animales, y que se había servido de un sacristán seis años en forma de asno, real y verdaderamente». Todo esto lo refiere la Cañizares, discípula querida de la Camacha, aunque inferior a ella en lo de «entrar en un cerco con una legión de demonios». «Vamos a ver al demonio —añade— muy lejos de aquí, a un gran campo, donde nos juntaremos infinidad de gente, brujos y brujas... y hay opinión que no vamos a estos convites sino con la fantasía, en la cual nos representa el demonio las imágenes de todas aquellas cosas que después contamos que nos han sucedido: otros dicen que no, sino que verdaderamente vamos en cuerpo y en ánima, y entrambas opiniones tengo para mí que son verdaderas, puesto que nosotras no sabemos cuándo vamos de una o de otra manera, porque todo lo que nos pasa en la fantasía es tan intensamente, que no hay diferenciarlo de cuando vamos real y verdaderamente... El ungüento con que nos untamos es compuesto de jugos de yerbas, en todo extremo frías, y no es, como dice el vulgo, hecho con la sangre de los niños que ahogamos. Y son tan frías que nos privan de todos los sentidos en untándonos con ellas; y quedamos tendidas y desnudas en el suelo, y entonces dicen que en la fantasía pasamos todo aquello que nos parece pasar verdaderamente.» La descripción que sigue de los untos de la Camacha y de la espantable y horrenda figura que hacía tendida en el suelo es de un realismo que frisa en los límites de lo repugnante. Y el autor cierra su cuento declarando que tiene todas estas cosas por «embelecos, mentiras o apariencias del demonio», y que «la Camacha fue burladora falsa, la Cañizares embustera y la Montiela tonta, maliciosa o bellaca»; prudente y saludable escepticismo, hermano gemelo del de Pedro de Valencia, cuando sostuvo en su *Discurso* ya citado que, «aunque ciertos prodigios y transformaciones no sean imposibles a los ángeles malos, es lícito, prudente y debido examinar cada caso en particular, debiéndose presumir que ha sido por vía natural, humana y ordinaria, sin necesidad forzosa de acudir a milagro que exceda el curso natural de las cosas».

El mismo espíritu positivo y práctico que llevó a Cervantes a enterrar bajo el peso de la parodia toda la literatura fantástica, sobrenatural y andantesca de los tiempos medios, respira en la aventura de la cabeza encantada de Barcelona, remedio evidente del mágico busto que la tradición suponía fabricado por Alberto el Magno. No hay encantamiento, ni transmigración, ni viaje aéreo que resista al poder de la cómica fantasía que creó la cueva de Montesinos, encantó a Dulcinea y montó a sus héroes en Clavileño, parodiando la nocturna expedición de Torralba a Roma. Decididamente, la Edad media se iba con todo su cortejo de supersticiones, y quien la ahuyentaba del arte era un español, hijo predilecto de la raza menos supersticiosa de Europa. Y, sin embargo, cuando en su vejez hizo un libro de aventuras, especie de novela bizantina, imitación de Heliodoro, tejida de casos maravillosos, no dudó, sin duda por debilidad senil, en acudir a los prestigios algo pueriles de la magia, y colocó en las regiones del Norte, por él libremente fantaseadas, hechiceras y licántropos que mudan de forma mediante la efusión de sangre. «Cuéntase dellas que se convierten en lobos, así machos como hembras, porque de entrambos géneros hay maléficos y encantadores. Como esto pueda ser yo lo ignoro... lo que puedo alcanzar es, que todas estas transformaciones son ilusiones del demonio, y permisión de Dios, y castigo de los abominables pecados deste maldito género de gente.» (*Persiles*, lib. 1, cap. 8.)

Quien atentamente siga el rastro de este linaje de costumbres en los dos géneros eminentemente populares, la novela y el teatro, no dejará de detenerse en los novelistas pastoriles, que desde la *Diana*, de Jorge de Montemayor, hasta la *Arcadia*, de Lope de Vega, sacaron gran partido del agua encantada de la sabia Felicia y de la cueva de Anfriso, sirviéndose de sus agüeros y presagios como de *Deus ex machina* para desatar la mal hilada trama de sus fábulas. Y más se fijará en los novelistas picarescos y en los llamados ejemplares, que al fin y al cabo son espejo de un estado social, y reproducen, a veces con fotográfica exactitud más bien que con arte, las escenas que pasaban a su vista y lo que el vulgo de su tiempo creía. No falta entre ellos, por el extremo contrario, quien propenda a lo tétrico y melancólico, y aún se complazca en nebulosas visiones, que no parecen nacidas en nuestro clima. Así, doña María de Zayas, en algunas de sus novelas cortas, especialmente en *La inocencia castigada*, que se funda toda en los efectos sobrenaturales de la magia; y así, don Gonzalo de Céspedes y Meneses, escritor culterano, pero de grande inventiva, en aquellos misterios de la mula encantada de don Francisco de Silva y de la tempestad, que constituyen uno de los más extraños episodios de su *Soldado Píndaro*. Pero lo general es que nuestros noveladores tomen la magia por asunto de broma, y así reaparece, tras de los años mil, el espíritu cojo, inspirador de Virgilio Cordobés, en la redoma que quiebra el fugitivo escolar don Cleofás Pérez Zambullo, héroe de Luis Vélez y de Le Sage.

Entre nuestros dramáticos, Alarcón tuvo amor especial a la magia como recurso escénico y aun como nudo de la acción. *La cueva de Salamanca*, comedia de estudiante, ya analizada en nuestro primer tomo, hasta contiene una discusión en forma escolástica sobre las artes ilícitas. *Quien mal anda* no es otra cosa que el proceso del morisco Román Ramírez. *La prueba de las promesas* es el cuento de don Illán y *El deán de Santiago*, convertido en drama. *El anticristo* obra sus maravillas con el poder de la *nigromancia*. En *El dueño de las estrellas*, la superstición sideral interviene mucho en el destino de Licurgo. Y aun pudieran citarse otros ejemplos, todos los cuales reunidos, quizá excedan en número a los que puedan sacarse de Lope, Tirso y Moreto.[146]

La antigua leyenda de nigromante convertido y mártir, del san Cipriano de Antioquia, distinto del de Cartago, fue sublimada hasta las más altas esferas de la concepción dramática por el autor de *El mágico prodigioso*. La relación entre este argumento y la leyenda germánica de Fausto es evidente e indisputable, no solo por intervenir en ambas el pacto diabólico, sino por ser un sabio quien lo hace y por tratarse de la posesión de una mujer. Y aun pueden notarse muy

---

[146] En el acto 1 esc. 2 de la *Tragicomedia de Lisandro y Roselia* (compuesta por Sancho de Muñoz, que llegó a ser rector de la Universidad de Salamanca) se enumera, entre los objetos de que la hechicera se valía para sus encantamientos: «Hieles de perro negro macho y de cuervo, tripas de alacrán y cangrejo, meollos de raposa del pie izquierdo, pelos del cabrón, sangre de murciélago, estiércol de lagartijas, huevos de hormigas, pellejos de culebras, pestañas de lobo, tuétanos de garza, entrañuelas de torcecuello, raturas de ara, ciertas gotas de ólio y crisma, zumos de poenía, de celidonia, de sarcoloca, de tryaca, de hypericón, de recimillos... la oración del cerco, que es ésta: Avis gravis, seps sipa, unus, infans, virgo, coronat».

Se alude también a la superstición de encender candelillas de cera después de las doce de la noche.

La Gerarda de Lope (en la *Dorotea*), celestina algo adecentada y morigerada para un público más culto, si no más honesto, conserva todavía rastros de los hechicerías y prácticas supersticiosas.

Acto 1 esc. 2: «¿Qué niño no ha curado de ojos?... ¿Qué hierba no conoce?...» Añade a las hierbas que conoce, «las havas que exercita, y en vez de las bendiciones los conjuros que sabe...»

Acto 2 esc. 4. Dice la misma Gerarda: «¡Bueno va esto, no me engañaron el chapín y las tixeras: diferente está Dorotea de lo que solía!»

Acto 2 esc. 6. Gerarda: «La noche de san Juan VI grandes cosas en un orinal de vidrio... Toribio dixo: montañés será tu marido.»

Acto 5 esc. 6. Gerarda: «Por curiosidad supo algo (de hechicería); pero ya ni por el pensamiento y te puedo jurar con verdad que ha más de seis días que no he tomado las tabas en las manos...»

«Mira, niña, bien se puede Atraher la voluntad con hierbas y piedras naturalmente.»

Dorotea: «¡Ay tía, qué grande engaño querer que la virtud de las cosas que tienen cuerpo se impriman en las potencias del alma!»

Acto 5 esc. 10. Dorotea: «Fuime desde allí, en casa de la Marina... Hallé la que estaba sembrando unas valerianas para unas amigas, atando en la raíz un hilo de oro con unas perlas.»

En la misma escena se alude a la superstición de tener en casa gatos negros.

estrechas semejanzas entre ambas historias y las *Actas de los santos Luciano y Marciano*, de Nicomedia, que malamente se han atribuido a España.

En sus comedias de intriga y de costumbres, o de capa y espada, por ejemplo, en *El astrólogo fingido*, y en *La dama duende*, obras una y otra de ingenio juvenil y ameno, Calderón se muestra muy sazonadamente incrédulo acerca de trasgos, aparecidos e influjo de los cuerpos celestes. De los duendes, que tanto dieron que especular al padre Fuente la Peña, opina nuestro gran dramático que

>   El hurto de amor los finge
>   y los canoniza el miedo.

Y no de otro modo, su discípulo don Agustín de Salazar y Torres redujo a encanto sin encanto la hechicería en la discreta comedia que llamó *La segunda Celestina*, mostrando con bien trazada fábula que el hechizo mayor es la hermosura. Y no mucho después, en los últimos años del siglo XVII, si ya no en los primeros del XVIII, uno de los últimos imitadores felices de la escuela calderoniana, don Antonio de Zamora, entregó a la befa del público en una comedia de figurón, recargada y caricaturesca, pero rica de chistes de buena ley, los hechizos de Carlos II trocados en los del fantasmón don Claudio, y en la lámpara de Lucigüela, que lentamente le iba chupando el olio vital.

Epílogo. Resistencia ortodoxa

I. La casa de Austria en sus relaciones con el luteranismo. Supuesta herejía de doña Juana la Loca, Carlos V y el príncipe don Carlos. II. Espíritu general de la España del siglo XVI. Reformas de órdenes religiosas. Compañía de Jesús. Concilio de Trento. Prelados sabios y santos. III. La Inquisición. Supuesta persecución y opresión del saber. La lista de sabios perseguidos, de Llorente. IV. Prohibición de libros. Historia externa del *Índice expurgatorio*. V. El *Índice expurgatorio* internamente considerado. Desarrollo de la ciencia española bajo la Inquisición

I. La Casa de Austria en sus relaciones con el Luteranismo. Supuesta herejía de doña Juana la Loca, Carlos V y el príncipe don Carlos

Llego al fin de mi exposición histórica de las disidencias religiosas del siglo XVI con el remordimiento y el escrúpulo de haber dedicado tan largas vigilias a tan ruin y mezquino asunto. Solo la curiosidad erudita me ha sostenido en esta fatigosa labor, donde, fuera de los nombres de Juan de Valdés y de Miguel Servet, insignes el uno entre los lingüistas y el otro entre los fisiólogos, ni una figura simpática, ni una idea nueva y generosa, se han atravesado, en mi camino. ¡Pobre de España si España en el siglo XVI hubiera sido eso! Un grupo de disidentes, sectarios de reata los más, mirados con desdén y con odio, o ignorados en absoluto por el resto de los españoles, es lo que he encontrado. Originalidad nula; estilo seco y sin poder ni vida; lengua hermosa no por mérito de los escritores, sino porque todo el mundo escribía bien entonces. ¿Qué es lo que puede salvarse de toda esa literatura protestante? Los diálogos literarios y no teológicos de Valdés, la traducción de la Biblia de Casiodoro. Todo lo demás poco importaría que se perdiese. Confieso que comencé este estudio con entusiasmo e interés grande y que le termino con amargo desaliento. Yo quisiera que los españoles, aun en lo malo, nos hubiéramos aventajado al resto de los mortales; pero tengo que confesar que, fuera de las audacias de Servet y del misticismo de Molinos, ningún hereje español se levanta dos dedos de la medianía. Y, sin embargo, tiene su utilidad este trabajo, siquiera para mostrar que el genio español muere y se ahoga en las prisiones de la herejía y solo tiene alas para volar al cielo de la verdad católica.

¡Cuánto mejor me hubiera estado describir la católica España del siglo XVI, que con todos sus lunares y sombras, que no hay período que no los tenga, resiste la comparación con las edades más gloriosas del mundo! Hubiéramos visto, en primer lugar, un pueblo de teólogos y de soldados, que echó sobre sus hombros la titánica empresa de salvar, con el razonamiento y con la espada, la Europa latina de la nueva invasión de bárbaros septentrionales; y en nueva y portentosa cruzada, no por seguir a ciegas las insaciadas ambiciones de un conquistador, como las hordas de Ciro, de Alejandro y de Napoleón; no por inicua razón de Estado, ni por el tanto más cuanto de pimienta, canela o jengibre, como los héroes de nuestros días, sino por todo eso que llaman idealismos y visiones los positivistas, por el dogma de la libertad humana y de la responsabilidad moral, por su Dios y por su tradición, fue a sembrar huesos de caballeros y de mártires en las orillas del Albis, en las dunas de Flandes y en los escollos del mar de Inglaterra. ¡Sacrificio inútil, se dirá, empresa vana! Y no lo fue con todo eso, porque si los cincuenta primeros años del siglo XVI son de conquistas para la Reforma, los otros cincuenta, gracias a España, lo son de retroceso; y ello es que el Mediodía se salvó de la inundación y que el protestantismo no ha ganado desde entonces una pulgada de tierra, y hoy, en los mismos países donde nació, languidece y muere. Que nunca fue estéril el sacrificio por una causa justa, y bien sabían los antiguos Decios, al ofrecer su cabeza a los dioses infernales antes de entrar en batalla, que su sangre iba a ser semilla de victoria para su pueblo. Yo bien entiendo que estas cosas harán sonreír de lástima a los políticos y hacendistas, que, viéndonos pobres, abatidos y humillados a fines del siglo XVII, no encuentran palabras de bastante menosprecio para una nación que batallaba contra media Europa conjurada, y esto no por redondear su territorio ni por obtener una indemnización de guerra, sino por ideas de teología..., la cosa más inútil del mundo. ¡Cuánto mejor nos hubiera estado tejer lienzo y dejar que Lutero entrara o saliera donde bien le pareciese! Pero nuestros abuelos lo entendían de otro modo, y nunca se les ocurrió juzgar de las grandes empresas históricas por el éxito inmediato. Nunca, desde el tiempo de Judas Macabeo, hubo un pueblo que con tanta razón pudiera creerse el pueblo escogido para ser la espada y el brazo de Dios; y todo, hasta sus sueños de engrandecimiento y de monarquía universal, lo referían y subordinaban a este objeto supremo: *Fiet unum ovile, et unus pastor.* Lo cual hermosamente parafraseó Hernando de Acuña, el poeta favorito de Carlos V:

> Ya se acerca, Señor, o ya es llegada
> la edad dichosa en que promete el cielo
> una grey y un pastor solo en el suelo,
> por suerte a nuestros tiempos reservada.
> Ya tan alto principio en tal jornada
> nos muestra el fin de vuestro santo celo
> y anuncia al mundo para más consuelo
> un monarca, un imperio y una espada.

En aquel duelo terrible entre Cristo y Belial, España bajó sola a la arena; y, si al fin cayó desangrada y vencida por el número, no por el valor de sus émulos, menester fue que éstos vinieran en tropel y en cuadrilla a repartirse los despojos de la amazona del Mediodía, que así y todo quedó rendida y extenuada, pero no muerta, para levantarse más heroica que nunca cuando la revolución atea llamó a sus puertas y ardieron las benditas llamas de Zaragoza.

Al frente de este pueblo se encontró colocada, por derecho de herencia, una dinastía extranjera de origen y en cierto modo poco simpática, guardadora no muy fiel de las costumbres y libertades de la tierra, aunque harto más que la dinastía francesa que le sucedió, sobrado atenta a intereses, pretensiones, guerras y derechos de familia, que andaban muy fuera del círculo de la nacionalidad española; pero dinastía que tuvo la habilidad o la fortuna de asimilarse la idea madre de nuestra cultura y seguirla en su pujante desarrollo y convertirse en gonfaloniera de la Iglesia como ninguna otra casa real de Europa.

Y, sin embargo, se ha dudado del catolicismo de algunos de sus príncipes, y libros hay en que, con mengua de la crítica, se habla de las ideas reformistas de doña Juana la Loca, del emperador y del príncipe don Carlos.

¡Protestante doña Juana la Loca! El que semejante dislate se haya tomado en serio y merecido discusión, da la medida de la crítica de estos tiempos. Confieso que siento hasta vergüenza de tocar este punto, y, si voy a decir dos palabras, es para que no se atribuya a ignorancia o a voluntaria omisión mi silencio. Por lo demás, la historia es cosa tan alta y sagrada, que parece profanación mancharla con semejantes puerilidades y cuentos de viejas, pasto de la necia y malsana curiosidad de los periodistas y ganapanes literarios de estos tiempos. Un Mr. Bergenroth, prusiano, comisionado por el Gobierno inglés para registrar los archivos de la Península que pudieran contener documentos sobre las relaciones entre Inglaterra y España, hábil copista y paleógrafo, pero ajeno de criterio histórico y no muy hábil entendedor de los documentos que copiaba,[147] halló en Simancas e imprimió triunfalmente en 1868 ciertos papeles que, a su

---

147 Véase *Calendar of letters, despatches and State papers, relating to the negotiations between England and Spain*, preserved in the archives at Simancas, and elsewhere. (Dos Tomos, 1852 y 1868. Comprende documentos de los años 1485-1525.)
—*Supplement to volume I and volume II of letters, despatches, and State papers, relating tho negotiations between England and Spain*, etc., etc. (1868; LXXX + 467 páginas.)

parecer, demostraban que doña Juana no había sido loca, sino luterana, y perseguida y atormentada como tal por su padre Fernando el Católico y por su hijo Carlos, V. Por lo mismo que la noticia era enteramente absurda y salía, además, de los labios de un extranjero, alemán por añadidura, y como tal infalible, hizo grande efecto entre cierta casta de eruditos españoles creyendo los infelices que era una grande arma contra la Iglesia el que doña Juana hubiera sido hereje. No quedó sin contestación tan absurda especie, y hoy, después de los folletos de don Vicente de la Fuente, de Gachard y de Rodríguez Villa,[148] es ya imposible consignar semejante aberración en ninguna historia formal. La locura de doña Juana fue locura de amor, fueron celos de su marido, y bien fundados y muy anteriores al nacimiento del Luteranismo, como que ya estaba monomaníaca en 1504. De su piedad antes de esta crisis no puede dudarse. En 15 de enero de 1499 escribía de ella el prior de los dominicos de Santa Cruz, de Segovia, que «tenía buenas partes de buena cristiana y que había en su casa tanta religión como en una estrecha observancia». (Página 55 de los documentos de Bergenroth.) ¿Y qué diremos del famoso trato de cuerda que mosén Ferrer, uno de los guardadores de doña Juana, mandó darle para obligarla a comer?[149] Si doña Juana estaba loca, ¿no era necesario, para salvar su vida, tratarla como se trata a los locos y a los niños, sujetándole los brazos con cuerdas o de cualquiera otra manera, y haciéndola tomar el alimento por fuerza? ¿Qué tortura ni qué protestantismo puede ver en esto quien tenga la cabeza sana? Sabemos por cartas del marqués de Denia, otro de sus carceleros, que en 1517 la pobre reina oía misa con gran devoción (página 177) y tenía un confesor de la Orden de san Francisco, dicho fray Juan de Ávila. Y, si luego no quiso en algún tiempo

---

148 *Doña Juana la Loca, vindicada de la nota de herejía*, por don Vicente de la Fuente; Madrid, Dubrull, 1870. (43 páginas, en 8.º)
—*Sur Jeanne la Folle et les documents concernant cette princesse...*, par Mr. Gachard; Bruselas, cap. Muquardt, 1869. (36 páginas, en 8.º) (Extrait des *Bulletins de l'Academie Royale de Belgique*, 2.ª serie, tomo 37.)
Rodríguez Villa, *Bosquejo histórico de la reina doña Juana, formado con los principales documentos relativos a su persona*. (Madrid 1874, Imprenta de Aribáu.)
Hay un folleto de Altmeyer y otro de R. Roesler, que no he visto, sobre el mismísimo enojoso asunto.
149 Página 143 del *Suplemento* de Bergenroth: Le tuvo de mandar dar cuerda, por conservarle la vida. (Carta de Mosén Ferrer.).

confesarse, fue porque estaba rematadamente loca e iban sus manías por ese camino, sobre todo después que el susodicho marqués, que siempre la trató inicuamente, le quitó el confesor y se empeñó en que escogiera a un dominico. Parece que en sus últimos años aquella infeliz demente manifestaba horror a todo lo que fuese acción de piedad[150] y no recibía los santos sacramentos; pero ¿qué prueba esto, tratándose de una mujer tan fuera de sentido, que decía a fray Juan de la Cruz[151] que «un gato de algalia había comido a su madre e iba a comerla a ella»? Afortunadamente, Dios le devolvió la razón en su última hora y la permitió hacer confesión general y solemne protesta de que moría en la fe católica, asistiéndola y consolándola san Francisco de Borja.

¿Y quién pudo nunca dudar del acendrado catolicismo del grande emperador? Verdad es que tiene sobre su memoria el reo borrón del saco de Roma, y el acto cesarista y anticanónico del *Interim*, y las torpezas y vacilaciones que le impidieron atajar en los comienzos la sedición luterana, de lo cual bien amargamente se lamentaba él en sus últimos años. Pero ¿cómo poner mácula en la pureza de sus sentimientos personales? Ni siquiera se atrevió a tanto el calumniador Gregorio Leti. ¡Protestante el hombre que aún antes de Yuste observaba las prácticas religiosas con la misma exactitud que un monje! ¡El que llamó desvergüenza y bellaquería a la intentona de los protestantes de Valladolid, y, sintiendo hervir la sangre como en sus juveniles días, hasta quiso salir de su retiro a castigarlos por su mano, como gente que estaba fuera del derecho común y con quien no debían seguirse los trámites legales! ¡El que en su testamento encarga estrechamente a su hijo que «favorezca y mande favorecer al Santo oficio de la Inquisición por los muchos y grandes daños que por ella se quitan y castigan!» «Mucho erré en no matar a Lutero (decía Carlos V a los frailes de Yuste), y si bien le dejé por no quebrantar el salvoconducto y palabra que le tenía dada, pensando de remediar por otra vía aquella herejía, erré, porque yo no era obligado a guardarle la palabra, por ser la culpa del hereje contra otro mayor Señor, que era Dios, y así yo no le había ni debía de guardar palabra, sino vengar la injuria hecha a Dios. Que si el delito fuera contra mí solo, entonces era obligado a guardarle la palabra, y por no le haber muerto yo, fue siempre

---

150 Cienfuegos, *Vida de san Francisco de Borja*.
151 Lo cuenta éste en carta publicada por Gachard y copiada de Simancas. (Estado, leg. 109.)

aquel error de mal en peor: que creo que se atajara, si le matara.»[152] Al hombre que así pensaba podrán calificarle de fanático, pero nunca de hereje; y contra todos sus calumniadores protestará aquella sublime respuesta suya a los príncipes alemanes que le ofrecían su ayuda contra el turco a cambio de la libertad religiosa: «Yo no quiero reinos tan caros como ésos, ni con esa condición quiero Alemania, Francia, España e Italia, sino a Jesús crucificado».

Al lado de tan terminantes declaraciones, poco significa el proceso que Paulo IV, enemigo jurado de los españoles, mandó formar al emperador como cismático y fautor de herejes por los decretos de la Dieta de Ausburgo, puesto que tal proceso era exclusivamente político, y se enderezaba solo a absolver a los súbditos del imperio del juramento de fidelidad y traer nuevas complicaciones a Carlos, V. Así y todo, no llegó a formularse la sentencia ni pasó de amenaza la excomunión y el entredicho.[153]

¿Y qué diremos del príncipe don Carlos, alimaña estúpida, aunque de perversos instintos, que viene ocupando en la historia mucho más lugar del que merece? Poco ganaría la Reforma con que un niño tontiloco se hubiera adherido a sus dogmas, si es que cabía algún género de dogmas o de ideas en aquella cabeza. Pero, así y todo, el protestantismo de don Carlos es una fábula; y a quien haya leído el libro de Gachard, definitivo en este punto, no han de deslumbrarle las paradojas de don Adolfo de Castro. Que el príncipe tuviera tratos con los rebeldes flamencos en odio a su padre, no puede dudarse; que pensó huir a los Países Bajos, es también verdad averiguada; pero todo lo que pase de aquí son vanas conjeturas y cavilosidades. Ni don Carlos formaba juicio claro de lo que querían los luteranos, ni en toda aquella desatinada intentona procedía sino como un muchacho mal criado, anheloso de romper las trabas domésticas, hacer su voluntad y campar por sus respetos. Todo es pueril e indigno de memoria en este príncipe. Él no tenía pensamiento ni inclinación buena; pero, si en la prisión se resistió a confesarse, porque hervía en su alma el odio a muerte contra su padre, esto mismo demuestra que creía en la eficacia del sacramento y temía profanarle. Repito que este punto está definitivamente fallado después de Gachard y de Mouy, y hora es ya de dejar descansar a aquella víctima no de la tiranía de su padre, sino de sus propios excesos y locura que tan sin mere-

---

152 Sandoval, tomo 2, cap. 9 y 10.
153 Llorente, cap. 9, a. 1.

cerlo, y por extraño capricho de la suerte, llegó a convertirse en héroe poético y legendario. Ni a la misma Reforma puede serle grato engalanarse con oropeles y lentejuelas de manicomio.

II. Espíritu general de la España del siglo XVI. Reformas de órdenes religiosas. Compañía de Jesús. Concilio de Trento. Prelados sabios y santos

Nadie ha hecho aún la verdadera historia de España en los siglos XVI y XVII. Contentos con la parte externa, distraídos en la relación de guerras, conquistas, tratados de paz e intrigas palaciegas, no aciertan a salir los investigadores modernos de los fatigosos y monótonos temas de la rivalidad de Carlos V y Francisco I, de las guerras de Flandes, del príncipe don Carlos, de Antonio Pérez y de la princesa de Éboli. Lo más íntimo y profundo de aquel glorioso período se les escapa. Necesario es mirar la Historia de otro modo; tomar por punto de partida las ideas, lo que da unidad a la época, la resistencia contra la herejía, y conceder más importancia a la reforma de una orden religiosa o a la aparición de un libro teológico que al cerco de Amberes o a la sorpresa de Amiens.

Cuando esa historia llegue a ser escrita, veráse con claridad que la reforma de los regulares, vigorosamente iniciada por Cisneros, fue razón poderosísima de que el protestantismo no arraigara en España, por lo mismo que los abusos eran menores y que había una legión compacta y austera para resistir a toda tentativa de cisma. Dulce es apartar los ojos del miserable luteranismo español para fijarlos en aquella serie de venerables figuras de reformadores y fundadores: en san Pedro de Alcántara, luz de las soledades de la Arrabida, que parecía hecho de raíces de árboles, según la enérgica expresión de santa Teresa; en el Venerable Tomás de Jesús, reformador de los Agustinos Descalzos; en la sublime doctora abulense y en su heroico compañero san Juan de la Cruz; en san Juan de Dios, portento de caridad, en el humilde clérigo aragonés fundador de las Escuelas Pías y, finalmente, en aquel hidalgo vascongado herido por Dios como Israel, y a quien Dios suscitó para que levantara un ejército, más poderoso que todos los ejércitos de Carlos V, contra la Reforma. San Ignacio es la personificación más viva del espíritu español en su edad de oro. Ningún caudillo, ningún sabio influyó tan portentosamente en el mundo. Si media Europa no es protestante, débelo en gran parte a la Compañía de Jesús.[154]

España, que tales varones daba, fecundo plantel de santos de y de sabios, de teólogos y de fundadores, figuró al frente de todas las naciones católicas en otro de los grandes esfuerzos contra la Reforma, en el Concilio de Trento, que fue tan español como ecuménico, si vale la frase. No hay ignorancia ni olvido que baste a oscurecer la gloria que en las tres épocas de aquella memorable asamblea consiguieron los nuestros. Ellos instaron más que nadie por la primera

---

154 San Ignacio y Laínez. «Lleno Ignacio de un entusiasmo noble y puro que a veces hasta podía parecer exagerado, se abrasaba en celo por Jesucristo y la Iglesia y no conocía más que la Iglesia y Jesucristo. Laínez, hombre de fría y penetrante razón y de un talento positivo y organizador, parecía haber nacido para gobernar grandes imperios. Al celo lleno de fe del primero juntaba el segundo la ciencia de las cosas de la misma fe. Ignacio puso el principio de la vida interior sobre el cual se fundó la Sociedad, y Laínez le dio la forma y organización necesarias para que pudiera manifestarse y conseguir su objeto. Las cualidades de estos dos personajes, que desde el principio se identificaron entre sí se han conservado siempre de una manera notable en la Sociedad que fundaron...» (Alzog, IV 127.)

Doellinger sobre las «Provinciales». «Basta que un jesuita aventure un error sobre una materia cualquiera en una obra por otra parte muy voluminosa, para que Pascal lo acuse de inmoralidad; jamás tiene en cuenta que al lado de la opinión errónea de tal o cual jesuita están diez o veinte teólogos de la misma Orden que sostienen lo contrario, y olvida que, en general, no son los jesuitas los autores de los falsos principios, los cuales algunos de ellos no han adoptado hasta después de haberlos estado chupando la mayor parte del tiempo en los teólogos de la escuela de santo Tomás.» ¿No hubiera sido fácil el rebuscar en los teólogos y casuistas dominicos una colección de errores del mismo género relativamente mucho mayor? (Alzog, IV 257.)

Iglesia de Abisinia. «El apoyo que obtuvieron de los portugueses contra los mahometanos (1525) produjo la primera aproximación. El celo del padre Bermúdez y de los jesuitas consiguió hacer renunciar a la dependencia del patriarca copto de Alejandría al emperador Seltam Seghed desde (1607) que abrazó solemnemente el catolicismo con su cuñado y los grandes de la Corte (1626). Reconoció como patriarca al jesuita Alfonso Méndez y al pontífice de Roma, como jefe de toda la Iglesia. Pero los monjes. Pero los monjes y los ermitaños sublevaron al pueblo contra el rito romano, y el patriarca y los misioneros se vieron obligados a abandonar el país bajo el sucesor del emperador Seghet Basilides (desde 1632), quedando severamente prohibida toda relación con la Iglesia romana (1634).» (Alzog, IV 191.)

San Francisco Javier. «Hay que estudiar atentamente la vida de este padre y dedicar un buen párrafo a su admirable acción evangélica en Oriente.»

convocatoria (1542) y trabajaron por allanar los obstáculos y las resistencias de Roma. Ellos, y principalmente el cardenal de Jaén, se opusieron en las sesiones sexta y octava a toda idea de traslación o suspensión. Tan fieles y adictos a la Santa sede como independientes y austeros, sobre todo en las cuestiones de residencia y autoridad de los obispos, ni uno solo de nuestros prelados mostró tendencias cismáticas, ni siquiera el audaz y fogoso arzobispo de Granada, don Pedro Guerrero, atacado tan vivamente por algunos italianos. Ninguno confundió el verdadero espíritu de reforma con el falso y mentido de disidencia y revuelta. Inflexibles en cuestiones de disciplina y en clamar contra los abusos de la curia romana, jamás pusieron lengua en la autoridad del pontífice ni trataron de renovar los funestos casos de Constanza y Basilea. Pedro de Soto opinaba a la vez que la autoridad de los obispos es inmediatamente de derecho divino, pero que el papa es superior al Concilio, y en una misma carta defiende ambas proposiciones. Cuando la *Historia del Concilio de Trento* se escriba por españoles y no por extranjeros, aunque sean tan veraces y concienzudos como el cardenal Pallavicini, ¡cuán hermoso papel harán en ella los Guerreros, Cuestas, Blancos y Gorrioneros; el maravilloso teólogo don Martín Pérez de Ayala, obispo de Segorbe, que defendió invenciblemente contra los protestantes el valor de las tradiciones eclesiásticas; el rey de los canonistas españoles, Antonio Agustín, enmendador del Decreto de Graciano, corrector del texto de las Pandectas, filólogo clarísimo, editor de Festo y Varrón, numismático, arqueólogo y hombre de amenísimo ingenio en todo; el obispo de Salamanca, don Pedro González de Mendoza, autor de unas curiosas memorias del concilio; los tres egregios jesuitas, Diego Laínez, Alfonso Salmerón y Francisco de Torres; Melchor Cano, el más culto y elegante de los escritores dominicos, autor de un nuevo método de enseñanza teológica basado en el estudio de las fuentes de conocimiento; Cosme Hortolá, comentador perspicuo del *Cantar de los cantares*; el profesor complutense Cardillo de Villalpando, filósofo y helenista, comentador y defensor de Aristóteles y hombre de viva y elocuente palabra; Pedro Fontidueñas, que casi le arrebató la palma de la oratoria, y tantos y tantos otros teólogos, consultores, obispos y abades como allí concurrieron, entre los cuales, para gloria nuestra, apenas había uno que no se alzase de la raya de la medianía, ya por su sabiduría teológica o canónica, ya por la pureza y elegancia de su dicción latina, confesada, bien a despecho suyo, por los mismos italianos! Bien puede decirse que todo español era teólogo entonces. Y a tanto brillo de ciencia y a tan noble austeridad de costumbre juntábase una entereza de carácter, que resplandece hasta en nuestros embajadores Vargas y don Diego de Mendoza. ¿Cuándo ha sido España tan española y tan grande como entonces?

Una serie de concilios provinciales puso vigorosamente en práctica los cánones del Tridentino, a pesar de la resistencia de los mal avenidos con la Reforma. ¿Qué había de lograr el protestantismo cuando honraban nuestras mitras obispos al modo de fray Bartolomé de los Mártires, don Alonso Velázquez, fray Lorenzo Suárez de Figueroa, fray Andrés Capilla, don Pedro Cerbuna, don Diego de Covarrubias, fray Guillermo Boil y el Venerable Lanuza; cuando recorrían campos y ciudades misioneros como el Venerable Apóstol de Andalucía, Juan de Ávila, orador de los más vehementes, inflamados y persuasivos que ha visto el mundo; cuando difundían el aroma de sus virtudes aquellas almas benditas y escogidas, en cuya serie, después de los grandes santos ya antes de ahora recordados, fuera injusto no hacer memoria de los Beatos Alonso Rodríguez y Pedro Claver; de Bernardino de Obregón, portento de caridad; del venerable agustiniano Hórozco; del austero y penitente dominico san Luis Beltrán, del recoleto san Francisco Solano, apóstol del Perú; del beato Simón de Rojas, reformador de las costumbres de la corte; del beato Nicolás Factor, gran maestro de espíritus? Pero ¿a qué buscar tan altos ejemplos? El que quiera conocer lo que era la vida de los españoles del gran siglo dentro de su casa, lea la biografía que de su Padre escribió el jesuita La Palma; lea las incomparables vidas de doña Sancha Carrillo y de doña Ana Ponce de León, compuestas por el padre Roa, luz y espejo de lengua castellana, y dudará entre la admiración y la tristeza al comparar aquellos tiempos con éstos.

Joya fue la virtud pura y ardiente, puede decirse de aquella época como de ninguna, mal que pese a los que rebuscan, para infamarla, los lodazales de la Historia y las heces de la literatura picaresca. Aun los que flaqueaban en punto a costumbres, eran firmísimos en materia de fe; ni los mismos apetitos carnales bastaban a entibiar el fervor; eran frecuentes y ruidosas las conversaciones, y no cruzaba por las conciencias la más leve sombra de duda. Una sólida y severa instrucción dogmática nos preservaba del contagio del espíritu aventurero, y España podía llamarse con todo rigor un pueblo de teólogos.

¿Cuándo los hubo en tan gran número y tan ilustres? Desde el franciscano Luis de Carvajal y el dominico Francisco de Vitoria, que fueron los primeros en renovar el método y la forma y exornar a las ciencias eclesiásticas con los despojos de las letras humanas, empresa que llevó a feliz término Melchor Cano, apenas hay memoria de hombre que baste a recordar a todos, ni siquiera a los más preclaros de aquella invicta legión. Pero, por el enlace que con nuestro asunto tiene, no hemos de olvidar que fray Alonso de Castro recopiló en su grande obra *De haeresibus* cuantos argumentos se abían formulado hasta entonces contra todo linaje de errores y disputó, con tanta sabiduría jurídica como teológica, *De iusta haereticorum punitione*; que Domingo de Soto, cuyo nombre, gracias a Dios, suena todavía con elogio gracias a su tratado de filosofía del derecho (*De iustitia et iure*), trituró las doctrinas protestantes de la justificación en su obra *De natura et gratia*; que el cardenal Toledo impugnó más profundamente que ningún otro teólogo la interpretación que los luteranos dan a la *Epístola a los Romanos*; que fray Pedro de Soto, autor de un excelente catecismo, hizo increíbles esfuerzos con la pluma y con la enseñanza para volver al gremio de la Iglesia a los súbditos de la reina María; que el eximio Suárez redujo a polvo las doctrinas cesaristas del rey Jacobo y el torpe fundamento de la Iglesia Anglicana y que el obispo Caramuel, océano de erudición y de doctrina y verdadero milagro de la naturaleza, convirtió en Bohemia y Hungría tal número de herejes, que a no verlo confirmado en documentos irrecusables parecería increíble y fabuloso. Pero bien puede decirse que, entre todos los libros compuestos aquí contra la Reforma, no hay uno que por la claridad del método y de la exposición, ni por la abrumadora copia de ciencia teológica y filosófica, ni por la argumentación sobria y potente iguale al del jesuita Gregorio de Valencia, *De rebus fidei hoc tempore controversis*. ¿Quién lee hoy este libro, uno de los más extraordinarios que ha producido la ciencia española? ¿Quién el elegante y doctísimo tratado de don Martín Pérez de Ayala *De divinis traditionibus*? ¿Quién las obras del padre Diego Ruiz de Montoya, fundador de la teología positiva, y a quien siguieron y copiaron muchas veces Petavio y Tomasino?

Pero digo mal; es en España donde no se leen, que fuera de aquí no hay teólogo que no se descubra con amor y veneración al oír los nombres de Molina y Báñez, de Medina, de Suárez y de Gabriel Vázquez. La sola historia de las controversias *De auxiliis* bastaría para mostrar la grandeza de la especulación teológica entre nosotros. No solo nació en España la ciencia media y el congruismo, sino también el sistema de la gracia eficaz que llaman tomista por haberle defendido siempre los dominicos, pero que fue creación de Báñez en oposición a Molina. ¡Y qué ingeniosa doctrina la de éste tal como la atenuaron y desarrollaron otros jesuitas posteriores! ¡Qué oportunidad la de los teólogos de la Compañía en levantar, frente de la hórrida predestinación calvinista, una doctrina que tan altos pone los fueros de la libertad humana!

III. La Inquisición. Supuesta persecución y opresión del saber. La lista de sabios perseguidos, de Llorente

Al lado de las virtudes de los santos, de la espada de los reyes y de la red de conventos y universidades que mantenía vivo el espíritu teológico, lidiaba contra la herejía otro poder formidable, de que ya es hora de hablar, y con valor y sin reticencias ni ambages.

Ley forzosa del entendimiento humano en estado de salud es la intolerancia. Impónese la verdad con fuerza apodíctica a la inteligencia, y todo el que posee o cree poseer la verdad, trata de derramarla, de imponerla a los demás hombres y de apartar las nieblas del error que les ofuscan. Y sucede, por la oculta relación y armonía que Dios puso entre nuestras facultades, que a esta intolerancia fatal del entendimiento sigue la intolerancia de la voluntad, y cuando ésta es firme y entera y no se ha extinguido o marchitado el aliento viril en los pueblos, éstos combaten por una idea, a la vez que con las armas del razonamiento y de la lógica, con la espada y con la hoguera.

La llamada tolerancia es virtud fácil; digámoslo más claro: es enfermedad de épocas de escepticismo o de fe nula. El que nada cree, ni espera en nada, ni se afana y acongoja por la salvación o perdición de las almas, fácilmente puede ser tolerante. Pero tal mansedumbre de carácter no depende sino de una debilidad o eunuquismo de entendimiento.

¿Cuándo fue tolerante quien abrazó con firmeza y amor y convirtió en ideal de su vida, como ahora se dice, un sistema religioso, político, filosófico y hasta literario? Dicen que la tolerancia es virtud de ahora, respondan de lo contrario los horrores que cercan siempre a la revolución moderna. Hasta las turbas demagógicas tienen el fanatismo y la intolerancia de la impiedad, porque la duda y el espíritu escéptico pueden ser un estado patológico más o menos elegante, pero reducido a escaso número de personas; jamás entrarán en el ánimo de las muchedumbres.

Si la naturaleza humana es y ha sido y eternamente será, por sus condiciones psicológicas intolerante, ¿a quién ha de sorprender y escandalizar la intolerancia española, aunque se mire la cuestión con el criterio más positivo y materialista? Enfrente de las matanzas de los anabaptistas, de las hogueras de Calvino, de Enrique VIII y de Isabel, ¿qué de extraño tiene que nosotros levantáramos las nuestras? En el siglo XVI, todo el mundo creía y todo el mundo era intolerante.[155]

Pero la cuestión para los católicos es más honda, aunque parece imposible que tal cuestión exista. El que admite que la herejía es crimen gravísimo y pecado que clama al cielo y que compromete la existencia de la sociedad civil; el que rechaza el principio de la tolerancia dogmática, es decir, de la indiferencia entre la verdad y el error, tiene que aceptar forzosamente la punición espiritual y temporal de los herejes, tiene que aceptar la Inquisición. Ante todo hay que ser lógicos, como a su modo lo son los incrédulos, que miden todas las doctrinas por el mismo rasero, e, inciertos de su verdad, a ninguna consideran digna de castigo. Pero es hoy frecuente defender la Inquisición con timidez y de soslayo, con atenuaciones doctrinales, explicándola por el carácter de los tiempos, es decir, como una barbarie ya pasada, confesando los bienes que produjo, es decir, bendiciendo los frutos y maldiciendo del árbol..., pero nada más. ¿Ni cómo habían de sufrirlo los oídos de estos tiempos, que, no obstante, oyen sin escándalo ni sorpresa las leyes de estado de sitio y de consejos de guerra? ¿Cómo persuadir a nadie de que es mayor delito desgarrar el cuerpo místico de la Iglesia y levantarse contra la primera y capital de las leyes de un país, su unidad religiosa, que alzar barricadas o partidas contra tal o cual gobierno constituido?

Desengañémonos: si muchos no comprenden el fundamento jurídico de la Inquisición, no es porque él deje de ser bien claro y llano, sino por el olvido y menosprecio en que tenemos todas las obras del espíritu y el ruin y bajo modo de considerar al hombre y a la sociedad que entre nosotros prevalece. Para el

---

155 Intolerancia religiosa de la Reforma. El anabaptista Félix Manz, ahogado a instancia de Zuinglio (*qui mergunt mergantur*), Servet, quemado por Calvino por su doctrina sobre la Trinidad; Gentilis, condenado a muerte; el canciller Crell, al que se dio tormento y fue luego decapitado por haber adoptado el Calvinismo; Henning Brabant, horrorosamente mutilado y muerto por un pretendido comercio con el diablo; la persecución sufrida por Carlostadio, Hesshusio y el célebre astrónomo Keplero por su enseñanza científica;

economista ateo será siempre mayor criminal el contrabandista que el hereje. ¿Cómo hacer entrar en tales cabezas el espíritu de vida y de fervor que animaba

> finalmente, la cámara estrellada en Inglaterra. De 1577-1617 en el pequeño territorio de Nuremberg fueron ejecutadas trescientas cincuenta y seis personas sospechosas de herejía o sortilegio y otras trescientas cuarenta y cinco fueron condenadas a la mutilación o a ser azotadas. (Alzog, III 288.)
> Intolerancia calvinista. Además de las ejecuciones decretadas por Calvino, se quemó vivo en Ginebra al predicante Nicolás Antonio, acusado de Judaísmo; se ejecutó al osiandrista Funck (1601); se decapitó en Dresde al canciller Crell, convencido de seudocalvinismo (1632). (Alzog, IV 80.)
> Cuando Crell, canciller del elector de Sajonia, Cristián I, deseando un acomodamiento entre las opiniones extremadas de luteranos y calvinistas, quiso abolir los exorcismos, el clero luterano de Zeiz y de Dresde promovió contra él una sedición popular. El conciliábulo aliado de teólogos y juristas encerró, con una alegría diabólica, a Crell en un calabozo mezquino, lóbrego e infecto, del cual lo sacaron al fin, extenuado, descarnado y medio muerto, para decapitarlo en Dresde. El verdugo exclamó: «¡He aquí un verdadero cuello calvinista!» (Alzog, IV 85.)
> Intolerancia calvinista. Las comunidades de París, Orleans, Ruán, Lyón y Angers, reunidas en sínodo general celebrado en París (1559), hicieron una ley que condenaba a muerte a los herejes. (Alzog, IV.)
> Intolerancia en Francia. Edicto de Nantes (revocación en el 22 de octubre de 1685). De él resultó la emigración inmediata de setenta mil calvinistas, que se retiraron a Inglaterra, Holanda y Dinamarca, y sobre todo al Brandeburgo. (Alzog, IV 69.)
> Enrique VIII. En el espacio de treinta y ocho años había hecho morir a dos reinas, dos cardenales, dos arzobispos, dieciocho obispos, trece abades, quinientos priores y monjes, treinta y ocho doctores, doce duques y condes, ciento sesenta y cuatro caballeros, ciento veinticuatro ciudadanos y ciento diez mujeres. (Alzog, IV 40.)
> Juan Knox. El célebre dicho de quemar los nidos para acabar los buhos es suyo. (Alzog, IV 51.)
> Brujas de Alemania. Siglo XVII. «Mientras algunos sacerdotes católicos, especialmente fray Spee, se pronunciaban con energía y buen resultado contra lo absurdo y bárbaro de los procesos de brujería, Benito Carpzov, de Leipzig (1666), a quien llamaban el legislador de Sajonia, y cuyas opiniones eran de gran peso en materias de derecho canónico o criminal, sostenía que debían castigarse con severas penas, no solo la hechicería, sino aun los que negasen la posibilidad de los pactos diabólicos; y un célebre profesor de la Universidad de Jena, Juan Enrique Pott, imprimía en esta ciudad (1689) un escrito relativo a estas materias. (*De nefando lamiarum cum diabolo coitu.*) Tomasio consiguió, al fin, apoderarse de la opinión pública y sostenerla contra esos odiosos y ridículos procesos.» (Luden, *Tomasio, su vida y escritos.* Berlín 1803.) (Alzog, IV 269).

a la España inquisitorial? ¿Cómo hacerles entender aquella doctrina de santo Tomás: «Es más grave corromper la fe, vida del alma, que alterar el valor de la moneda con que se provee al sustento del cuerpo»?

Y admírese, sin embargo, la prudencia y misericordia de la Iglesia, que, conforme al consejo de san Pablo, no excluye al hereje de su gremio sino después de una y otra amonestación, y ni aún entonces tiñe sus manos en sangre, sino que le entrega al poder secular, que también ha de entender en el castigo de los herejes, so pena de poner en aventura el bien temporal de la república. Desde las leyes del Código teodosiano hasta ahora, a ningún, legislador se le ocurrió la absurda idea de considerar las herejías como meras disputas de teólogos ociosos, que podían dejarse sin represión ni castigo porque en nada alteraban la paz del Estado. Pues qué, ¿hay algún sistema religioso que en su organismo y en sus consecuencias no se enlace con cuestiones políticas y sociales? El matrimonio y la constitución de la familia, el origen de la sociedad y del poder, ¿no son materias que interesan igualmente al teólogo, al moralista y al político? *Nunc tua res agitur, paries cum proximus ardet.* Nunca se ataca el edificio religioso sin que tiemble y se cuartee el edificio social. ¡Qué ajenos estaban de pensar los reyes del siglo XVIII, cuando favorecían el desarrollo de las ideas enciclopedistas, y expulsaban a los jesuitas, y atribulaban a la Iglesia, que la revolución, por ellos neciamente fomentada, había de hundir sus tronos en el polvo!

Y hay con todo eso católicos que, aceptando el principio de represión de la herejía, maltratan a la Inquisición española. ¿Y por qué? ¿Por la pena de muerte impuesta a los herejes? Consignada estaba en todos nuestros códigos de la Edad media, en que dicen que éramos más tolerantes. Ahí está el *Fuero real* mandando que quien se torne judío o moro, *muera por ello e la muerte de este fecho atal sea de fuego.* Ahí están las *Partidas* (ley 2, tít. 6, part. 7) diciéndonos que al hereje predicador débenlo quemar en fuego, de manera que muera; y no solo al predicador, sino al creyente, es decir, al que oiga y reciba sus enseñanzas.[156]

---

156 Inquisición. (Especies sueltas.) (Alzog, III 284.)

Aunque generalmente se tiene a Inocencio III por fundador de la Inquisición, es cierto que ya el tercer Concilio de Letrán, habido en 1179, había declarado que, «aunque la Iglesia tenga horror a la sangre, es a menudo útil al alma del hombre hacerle temer castigos corporales; y, por lo tanto, se excomulgará a los herejes y a sus fautores, mientras que será concedida una indulgencia de dos años a los que les harán la guerra». Para conformarse

Imposible parece que nadie haya atacado a la Inquisición por lo que tenía de tribunal indagatorio y calificador; y, sin embargo, orador hubo en las Cortes de Cádiz que dijo muy cándidamente que hasta el nombre de Inquisición era anticonstitucional. Semejante salida haría enternecerse probablemente a aquellos patricios, que tenían su código por la obra más perfecta de la sabiduría humana; pero ¿quién no sabe, por ligera idea que tenga del Derecho Canónico, que la Iglesia, como toda sociedad constituida, aunque no sea constitucional, ha usado y usa, y no puede menos de usar, los procedimientos indagatorios para descubrir y calificar el delito de herejía? Háganlo los obispos, háganlo delegados o tribunales especiales, la Inquisición, en ese sentido, ni ha dejado ni puede dejar de existir para los que viven en el gremio de la Iglesia. Se dirá que los tribunales especiales amenguaban la autoridad de los obispos. ¡Raro entusiasmo episcopal: venir a reclamar ahora lo que ellos nunca reclamaron!

---

con este canon, el Concilio de Verona, habido en 1184, presidido por el papa Lucio III, y al que asistía el emperador Federico I, mandó que los obispos enjuiciasen a las personas que la fama pública o indicios particulares acusasen de herejes y que se hiciese distinción entre los sospechosos, convictos, arrepentidos y relapsos y se les aplicasen penas proporcionadas. Al haber pronunciado las penas espirituales, la Iglesia había de entregar los culpables al brazo secular (*Ecclesia non sitit sanguinem*). Tales son los primeros y verdaderos orígenes de la Inquisición... En el Concilio IV de Letrán (1215) se dijo: «Se dirá al acusado sobre qué se le acusa, para que pueda defenderse; se le citarán sus acusadores y tendrá que ser oído por los jueces. Dos veces, o al menos una por año, los obispos o sus delegados tendrán que recorrer su diócesis. Al propio tiempo encargarán a dos o tres legos experimentados que averigüen los herejes. Podrán igualmente encargar bajo juramento esta averiguación (*inquisitio*) a todos los habitantes de una comarca y obligarles a entregar a los culpables». En 1229, bajo el pontificado de Gregorio IX, en el Concilio de Tolosa fue organizada la Inquisición episcopal de una manera más precisa, en quince capítulos, especialmente consagrados a este objeto y por los cuales fue elevada al rango de los tribunales regulares. Para evitar que los obispos guardasen alguna consideración a sus propios subordinados, Gregorio escogió frailes extraños, y sobre todo, los dominicos, para inquisidores pontificios (1232).
Páramo (Ludovicus de): *De Origine officio et progressu officii Sanctae Inquisitionis* libri III. Madrid 1598, Anvers 1619. Fol.
Linberch (Felipe de): *Historia Inquisitionis*, Ámsterdam 1692. Fol.
Llorente. Su biografía en la *Revue Encyclopedique*. (abril de 1823.) *Observaciones del barón de Eckstein sobre su historia en el Católico de 1827*, tomo 24, página 200 a 210.
De Maistre: *Cartas a un caballero ruso sobre la Inquisición española*.

No soy jurista ni voy a entrar en la cuestión de procedimientos, que ya ha sido bien tratada en las diversas apologías que se han escrito en estos últimos años.[157] Ni disputaré si la Inquisición fue tribunal exclusivamente religioso o tuvo algo de político, como Hefele y los de su escuela sostienen. Eclesiástica era su esencia, e inquisidores apostólicos, y nunca reales, se titularon sus jueces; y en su fondo, ¿quién dudará que la Inquisición española era la misma cosa que la Inquisición romana por el género de causas en que entendía y hasta por el modo de sustanciarlas? Si, a vueltas de todo esto, tomó en los accidentes un color español muy marcado, es tesis secundaria y no para discutida en este libro.

¿Y qué diremos de la famosa opresión de la ciencia española por el santo Tribunal? Lugar común ha sido éste de todos los declamadores liberales, y no me he de extender mucho en refutarle, pues ya lo he hecho con extensión en otros trabajos míos.[158] Llorente, un hombre de anchísima conciencia histórica y moral, formó un tremendo catálogo de sabios perseguidos por la Inquisición. Hasta ciento dieciocho nombres contiene, incluso los de jansenistas y enciclopedistas del siglo XVII, que ahora no nos interesan. Los restantes son, por el orden en que él los trae y sin omitir ninguno:

El Venerable Juan de Ávila, cuya inocencia se reconoció a los pocos días, saliendo en triunfo y a son de trompetas de las cárceles de la Inquisición sevillana.

Un cierto doctor Balboa, catedrático de leyes en Salamanca a principios del siglo XVI, grande enemigo de los jesuitas, y que estuvo a punto de ser procesado por ciertos memoriales contra ellos y contra el Colegio Imperial. Pero lo cierto es que no lo fue ni hay para qué citarle.

El doctor Barriovero, fray Hernando del Castillo, fray Mancio del *Corpus Christi*, fray Luis de la Cruz, Juan Fernández, el jesuita Gil González, fray Juan de Ledesma, fray Felipe de Meneses, Pedro de Mérida, fray Juan de la Peña, fray Ambrosio de Salazar, fray Fernando de san Ambrosio, fray Antonio de santo Domingo, fray Pedro de Sotomayor, fray Francisco de Tordesillas, fray Juan de Villagarcía. ¡Tremenda lista! Pues bien, casi todos éstos, con paz de Llorente, no son literatos (fuera de fray Hernando del Castillo), ni escribieron nada, ni están

---

157 Entre ellas se distingue *La Inquisición*, por don Juan Manuel Ortí y Lara (Madrid 1877).
158 Véase *La Ciencia española*, 2.ª edición

en el catálogo más que para abultarle y sorprender a los incautos. Son sencillamente personas de quienes se hace referencia en el proceso del arzobispo Carranza, ya por haber dado censuras favorables al *Cathecismo*, ya por haber tenido correspondencia con fray Bartolomé. A algunos de ellos (fray Hernando del Castillo) se le tuvo por sospechoso en la materia de justificación, pero pronto se reconoció su inocencia. Fray Luis de la Cruz y fray Juan de Villagarcía abjuraron *de levi*, y pienso que sobraban motivos para mayor rigor.[159]

Clemente Sánchez de Bercial, arcediano de Valderas. Su *Sacramental* se prohibió, pero él no fue procesado, diga lo que quiera Llorente, ni podía serlo, porque vivió muy a principios del siglo XV, en tiempo de don Juan II, cuando no había Inquisición en Castilla. *Et voilà comment on écrit l'Histoire*.

El Brocense (Francisco Sánchez). Aquí la cuestión varía de especie. Tenemos, afortunadamente, el proceso (véase *Documentos inéditos*, tomo 2), que no llegó a sentenciarse por muerte del procesado. Nadie admira más que yo al Brocense; le tengo por padre de la gramática general y de la filosofía del lenguaje. Como humanista es para mí hombre divino, como lo era para Gaspar Scioppio. Pero no vaya a creer el cándido lector que le llevó a las audiencias inquisitoriales su saber filológico, ni el haber escudriñado las causas de la lengua latina, sino su incurable manía de meterse a teólogo y de mortificar a sus compañeros, los teólogos de la Universidad, con pesadas zumbas, que les herían en lo vivo. Atrájole, además, no pocas enemistades su fervor antiaristotélico y ramista, manifiesto, sobre todo, en el tratado *De los errores de Porfirio*. Era hombre de espíritu vivo, arrojado e independiente, enemigo de la autoridad y de la tradición, hasta el punto de declarar en una ocasión solemne que solo captivaba su entendimiento en las cosas que son de fe y que tenía por cosa mala el creer a los maestros si con evidencia matemática no probaban lo que decían. Entre los cargos acumulados contra el Brocense hay infinitas puerilidades de estudiantes ociosos o mal inclinados; hay verdaderos atrevimientos y caprichos del maestro, y en el fondo de todo, una rivalidad filosófica y una cuestión de escuela. Yo creo que la Inquisición, que con tanta benignidad le había tratado siempre, hubiera acabado por absolverle, recomendándole más cautela y recato en hablar. Lo cierto es que sus libros no se pusieron en el *Índice*, ni había motivo, puesto que Francisco Sánchez, aunque poco amigo de la escolástica y acérrimo odiador de la barbarie

---

[159] Véase el capítulo del arzobispo Carranza.

literaria y algo erasmita en sus aficiones, limitó siempre sus audacias a materias opinables y fue buen católico e hijo sumiso de la Iglesia.

El cancelario de la Universidad de Alcalá, Luis de la Cadena, sobrino de Pedro de Lerma y erasmita como él. Dicen que fue delatado a la Inquisición de Toledo y dicen que por temor a la tormenta emigró a París, donde murió de catedrático de la Sorbona. Nadie lo prueba; y, aunque fuera todo verdad, la delación no es proceso.

Martín Martínez de Cantalapiedra, catedrático de Escritura en Salamanca y envuelto con fray Luis de León y Arias Montano en la borrasca levantada contra los hebraizantes por el helenista León de Castro. Abjuró *de levi* por ciertas proposiciones en menosprecio de los antiguos expositores.

Fray Bartolomé de las Casas. ¡Qué crítica la de Llorente! Si hubiera puesto entre los perseguidos y entre las víctimas de la independencia científica a los adversarios de Las Casas, y especialmente a Juan Ginés de Sepúlveda, cuyos libros se recogieron, tendría alguna apariencia de razón, aunque no para sacar a plaza al Santo oficio, que poco intervino en tales cuestiones. ¿Pero a fray Bartolomé de las Casas, a quien siempre dimos aquí la razón en medio de sus hipérboles y arrebatos? El procedimiento de Llorente es en este caso tan sencillo como burdo; alguien delató ciertas proposiciones de fray Bartolomé a la Inquisición; luego el apóstol de las Indias es una de las víctimas del abominable Tribunal, porque, según los principios jurídicos de aquel famoso canonista, lo mismo es una delación a que no se da curso que un proceso.

Pablo de Céspedes. También huelga aquí el nombre del autor del *Poema de la pintura*. ¿Y por qué hace el papel de víctima? Por una carta suya inserta en el proceso del arzobispo Carranza, de quien era agente en Roma.

Un jesuita llamado Prudencio de Montemayor, a quien los dominicos acusaron en 1600 de pelagiano por ciertas conclusiones acerca de la gracia y libre albedrío.

Fray Jerónimo Román, a quien se reprendió en el Santo oficio de Valladolid por algunos lugares de sus *Repúblicas del mundo*, impresas en 1575.

Fray Juan de santa María, franciscano descalzo, autor del libro de *República y policía cristiana* (1616). Con perdón de Llorente, no se le procesó, sino que se expurgó una claúsula de su obra.

Fray José de Sigüenza. El inmortal historiador jeronimiano fue delatado a la Inquisición de Toledo; compareció ante ella y fue absuelto.

El doctor Jerónimo de Ceballos, uno de los regalistas del siglo XVII, cuyas obras se prohibieron en Roma, pero no en España.

Quien conozca nuestra literatura de los siglos XVI y XVII, no habrá dejado de reírse de ese sangriento martirologio formado por Llorente, en que no hay una sola relajación al brazo secular, ni pena alguna grave, ni aun cosa que pueda calificarse de proceso formal, como no sea el del Brocense, ni tampoco nombres que algo signifiquen, fuera de éste y de los de Luis de la Cadena, Sigüenza, Las Casas y Céspedes, que está aquí no se sabe por qué.

Hay otros cuatro eximios varones de quienes conviene hablar separadamente, si bien con brevedad. Sea el primero Antonio de Nebrija, padre o restaurador de las letras humanas en España. Sus enmiendas al texto latino de la *Vulgata*, algunas de las cuales pasaron a la Complutense, parecieron mal a los teólogos por ser gramático el autor, y no faltaron hablillas y delaciones, y aún fueron sometidas a calificación sus *Quincuagenas*; pero todo se estrelló en la rectitud y buena justicia de los inquisidores generales don Diego de Deza y Cisneros, según el mismo Nebrija en su *Apologia rerum quae illi obiiciuntur*. Y Alvar Gómez, el clásico biógrafo de nuestro cardenal, refiere que éste hizo los mayores esfuerzos por defender a Nebrija y a sus compañeros de la *Políglota* de las diatribas de sus émulos y de la ignorancia de los tiempos y por cubrirlos con su autoridad «et auctoritate honestare et a calumniatorum, criminationibus asserere». ¡Bendito modo de oprimir las letras tenían estos inquisidores generales! A mayor abundamiento, Nebrija publicó luego en Alcalá, y dedicadas al cardenal, las *Quincuagenas*.

Del proceso de fray Luis de León fuera temeridad decir nada después del magistral y definitivo *Ensayo histórico* del mexicano don Alejandro Arango y Escandón, modelo de sobriedad, templanza, buen juicio y buen estilo. Quien lo lea o quien recurra al proceso original, tan conocido desde que se estampó en los *Documentos inéditos*, formará idea clara de la terrible cuestión, filológica y universitaria al principio, suscitada (con ocasión de las juntas que en Salamanca se tuvieron sobre la Biblia de Vatablo) entre nuestros hebraizantes fray Luis de León, Martín Martínez de Cantalapiedra y el doctor Grajal y el helenista León de Castro, partidario ciego de la versión de los Setenta y odiador de los códices hebreos, que suponía corrompidos por la malicia judaica. En estas juntas, y para decir toda la verdad, unos y otros se arrebataron hasta decirse duras palabras, amenazando fray Luis de León a Castro con hacer quemar su libro sobre Isaías. Era León de Castro hombre de genio iracundo y atrabiliario, muy pegado de su saber y muy despreciador de lo que no entendía. Hiriéronle las palabras de fray Luis en lo más vivo de su orgullo literario, y no entendió sino delatarle a la Inquisición. A sus delaciones se juntaron otras, especialmente las del célebre teólogo dominico Bartolomé de Medina. Y como la cuestión que yacía en el fondo del proceso era la de la autoridad y valor de la *Vulgata*, cuestión capitalísima, y más en aquel siglo, el Santo oficio tuvo que proceder con pies de plomo y dejar que el reo explicara y defendiera largamente sus opiniones. Así lo hizo fray Luis en varios escritos admirables de erudición y sagacidad, sobre todo para compuestos en una cárcel y con pocos libros. Y, aunque el proceso duró mucho y sus enemigos eran fuertes y numerosos, la virtud, sabiduría e inocencia del profesor salmantino triunfaron de todo, y acabó por ser absuelto, aunque se recogió, conforme a las reglas del *Índice expurgatorio*, la traducción que había hecho en lengua vulgar del Cántico de Salomón.

León de Castro, pertinaz en sus odios contra los hebraístas, que él llamaba judaizantes, osó poner lengua en la Biblia Regia de Amberes, y acusó a Arias Montano[160] de sospechoso de opiniones rabínicas. Defendiéronle en sendas cartas el cisterciense fray Luis de Estrada y Pedro Chacón,[161] y, examinada la Biblia por diversos calificadores, y especialmente por el padre Mariana, varón de severísimo juicio e incapaz de torcer la justicia a pesar del poco amor de Arias Montano a la Compañía, la decisión fue favorable y no hubo proceso, y Felipe II prosiguió honrando al solitario de la Peña de Aracena como quizá ningún monarca ha acertado a honrar a un sabio.

¿Y con qué derecho se cuenta entre las víctimas de la Inquisición al padre Mariana, que fue tan favorecido por ella, que le confirió la redacción del *Índice expurgatorio* de 1583 y la censura de la *Políglota* antuerpiense? ¿Cómo se hace responsable al Santo oficio de la tormenta política excitada contra el sabio

---

160 Véase su *Elogio*, escrito por don Tomás J. González Carvajal, en el tomo 7 de las *Memorias de la Academia de la Historia*.

161 La carta del primero puede verse en la *Biblioteca Rabínica*, de Rodríguez de Castro, con notas muy curiosas de don Juan Antonio Pellicer.

jesuita por su tratado *De la alteración de la moneda*, que tan al vivo mostraba las llagas del reino y la corrupción y venalidad de los procuradores a Cortes y de los validos de Felipe III?

Clamen, cuanto quieran ociosos retóricos y pinten al Santo oficio como un conciliábulo de ignorantes y matacandelas; siempre nos dirá a gritos la verdad en libros mudos, que inquisidor general fue fray Diego de Deza, amparo y refugio de Cristóbal Colón; e inquisidor general Cisneros, restaurador de los estudios de Alcalá, editor de la primera Biblia políglota y de las obras de Raimundo Lulio, protector de Nebrija, de Demetrio el Cretense, de Juan de Vergara, del Comendador Griego y de todos los helenistas y latinistas del Renacimiento español; e inquisidores generales don Alonso Manrique, el amigo de Erasmo; y don Fernando Valdés, fundador de la Universidad de Oviedo; y don Gaspar de Quiroga, a quien tanto debió la colección de concilios y tanta protección Ambrosio de Morales; e inquisidor don Bernardo de Sandoval, que tanto honró al sapientísimo Pedro de Valencia y alivió la no merecida pobreza de Cervantes y de Vicente Espinel. Y aparte de estos grandes prelados, ¿quién no recuerda que Lope de Vega se honró con el título de familiar del Santo oficio, y que inquisidor fue Rioja, el melancólico cantor de las flores, y consultor del Santo oficio el insigne arqueólogo y poeta Rodrigo de Caro, cuyo nombre va unido inseparablemente al suyo por la antigua y falsa atribución de las Ruinas? Hasta los ministros inferiores del Tribunal solían ser hombres doctos en divinas y humanas letras y hasta en ciencias exactas. Recuerdo a este propósito que José Vicente del Olmo, a quien muchos habrán oído mentar como autor de la relación oficial del auto de fe de 1682, lo es también de un no vulgar tratado de Geometría especulativa y práctica de planos y sólidos (Valencia 1671) y de una *Trigonometría con la resolución de los triángulos planos y esféricos, y uso de los senos y logaritmos*, que es, y dicho sea entre paréntesis, una de tantas pruebas como pueden alegarse de que no estaban muertos ni olvidados los estudios matemáticos, aun en la infelicísima época de Carlos II, cuando se publicaban libros como la *Analysis geometrica*, de Hugo de Omerique, ensalzada por el mismo Newton.

Pero ¿cómo hemos de esperar justicia ni imparcialidad de los que, a trueque de defender sus vanos sistemas, no tienen reparo en llamar sombrío déspota, opresor de toda cultura, a Felipe II, que costeó la *Políglota* de Amberes, grandioso monumento de los estudios bíblicos, no igualada en esplendidez tipográfica por ninguna de la posteriores, ni por la de Walton, ni por la de Jay; a Felipe II, que reunió de todas partes exquisitos códices para su biblioteca de san Lorenzo y mandó hacer la descripción topográfica de España, y levantar el mapa geodésico, que trazó el maestro Esquivel, cuando ni sombra de tales trabajos poseía ninguna nación del orbe; y formó en su propio palacio una academia de matemáticas, dirigida por nuestro arquitecto montañés Juan de Herrera; y promovió y costeó los trabajos geográficos de Abraham Ortelio; y comisionó a Ambrosio de Morales para explorar los archivos eclesiásticos, y al botánico Francisco Hernández para estudiar la fauna y la flora mexicanas?

IV. Prohibición de libros. Historia externa del «Índice expurgatorio»

No solo se combate a la Inquisición con retóricas declamaciones contra la intolerancia, con cuadros de tormentos y con empalagosa sensiblería. Hay otra arma, al parecer de mejor temple; otro argumento más especioso para los amantes de la libertad de la ciencia y del pensamiento humano emancipado. No se trata ya de hogueras ni de potros, sino de haber extinguido y aherrojado la razón con prohibiciones y censuras; de haber matado en España las ciencias especulativas y las naturales y cortado las alas al arte. Todo lo cual se realizó, si hemos de creer a la incorregible descendencia de los legisladores de Cádiz, en ciertas listas de proscripción del entendimiento, llamadas *Índices expurgatorios*. Bien puede apostarse doble contra sencillo a que casi ninguno de los que execran y abominan estos libros los ha alcanzado a ver ni aun de lejos, porque casi todos son raros, rarísimos, tanto por lo menos como cualquiera de las obras que en ellos se prohíben o mandan expurgar. Y, si no los han visto, menos han podido analizarlos, ni juzgar de su contenido, ni sentenciar si está o no proscrito en ellos el entendimiento humano. Por lo cual, y siendo mengua de escritores serios el declamar en pro ni en contra sobre lo que se sabe mal y a medias, es preciso, para entendemos sobre los *Índice*s, declarar lisa y llanamente lo que eran, trazando primero su historia externa o bibliográfica, y luego la interna; clasificando y aun enumerando los principales libros que vedó o mandó tachar el Santo oficio; tarea no tan larga y difícil como sin duda habrán pensado los críticos liberales y tarea indispensable si nuestras conclusiones sobre el decantado influjo del Santo oficio en la decadencia de la cultura nacional han de ser cosa sólida y maciza.

El prohibir a los fieles las lecturas malas o sospechosas ha sido derecho ejercido en todos tiempos, y sin contradicción, por la Iglesia. Así se explica la desaparición de casi todas las obras de los primeros heresiarcas y el decreto del papa Gelasio sobre los libros apócrifos, primer documento legal en la materia. A través de las oscuridades de los tiempos medios, y con las interrupciones y lagunas dolorosas que su historia ofrece, vemos que papas, concilios y obispos seguían ejerciendo en diversos modos este derecho de prohibición, necesario al buen régimen de la sociedad eclesiástica y aun de la civil. En tiempo de Recaredo arden en Toledo las Biblias ulfilanas y los libros arrianos. El Concilio de París de 1209 veda los libros franceses de teología, los cuadernos de David de Dinant y las doctrinas seudoaristotélicas del maestro Amalrico y del español Mauricio. El Concilio de Tolosa de 1229, y a su ejemplo la junta congregada en Tarragona el año 1233 por don Jaime el Conquistador, prohíbe las traducciones vulgares de la Biblia. Y, fundada ya y organizada la Inquisición en Provenza y Cataluña, se van añadiendo a las antiguas prohibiciones del Derecho canónico, inauguradas con el Decreto de Gelasio, las que los inquisidores, con autoridad apostólica, iban haciendo. Así se prohibieron los libros teológicos de Arnaldo de Vilanova. Así fue condenado a las llamas el *Virginale*, de Nicolás de Calabria. Así los libros de magia y de invocación de los demonios del catalán Raimundo de Tárrega, y todos los demás de que se habla en el *Directorium*, de Eymerich. Así, aunque temporalmente, algunos de Raimundo Lulio, gracias a la *Extravagante*, de Gregorio XI, que obtuvo o forjó el mismo Eymerich.

De Castilla hay menos noticias, sin duda porque fueron rarísimos los casos de herejía manifestada en libros. Con todo eso, don fray Lope Barrientos, obispo de Cuenca y confesor del príncipe don Enrique, expurgó y condenó en parte a las llamas, no como inquisidor, sino por especial comisión de don Juan II, y bien contra su propia voluntad, la biblioteca de don Enrique de Villena. Y en 1479 los teólogos complutenses que condenaron a Pedro de Osma mandaron arder su libro *De confessione*, lo cual se llevó a cabo pública y solemnemente en Alcalá y en el patio de las escuelas de Salamanca, quemándose juntamente con el libro la cátedra en que el maestro había explicado.

Sabemos por testimonios oscuros y nada detallados que el Santo oficio, desde los primeros días de su establecimiento en Castilla, comenzó a perseguir los libros de prava y herética doctrina y que el primer inquisidor fray Tomás de Torquemada, quemó en el convento de Dominicos de san Esteban, de Salamanca, gran número de ellos. Y es sabido que Cisneros, en su fervor evangélico y propagandista, entregó a las llamas en Granada muchos ejemplares del Corán, algunos de ellos con vistosas encuadernaciones, y libros arábigos de toda especie, reservando los de medicina.

Las primeras prohibiciones de libros no se hacían en forma de *Índice*, sino por provisiones y cartas acordadas, de las cuales parece ser la más antigua la que el cardenal Adriano, inquisidor general, dio en Tordesillas el 7 de abril de 1521, prohibiendo la introducción de los libros de Lutero. No eran éstos conocidos aún en España, pero la prohibición respondía a un breve de León X circulado a todas las iglesias de la cristiandad. El inquisidor don Alonso Manrique la repitió en 11 de agosto de 1530 y él y otros se valieron imprudentemente de la autoridad inquisitoria para cerrar la boca a los impugnadores de Erasmo; que al fin los inquisidores eran hombres, y no todo acto suyo es justificable.[162]

Nada de esto se parecía aún a sistema formal de *Índice*s, ni los primeros se redactaron en España, ni se oyó tal nombre en la cristiandad hasta el año 1546, en que, asustado Carlos V por los estragos de la propaganda luterana, solicitó de los teólogos de la Universidad de Lovaina una lista o catálogo de los libros heréticos que en Alemania se imprimían. Nuestra Inquisición hizo suyo este catálogo, y le reimprimió varias veces,[163] con algunas adiciones de libros latinos y castellanos que no habían llegado a noticia de los doctores lovanienses. Intervinieron en este primer *Índice* los inquisidores Alonso Pérez y el licenciado Valtodano, el secretario Alonso de León y el fiscal Alonso Ortiz. Encabézase el libro con un breve de Julio III que prohíbe la lectura y conservación de libros prohibidos y revoca todas las licencias anteriores.[164]

---

162 Con todo eso, en 1535, Manrique se había visto obligado a prohibir los *Coloquios*, y en 1538, el *Elogio de la locura*.

163 Valladolid 1551, por Francisco Fernández de Córdoba, Toledo 1551.

164 La Universidad de Lovaina hizo segunda edición, muy aumentada, de su *Índice* en 1556. La Universidad de París había publicado otro en 1551.

De los *Índices Romanos* no ocurre tratar aquí por ser generales a toda la Iglesia. El primero fue el de Paulo IV. Pío IV confió la redacción de otro *Índice* a los teólogos de Trento y le autorizó por bula de 24 de marzo de 1564.

Anterior a los decretos inquisitorios es también la pragmática de los reyes católicos, fecha en Toledo a 8 de julio de 1502, sobre el examen y prohibición de libros, de que formó la ley 23, lib. 1, tít. 7 de la Recopilación. Empieza así:

«Sepades, que porque Nos habemos seido informados, que vos los dichos libreros y impresores de los dichos moldes, y Mercaderes y factores de ellos, habéis acostumbrado y acostumbráis de imprimir y traher a vender a estos nuestros reynos muchos libros de molde de muchas materias, así en latín, como en romance, y que muchos dellos vienen faltos en las lecturas de que tratan, y otros viciosos, y otros apócrifos y reprobados, y otros nuevamente hechos de cosas vanas y supersticiosas, y que a causa de ellos han nacido algunos daños en nuestros reynos: Y porque a nos en lo tal pertenece proveer e remediar, mandamos platicar sobre ello con los del nuestro Consejo y por ellos visto y consultado, fue acordado que debíamos mandar», etc.

Esta pragmática está entre las recopiladas e impresas en Toledo, año 1550, fol. 159.

165 Censura de libros.

Generalmente hablando, no se ejerció en España la censura previa durante el siglo XVI, ni aquí tuvo cumplimiento nunca el breve de León X de 4 de mayo de 1515, que prohíbe la impresión de libros que no hayan sido examinados por la Inquisición o el ordinario cumulative. A ello se oponían terminantemente varias disposiciones legales.

Carta de los reyes católicos de 8 de junio de 1502, en Toledo, mandando que no se pueda imprimir ningún libro sin licencia del rey o de los que para ello tuvieran sus poderes, que son: «en Valladolid y Ciudad Real, los presidentes de las Audiencias; en Toledo, Sevilla y Granada, los arzobispos; en Burgos, el obispo; en Salamanca y Zamora, el obispo de Salamanca», sin citar para nada a la Inquisición.

Felipe II, en 7 de septiembre de 1558 (La orden que se ha de tener en imprimir los libros, Valladolid, Sebastián Martínez, 1558), manda (art. 3.º) que no se imprima ningún libro en España sin licencia del Consejo Real, y en el art.º 5, que la licencia del Inquisidor general sea necesaria solo para las obras del Santo oficio.

El mismo rey, en la *Nueva Recopilación* de 1592 (lib. 2, tomo 4 ley 48): «que las licencias que se dieren para imprimir de nuevo algunos libros de cualquier condición que sean, se den por el presidente y los de nuestro Consejo, y no en otra partes».

Ninguno de los libros impresos en Madrid durante el siglo XVI (1566 a 1600) tiene examen ni aprobación previa del Santo oficio.

Véase Pérez Pastor, *Bibliografía madrileña* (siglo XVI, Madrid 1891) página XV.

Según el mismo bibliógrafo, son muy pocos los libros impresos en otras ciudades de España que tengan este requisito, y éstos suelen ser, o libros impresos en Sevilla cuando el arzobispo era también inquisidor general, o libros pertenecientes a América, o cuyos autores querían autorizarse más y más con aquella censura y aprobación previa (Constantino, Támara, Pero Mexía), o impresos en Valencia durante la primera mitad del

No fue bastante medicina este *Índice*, y como las Biblias de impresión extranjera que se introducían en España desde 1528 venían plagadas de errores y herejías en las notas, sumarios y glosas, determinó don Fernando de Valdés que se hiciera un *Índice y censura especial de Biblias* en 1554;[166] trabajo muy curioso y bien hecho, en que se expurgan más de cincuenta y cuatro ediciones.

Conforme arreciaba la tormenta protestante y se multiplicaban los libros sospechosos aun en España y en lengua vulgar, iban pareciendo no suficientes, el *Índice de Lovaina* y la censura de Biblias. Así es que el infatigable Valdés dispuso la formación de un nuevo y copioso *Índice*, que salió de las prensas de Sebastián Martínez, de Valladolid, el año 1559, y forma un tomo en 4.º de primera rareza. Es piedra angular de todos los restantes.

En pos de este *Índice* viene el que por encargo de Felipe II formaron en Amberes varios teólogos, el principal de ellos Arias Montano, e imprimió elegantísimamente Plantino en 1570. De este *Índice* publicaron en 1609 (Estrasburgo) y 1611 (Hanau) los calvinistas franceses Francisco Junio y Juan Pappi una reimpresión, con prólogos y notas burlescas, adicionada con la censura de las glosas del Derecho canónico que, por encargo de san Pío V, había trabajado el maestro del Sacro Palacio, fray Tomás Manrique.

Mucho más copioso e interesante que el de Valdés para nuestra historia literaria es el que mandó formar a Mariana y otros teólogos el inquisidor don Gaspar de Quiroga, y se imprimió en Madrid por Alonso Gómez, 1583, dividido en dos partes o tomos; uno, de libros prohibidos, y otro, de expurgatorios, con ciertas reglas sobre la expurgación, que se repitieron en todas las ediciones subsiguientes. Esta segunda parte fue reimpresa en Saumur, 1601, por los protestantes.

Don Bernardo de Sandoval y Rojas autorizó el quinto de estos *Índices* generales, estampado en Madrid por Luis Sánchez en 1612 y reimpreso por los protestantes ginebrinos en 1619, imprenta de Juan Crespín, con un prólogo de Horacio Turretino en burla y depresión del Santo oficio. Este *Índice* tiene

---

 siglo XVI, porque allí la Inquisición ejercía la censura previa de libros, autorizaba su impresión, hasta que terminantemente lo prohibió el Consejo por carta acordada de 1571.
166 «Censura Generalis contra errores, quibus recentes haeretici Sacram Scriptura asperserunt, edita a supremo Senatu Inquisitionis adversus haereticortim pravitatem et apostasiam in Hispania, et aliis regnis et dominiis Caesareae Maiestatis constituo.» Valladolid, Francisco Fernández de Córdoba, 1554. (En 4.º).

por separado dos apéndices; uno, que el mismo Quiroga dio en 1614 (por Luis Sánchez), y otro, publicado en 1628 por su sucesor el cardenal don Antonio Zapata (imprenta de Juan Gómez).

Al mismo Zapata se debe el sexto *Índice*, publicado en 1632 (Sevilla, imprenta de Francisco de Lira), con más reglas y advertencias y muchos más libros que en los anteriores.

Su sucesor, don fray Antonio Sotomayor, de la Orden de Predicadores, arzobispo de Damasco y confesor de Felipe IV, se mostró celosísimo en su oficio inquisitorio, y, no satisfecho con haber quemado más de 2.000 libros en el convento de doña María de Aragón, de Madrid, mandó publicar un nuevo *Índice* en 1640, en la imprenta del maldito Diego Díez de la Carrera, que decía Quevedo. El cual *Índice* fue reimpreso y parodiado por los protestantes, según su costumbre, en Ginebra, 1667, aunque con la fecha y lugar supuestos de la primera edición.

Finalmente, y para llevar esta historia hasta lo último, en el siglo XVIII se imprimieron hasta tres *Índices expurgatorios*. El primero, más voluminoso que todos los pasados, como que consta de dos tomos en folio, fue comenzado por don Diego Sarmiento y Valladares y acabado por don Vidal Marín, obispo de Ceuta e inquisidor general, en 1700. Con no muchas adiciones le reprodujo en 1748 don Francisco Pérez Cuesta, obispo de Teruel, siendo la más importante y acomodada a las necesidades del tiempo un catálogo de autores jansenistas.

De este *Índice* es un compendio el publicado en 1790, en un solo volumen, por el inquisidor general don Agustín Rubín de Ceballos, que incluyó ya en él gran número de libros impíos y enciclopedistas. Lo mismo se observa en un suplemento publicado en la imprenta Real en 1805, último acto literario de la Inquisición.[167] [168]

V. El Índice expurgatorio internamente considerado. Desarrollo de la ciencia española bajo la Inquisición

Los *Índices expurgatorios*, que fueron al principio en cuarto y luego en folio, contienen reglas generales y prohibiciones o expurgaciones particulares. Natural es que comencemos por las primeras.

Y, ante todo, por las Biblias en lengua vulgar, que severamente estuvieron vedadas en España por la regla quinta de los antiguos *Índice*s, hasta que se levantó la prohibición en 1782, pero solo para las versiones aprobadas por la

---

[167] Para esta noticia he tenido a la vista una colección de papeles del siglo pasado acerca de prohibiciones de libros, recogidos (creo) por Llaguno; un manuscrito de don Juan Antonio Pellicer, titulado *Noticia histórica de la prohibición de libros en España para bien de la Iglesia y del Estado*, y la lista de *Official editions and reprints of the «Index librorum prohibitorum»*, impresa y circulada privadamente por el bibliófilo americano Knapp (W. I.) (Nueva York 1880), que prepara un *Bibliographical Thesaurus of Prohibited Literature*.
En la sucinta noticia que doy en el texto, omito todos los que son meras reimpresiones.

[168] El señor don José Sancho Rayón posee, y me ha facilitado, un manuscrito que se rotula Noticias dadas en el año de 1633 por un Secretario de la Inquisición, de orden del Inquisidor General don fray Antonio de Sotomayor.
Algunas de sus noticias quedan utilizadas en lugar oportuno. Añado las siguientes:
En 2 de enero de 1588 se mandó quemar en Valladolid buen número de libros heréticos.
En consulta del Consejo de 9 de septiembre de 1595, se lee el párrafo siguiente: «Por los Inquisidores, en cuyo distrito caen los puertos de mar, por donde entran los dichos libros, están hechas las prevenciones necesarias, y se visitan los navíos que a ellos llegan, y se reconocen y examinan los libros que traen».
Paulo IV, en un motu proprio de 21 de diciembre de 1558, y otro de 1.º de enero de 1559, revoca todas las licencias de libros prohibidos, aun las concedidas a obispos y arzobispos.
Pero Urbano VIII, en *motu propio* de 6 de diciembre de 1627, concede a los que escriban contra los herejes el uso de sus libros por tiempo limitado, a juicio del inquisidor general.
Consulta del Consejo, en 18 de enero de 1627, quejándose de que algunos conseguían en Roma licencias, mandando al embajador que se oponga a esto y ordenando que se recojan todas las que hubiere, a no ser dadas por la Inquisición.
Carta del rey al papa sobre este punto: «He entendido que algunos vasallos de los mis reynos tienen licencia de V. S. o de la Congregación General de Inquisición para tener y leer libros prohibidos de dañada doctrina, y compuestos por heresiarcas, y como extranjeros de su corte, no se tiene en ella noticia de la calidad y letras de sus personas, ni la

Silla Apostólica o dadas a la luz por autores católicos con anotaciones de los santos padres y doctores de la Iglesia, que remuevan todo peligro de mala inteligencia. En lo cual sabiamente se ajustó el Santo oficio a la doctrina del breve de Pío VI, en elogio y recomendación de la Biblia toscana del arzobispo Martini.

A nadie escandalice la sabia cautela de los inquisidores del siglo XVI. Puestas las Sagradas Escrituras en romance, sin nota ni aclaración alguna, entregadas al capricho y a la interpretación individual de legos y de indoctos, de mujeres y niños, son como espada en manos de un furioso, y solo sirven para alimentar el ciego e irreflexivo fanatismo, de que dieron tan amarga muestra los anabaptistas, los puritanos y todo el enjambre de sectas bíblicas nacidas al calor de la Reforma. ¿Cómo entregar sin comentarios al vulgo libros antiquísimos, en lengua y estilo semíticos o griegos, henchidos de frases, modismos y locuciones hebreas y preñados de altísimo sentido místico y profético? ¿Cómo ha de dis-

---

satisfacción que es menester para confiarles cosa tan peligrosa... Me ha parecido suplicar a V. B. mande que en esto se tenga la mano, y que las licencias que allá se despacharen, no usen dellas hasta que las presenten y passen por el inquisidor general y Consejo de la santa Inquisición» (Madrid, 20 de abril de 1627).

Aprovecho esta ocasión para ampliar las noticias bibliográficas de los principales *Índices*: *Index expurgatorius librorum qui hoc saeculo prodierunt, de Philippi II Regis Catholici iussu et authoritate, atque Albani Ducis consilio ac ministerio in regia concinnatus...* Anno 1571. Impressum *Antuerpiae*, ex officina Chr. Plantini Prototypographi Regis, 1571.

—*Index et Catalogus librorum prohibitorum, mandato Illustriss, ac Reverendiss. D. D. Gasparis a Quiroga, Cardenalis Archiepiscopi Toletani, ac in regnis Hispaniarum Generalis Inquisitoriis, denuo editus. Cum Consilio Supremi Senatus Sanctae Generalis Inquisitionis, et Matriti*, Apud Alphonsum Gomezitim Regium Typographum, Anno MDLXXXIII.

El catálogo se dice hecho «con acuerdo y deliberación de las universidades de los reynos»; Mateo Vázquez era el único que podía imprimir este catálogo.

Al lector: «Cuando se hallaren en este Catálogo prohibidos algunos libros de personas de grande Christiandad y muy conocidos en el mundo (quales son Juan Roffense, Thomás Moro, Gerónymo Ossorio, don Francisco de Borja, duque de Gandía, fray Luis de Granada, el maestro Juan de Ávila y otros semejantes), no es porque tales autores se hayan desviado de la Sancta Iglesia Romana ni de lo que ella nos ha enseñado siempre y enseña: que antes la han reconocido por su verdadera madre y maestra... sino porque, a son libros que falsamente se les han atribuido no siendo suyos, o por hallarse, en los que lo son, algunas palabras y sentencias agenas, que con el mucho descuydo de los impresores, o con el demasiado cuydado de los hereges, se les han impuesto; o por no consentir que anden en lengua vulgar, o por contener cosas, que aunque los tales autores píos y doctos las dixeron

tinguir el ignorante lo que es Historia y lo que es ley, lo que es ley antigua y ley nueva, lo que se propone para la imitación o para el escarmiento, lo que es

sencillamente y en el sano y cathólico sentido que reciben, la malicia destos tiempos las haze ocasionadas para que los enemigos de la Fe las puedan torcer al propósito de su dañada intención. Lo qual no es razón que obste en manera alguna al honor y buena recordación de aquéllos».

Reglas generales:

I. Libros prohibidos por papas o Concilios antes de 1515.

II. Libros de heresiarcas, pero no los libros de Cathólicos que los refuten, aunque ande en ellos el texto de los hereges, ni menos los prólogos e ilustraciones de éstos a libros agenos.

III. Libros de hereges, que no han sido cabezas de secta, sobre religión, pero no sobre otras materias.

IV. Libros de Judíos y Moros contra la Fe, así como el *Talmud* y sus comentadores.

V. Traducciones de la Biblia hechas por hereges; pero pueden los Inquisidores conceder licencia in scriptis para usar las del *Viejo Testamento*, aun hechas por hereges.

VI. Biblias en lengua vulgar, pero no los capítulos que anden en libros de Cathólicos, ni las Epístolas y *Evangelios* de la Misa.

VII. Horas en lengua vulgar. Rúbricas supersticiosas.

VIII. Controversias contra hereges y refutaciones del Alcorán en lengua vulgar.

IX. Tratados de artes mágicas y supersticiones.

X. Pasquines y libelos infamatorios. Parodias y aplicaciones profanas de la Escritura.

XI. Libros anónimos y sin señas de impresión.

XII. Imágenes y figuras contra la Iglesia y el Clero.

Nadie por su autoridad puede expurgar los libros sin permiso del Santo oficio.

Regla IX.

«Otrosí se prohíben todos los libros, tractados, cédulas, memoriales, receptas y nóminas para invocar demonios, por cualquier vía y manera, ora sea por *nigromancia*, hydromancia, pyromancia, aeromancia, onomancia, chiromancia y geomancia; ora por escritos y papeles de arte mágica, hechizerías, bruxerías, agüeros, encantamientos, conjuros, cercos, characteres, sellos, sortijas y figuras. También se prohíben todos los libros, tractados y escriptos en la parte que tractan y dan reglas y hazen arte o sciencia para conocer por las estrellas y sus aspectos, o por las rayas de las manos, lo por venir que está en la libertad del hombre y los casos fortuytos que han de acontescer; o que enseñan a responder lo hecho a acontescido en las cosas passadas, libres y ocultas, o lo que sucederá en lo que depende de nuestra libertad, que son las partes de la judiciaría que llaman de nacimientos, interrogaciones y electiones. Y se manda y prohíbe que ninguna persona haga juizio cerca de las cosas susodichas. Pero no por esto se prohíben las partes de la Astrología que tocan al conocimiento de los tiempos y successos generales del mundo, ni las que enseñan por el nascimiento de cada uno a conocer sus inclinaciones, condiciones y qualidades corporales, ni lo que pertenece a la agricultura y navegación y medicina, y a las electiones que

símbolo o figura? ¿Cómo ha de penetrar los diversos sentidos del sagrado texto? ¿A qué demencias no ha arrastrado la irreflexiva lectura del *Apocalipsis*?

Para evitar, pues, que cundieran los videntes y profetas, y tornasen los días del *Evangelio eterno* y aquellos otros en que los mineros de Turingia deshacían con sus martillos las cabezas de los filisteos, vedó sabiamente la Iglesia el uso de las Biblias en romances, reservándose el concederlo en casos especiales. Y no eran nuevas estas prohibiciones, que ya en tiempo de los valdenses las habían formulado un concilio de Tolosa y reproducido don Jaime el Conquistador en 1233. Claro que entonces existían ya Biblias catalanas; pero este decreto contribuyó a hacerlas, desaparecer. Pasado el peligro, la prohibición cayó en olvido, y hoy poseemos, aunque manuscritas y en un solo códice, una Biblia catalana completa, que parece traducida en el siglo XV,[169] y varios fragmentos, algunos muy considerables, de otras versiones diferentes. Y consta que en 1478

---

cerca de estas cosas naturales se hazen. En los conjuros y exorcismos contra los demonios y tempestades, demás de lo que el Rezado Romano ordena, se permite solamente lo que en los Manuales Eclesiásticos está recebido por uso de las Iglesias, visto y aprobado por los ordinarios.»

—*Index librorum prohibitorum et expurgatorum, Illmi. D. D. Bernardi de Sandoval et Roxas, S. R. E. Cardinalis et Arch. Toletani et Inq. Generalis authoritate et iussu editum, de Consilio Supremi Senatus, Sanctae Generalis Inquisitionis Hispaniarum.* Anno Domini 1612. (Por Luis Sánchez.)

—*Appendix prima ad Indicem librorum prohibitorum et expurgatorum Illmi. Dom. D. Bernardi de Sandoval et Roxas, S. R. E. Cardinalis et Arch. Toletani, Inquisitoris Generalis authoritate et iussu editum...* 1614.

—*Appendix secunda ad Ind. lib. prohib. et exp. Illmi. D. D. Antonii Zapata, Cardinalis, Inquisitoris Generalis authoritate et iussu edita, de consilio supremi Senatus...* (Madrid, Juan González, 1628).

—*Cathalogus lib. proh. et exp. editus authoritate et iussu eminentissimi D. D. Antonii Zapata, S. R. E. Cardinalis Inquisitoris Generalis, de consilio Supreini Senatus generalis Inquisitionis.* Anno Domini 1632 (Sevilla, Francisco de Lyra).

169 Biblioteca Nacional de París, códices 6.831 (Maz.), 6.832 y 6.833. En la misma Biblioteca existe un códice que en 362 folios abraza el *Pentateuco*, *Josué*, los Jueces, *Rut*, reyes, *Paralipómenos*, *Esdras*, *Nehemías*, *Judit*, *Ester*, *Tobías* y *Job*. Este códice fue escrito, según una nota final, en 1407.

En la misma Biblioteca hay tres Salterios manuscritos. El primero (fondo antiguo francés, 2. 433), de 187 páginas, perteneció a un clérigo de Perpiñán, que lo compró en 23 de mayo de 1467, según nota puesta al principio; tiene la forma y el tamaño de un libro de horas. El segundo (fondo español, 376), que parece falto de tres hojas al principio, y tiene hoy 264, se imprimió en Valencia, por Alfonso Fernández de Córdoba y maestre Larbert Palmart, a expensas de un mercader alemán, dicho Felipe Vizlant, una traducción catalana de las Sagradas Escrituras, en que intervinieron fray Bonifacio Ferrer, hermano de san Vicente, y otros teólogos. Pero esta versión fue tan rigurosamente destruida, que solo han llegado a nosotros las últimas hojas, guardadas con veneración en la cartuja de Portaceli.

En Castilla, donde el peligro de herejía era menor, no hubo nunca tal prohibición, así vemos que don Alfonso el Sabio, en su *Grande y general historia*, escrita a imitación de la *Historia escolástica*, de Pedro Coméstor, intercaló buena parte de los sagrados *Libros traducidos o extractados en vulgar*. Y en 1430, a ruegos y persuasión del maestre de Calatrava, don Luis de Guzmán, hizo rabí Moseh Arragel una traducción completa, notabilísima como lengua, que todavía yace inédita en la biblioteca de los duques de Alba. Esto sin contar otras muchas versiones, anónimas y parciales, que se conservan en El Escorial y la que hizo de los *Evangelios* y de las *Epístolas de san Pablo* el converso Martín de Lucena, a quien decían el *Macabeo*, a ruegos del marqués de Santillana.

---

puede ser la traducción atribuida a Ruiz de Corella; perteneció a un comerciante valenciano del siglo XVI. El tercero (fondo español, 244) también del siglo XVI, con 100 hojas útiles, tiene al principio este rótulo (de diversa letra que lo demás): *Llibre de orations per mi Domingo Alonso de Aragon*.

Todas estas traducciones son diferentes entre sí y diferentes de un *Salterio* catalán impreso, de estupenda rareza, que se guarda en la Biblioteca Mazarina (108 folios, con más nueve páginas en blanco al principio y al fin). No tiene señas de impresión ni más final que éste: «Acaba lo llibre de psalms: altrament dit Psaltiri. En lo qual ha cent e cinquanta psalms. E dos milia e sis cents e seis versos: Lo qual en lo hebreu se apella David. O altrament se diu soliloqui del Sanct Spirit». La edición parece de los primeros treinta o cuarenta años del siglo XVI, y al principio se dice «que fou tret de la Biblia de stampa, la qual es estada empremptada en la ciutat de Valencia: e fou corregida, vista e reconeguda per lo reverend mestre Jacme Borrell, del orde de predicadors».

Sobre la Biblia catalana impresa y sobre otros fragmentos menudos se hallarán buenas noticias en Villanueva (don J. Lorenzo), *Lección vulgar de las Sagradas Escrituras* (Valencia, Montfort, 1791).

El mismo Villanueva presentó amplios extractos de la Biblia de Moseh Arragel (páginas 137 a 228 de los apéndices).

El *Salterio* de París, que está muy toscamente impreso en 106 hojas, con foliatura al pie, no tiene señas de impresión ni año.

La imprenta comenzó a difundir las Escrituras en lengua vulgar desde muy temprano. Y quizá la primera muestra entre nosotros fue el *Psalterio*, de la Biblioteca Nacional de París, al que siguió un *Pentateuco* impreso por los judíos, y luego la Biblia ferrariense, que era casi la única que en España circulaba cuando los edictos de prohibición vinieron. La cual fue tan rigurosa en el *Índice* de Valdés, que hasta se mandó recoger y entregar al Santo oficio los libros de devoción en que anduviesen traducidos pedazos de los *Evangelios* y *Epístolas canónicas*, etc. Más adelante este rigor amansó, y aún en España vino a quedar en vigor la regla cuarta del *Índice* tridentino, que deja al buen juicio del obispo o del inquisidor, previo consejo del párroco o confesor del interesado, conceder o no la lectura de la Biblia en lengua vulgar por licencia in scriptis. Y, a decir verdad, la privación no era grande; porque ¿quién no sabía latín en el siglo XVI? Pues todo el que lo supiese, aunque fuera un muchacho estudiante de gramática, estaba autorizado para leer la *Vulgata* sin notas. Y el pueblo y las mujeres tenían a su disposición las traducciones en verso de los libros poéticos, que jamás se prohibieron; ciertos comentarios y paráfrasis y muchos libros de devoción, en que se les daba, primorosamente engastada, una buena parte del divino texto. Fácil sería hacer una hermosa Biblia reuniendo y concordando los lugares que traducen nuestros ascéticos. ¿A qué se reducen, pues, las declamaciones de los protestantes? Lejos de estar privados los españoles del siglo XVI del manjar de las Sagradas Escrituras, penetraba en todas las almas así el espíritu como la letra de ellas y nuestros doctores no se hartaban de encarecer y recomendar su estudio, como puede verse en los muchos pasajes recopilados por Villanueva.

Prohíbe, en general, nuestro *Índice* los libros de heresiarcas y cabezas de secta, como Lutero, Zuinglio y Calvino, mas no las obras de sus impugnadores, en que andan impresos tratados o fragmentos de ellos; ni las traducciones que esos herejes hicieron, aun de autores eclesiásticos, sin mezclar errores de su secta; los libros abiertamente hostiles a la religión cristiana, como el *Talmud*, el Corán y ciertos comentarios rabínicos; los de adivinaciones, supersticiones y nigromancías; los que tratan de propósito cosas lascivas, exceptuando los antiguos gentiles, que se permiten *propter elegantiam sermonis*, con tal que no se lean a la juventud los pasajes obscenos.

Vamos a ver a qué estaban reducidas las trabas del pensamiento, y para esto procederemos, aunque con brevedad suma, por ciencias y géneros. El teólogo español podía leer libremente todos los Padres y Doctores eclesiásticos anteriores a 1515, puesto que dice expresamente el *Índice* que «en ellos no se mude, altere ni expurge nada», como no sean las variantes y corruptelas introducidas de mala fe por los protestantes. Ni los libros de Tertuliano después de su caída ni ningún otro hereje antiguo le estaban vedados. También se le permitían todos los escolásticos de la Edad media, incluso Pedro Abelardo, salvo algunos pasajes, y Guillermo Occam, exceptuando sus libros contra Juan XXII. Y tenía a su alcance toda la inmensa copia de teólogos ortodoxos posteriores, sobre todo los que daban sin cesar alimento a nuestras prensas, sin que haya ejemplo de que ninguno de nuestros grandes teólogos fuera molestado en cosa grave por el Santo oficio, pues en el libro de Melchor Cano se expugnaron solo dos o tres frases insignificantes; en Suárez y otros, lo que decían de la confesión *in scriptis*, y esto a consecuencia de un decreto de Clemente VIII de 1602; y en el tratado *De morte et immortalitate*, de Mariana, algunas expresiones que a los dominicos les parecieron demasiado molinistas, o, como ellos decían, semipelagianas. No era raro que las cuestiones de escuela trascendiesen a la formación del *Índice*, y las disputas de la gracia y de la Inmaculada solían dar motivo a prohibiciones opuestas, según que unos y otros entendían en el *Índice*.

En cuanto a los libros de religión en lengua vulgar, prohíbanse en el *Índice* de Valdés los de Taulero, Dionisio Rickel, Henrico Herph y otros alemanes, sospechosos de inducir al panteísmo y al quietismo. Se mandaban recoger las primeras ediciones del *Audi, filia*, del maestro Ávila; de la *Guía de pecadores* y *De la oración* y meditación, de fray Luis de Granada, y de la *Obra del cristiano*, de san Francisco de Borja, no porque contuviesen error alguno, sino por el universal terror que inspiraban, en tiempo de los alumbrados, los libros místicos y «por encerrar cosas que, aunque los autores píos y doctos las dixeron sencillamente, creyendo que tenían sano y católico sentido, la malicia de los tiempos las hace ocasionadas para que los enemigos de la fe las puedan torcer al propósito de su dañada intención». ¡Y cuánto ganaron algunas de estas obras con ser luego enmendadas por sus autores! Compárese el desorden, las repeticiones y el desaliño de las primeras y rarísimas ediciones de la *Guía de pecadores* con el hermoso texto que hoy leemos, y de seguro se agradecerá a la Inquisición este servicio literario. Sin diferir en nada sustancial, es más culto, más lleno y metódico el tratado que han leído siempre los católicos españoles, y que ojalá leyesen mucho los que a tontas y a locas acusan al Santo oficio de haberle prohibido.

Más adelante desapareció este recelo contra la mística, y ni san Pedro de Alcántara, ni fray Juan de los Ángeles, ni fray Luis de León, ni Malón de Chaide, ni santa Teresa, ni san Juan de la Cruz suenan para nada en los *Índice*s; fray Jerónimo Gracián solo por sus *Conceptos del amor divino* y por sus *Lamentaciones del miserable estado de los ateístas*, materia que se consideró peligrosa porque en España no los había. Los demás libros de religión vedados en el *Índice* son, ya formalmente heréticos, como los de Valdés, Pérez, Valera, etc., y la traducción de las *Prédicas*, de fray Bernardo de Ochino; ya sospechoso en grado vehemente, como el *Catecismo* de Carranza; ya relativos a controversias pasadas, cuyo recuerdo convenía borrar, v. gr., la *Cathólica impugnación del herético libelo* que en el año passado de 1480 fue divulgado en Sevilla, obra de fray Hemando de Talavera contra ciertos judaizantes.

Cien veces lo he leído por mis ojos, y, sin embargo, no me acabo de convencer de que se acuse a la Inquisición de haber puesto trabas al movimiento filosófico y habernos aislado de la cultura europea. Abro los *Índice*s, y no encuentro en ellos ningún filósofo de la antigüedad, ninguno de la Edad media, ni cristiano ni árabe, ni judío; veo permitida en términos expresos la *Guía de los que dudan*, de Maimónides (regla 14 de las generales), y en vano busco los nombres de Averroes, de Avempace y de Tofail; llegó al siglo XVI, y hallo que los españoles podían leer todos los tratados de Pomponanzzi, incluso el que escribió contra la inmortalidad del alma, pues solo se les prohíbe el *De incantationibus*, y podían leer íntegros a casi todos los filósofos del Renacimiento italiano: a Marsilio Ficino, a Nizolio, a Campanella, a Telesio (estos dos con algunas expurgaciones). ¿Qué más? Aunque parezca increíble, el nombre de Giordano Bruno no está en ninguno de nuestros *Índice*s, como no está en el de Galileo, aunque sí en el *Índice romano*; ni el de Descartes, ni el de Leibnitz, ni, lo que es más peregrino, el de Tomás Hobbes, ni el de Benito Espinosa; y solo para insignificantes enmiendas el de Bacon. ¿No nos autoriza todo esto para decir que es una calumnia y una falsedad indigna lo de haber cerrado las puertas a las ideas filosóficas que nacían en Europa, cuando, si de algo puede acusarse al Santo oficio, es de descuido en no haber atajado la circulación de libros que bien merecían sus rigores? Se dirá que no pasaban nuestros puertos; pero ¿no están ahí todos los biógrafos de Espinosa para decirnos que la *Ética* y el *Tratado teológico-político* se introducían en la España de Carlos II disfrazados con otros títulos? En vano se nos quiere considerar como una Beocia o como una postrera Thule; siempre será cierto que tarde o temprano entraba aquí todo lo que en el mundo tenía alguna resonancia, y mucho más si eran libros escritos en latín y para sabios, con los cuales fue siempre tolerantísimo el Santo oficio.

Afirmo, pues, sin temor de ser desmentido, que en toda su larga existencia, y fuese por una causa o por otra, no condenó nuestro Tribunal de la Fe una sola obra filosófica de mérito o de notoriedad verdadera ni de extranjeros ni de españoles. En vano se buscarán en el *Índice* los nombres de nuestros grandes filósofos; brillan, como se dice, por su ausencia. Raimundo Lulio se permite íntegro; de Sabunde solo se tacha una frase; de Vives, en sus obras originales, nada, y solo ciertos pedazos del comentario a la *Ciudad de Dios*, de san Agustín, en que dejó imprudentemente poner mano a Erasmo; el *Examen de ingenios*, de Huarte, y la *Nueva filosofía de la naturaleza del hombre*, de doña Oliva, que no escasean de proposiciones empíricas y sensualistas, sufrieron muy benigna expurgación; y los *Diálogos de amor*, de León Hebreo, mezcla de cábala y neoplatonismo, se vedaron en lengua vulgar, pero nunca en latín. ¡Y ésta es toda la persecución contra nuestra filosofía!

Pues aún es mayor falsedad y calumnia más notoria lo que se dice de las ciencias exactas, físicas y naturales. Ni la Inquisición persiguió a ninguno de sus cultivadores ni prohibió jamás una sola línea de Copérnico, Galileo y Newton. A los *Índice*s me remito. ¿Y qué mucho que así fuera, cuando en 1594 todo un consejero de la Inquisición que luego llegó a inquisidor general don Juan de Zúñiga, visitó, por comisión regia y apostólica, los Estudios de Salamanca, y planteó en ellos toda una facultad de ciencias matemáticas como no la poseía entonces ninguna otra universidad de Europa, ordenando que en astronomía se leyese como texto el libro de Copérnico?

En letras humanas aún fue mayor la tolerancia. Cierto que constan en el *Índice* los nombres de muchos filólogos alemanes y franceses, unos protestantes y otros sospechosos de herejía, verbigracia, Erasmo, Joaquín Camerario, Scalígero, Henrico Stéphano, Gaspar Barthio, Meursio y Vossio; pero, bien examinado todo, redúcese a prohibir algún tratado o a expurgaciones o a que se ponga la nota de *auctor damnatus* al comienzo de los ejemplares.

¿Y qué influjo maléfico pudo ejercer el *Índice* en nuestra literatura nacional? ¡Cuán pocas de nuestras obras clásicas figuran en él! Del *Cancionero general* se quitaron las escandalosísimas obras de burlas y algunas de devoción tratadas muy profanamente y con poco seso. De novelas se vedó la *Cárcel de amor*, que su mismo autor, Diego de san Pedro, había reprobado, principalmente por terminar con el suicidio del héroe. *La Celestina* no se prohibió hasta 1793; los antiguos inquisidores eran más tolerantes, y la trataron como a un clásico, mandando borrar algunas frases y dejando correr lo demás *propter elegantuam sermonis*. Apenas se mandó recoger ningún libro de caballerías[170] fuera de los celestiales y a lo divino, los más necios y soporíferos de todos, v. gr., la *Caballería celestial del pie de la rosa fragante*. Con el teatro ninguna censura moderna ha sido tan tolerante como aquel execrado *Índice*. Baste decir que, fuera de las «comedias, tragedias, farsas o autos donde se reprende y dize mal de las personas que frecuentan los Sacramentos, o se haze injuria a alguna orden o estado aprobado por la Iglesia», lo dejaba correr todo. Así es que la lista de las producciones anteriores a Lope de Vega prohibidas por el Santo oficio se reduce, salvo error, que enmendará el señor Cañete cuando publique su deseada historia de ese teatro, a las siguientes:

Auto de Amadís de Gaula, de Gil Vicente.

Égloga de Plácida y Victoriano, de Juan del Enzina.

Las primeras ediciones de la *Propaladia*, de Torres Naharro; no la de 1573, en que se quitaron algunas diatribas contra Roma.

Comedia Josephina, distinta de la hermosa *Tragedia Josephina*, de Micael de Carvajal, como ha demostrado el señor Cañete.

Comedia Orfea (hoy perdida).

Comedia La Sancta, ¿quizá La Lozana?, impresa en Venecia.

Comedia Tesorina, de Jaime de Huete, imitación torpe y ruda de Torres Naharro.

Comedia Tidea, de Francisco de las Natas.

Auto de la resurrección de Cristo.

Farsa de dos enamorados.

Farsa custodia.

---

170 Por excepción el de Peregrino y Ginebra.

Compárese esto con la riqueza total, y se verá cuán poco monta. Más adelante, y a excepción de algunos autos sacramentales y comedias devotas, en que lo delicado de la materia exigía más rigor, dejóse a nuestros ingenios lozanear libremente y a sus anchas por el campo de la inspiración dramática. Y lo mismo a los líricos, con la única excepción importante de Cristóbal de Castillejo, en cuyo *Diálogo de las condiciones de las mujeres* se mandó borrar el trozo de las monjas. ¿Y quién encadenó la fantasía de nuestros noveladores y satíricos? ¿Hubo nunca ingenio más audaz y aventurero que el de don Francisco de Quevedo? Pues bien: el santo Tribunal despreció todas las denuncias de sus émulos y dio el pase a sus rasgos festivos cuando él los pulió, aderezó e imprimió por sí mismo, reprobando las ediciones incompletas y mendosas que mercaderes rapaces habían hecho fuera de estos reinos.[171]

Es caso no solo de amor patrio, sino de conciencia histórica, el deshacer esa leyenda progresista, brutalmente iniciada por los legisladores de Cádiz, que nos pintan como un pueblo de bárbaros, en que ni ciencia ni arte pudo surgir, porque todo lo ahogaba el humo de las hogueras inquisitoriales. Necesaria era toda la crasa ignorancia de las cosas españolas en que satisfechos vivían los torpes remedadores de las muecas de Voltaire para que en un documento oficial, en el dictamen de abolición del Santo oficio, redactado, según es fama, por Muñoz Torrero, se estampasen estas palabras, padrón eterno de vergüenza para sus autores y para la grey liberal, que las hizo suyas, y todavía las repite en coro: «Cesó de escribirse en España desde que se estableció la Inquisición».

¡Desde que se estableció la Inquisición, es decir, desde los últimos años del siglo XV! ¿Y no sabían esos menguados retóricos, de cuyas desdichadas manos iba a salir la España nueva, que en el siglo XVI, inquisitorial por excelencia,

---

[171] Son muy pocas las traducciones de libros literarios que se vedan en el *Índice*: el *Arte de amar*, de Ovidio, y *El asno*, de Apuleyo (se permitió luego expurgado), por licenciosos; Justino y Josefo, por los errores que contiene el primero acerca de los cristianos, y por el sabor judaico del segundo; *La Cristiada*, de Jerónimo Vida, por la repugnancia que tenían los nuestros a ver exornado con circunstancias poéticas y de invención el relato evangélico; Bocaccio, en castellano, pero no en italiano, siendo de los expurgados (también el Ariosto se permitía, aún en nuestro romance, previa expurgación); la *Circe*, de Juan Bautista Gelli; el *Coloquio de damas* (uno de los escandalosos ragionamenti del Aretino), etc.

España dominó a Europa aún más por el pensamiento que por la acción y no hubo ciencia ni disciplina en que no marcase su garra?

Entonces, Vives, el filósofo del sentido común y de la experiencia psicológica, escudriñó las causas de la corrupción de los estudios y señaló sus remedios con espíritu crítico más amplio que el de Bacon y formulando antes que él los cánones de la inducción. El valenciano Pedro Dolese combatió el primero la cosmología peripatética, pasándose a los reales de Leucipo y de Demócrito. Siguiéronle, entre otros muchos, Francisco Vallés en su *Philosophia Sacra*, donde es muy de notar una extraña teoría del fuego como unidad dinámica, y Gómez Pereyra, que en su *Antoniana Margarita* redujo a polvo la antigua teoría del conocimiento mediante las especies inteligibles y propugnó, siglos antes que Reid, la doctrina del conocimiento directo, así como se adelantó a Descartes en el entimema famoso y en el automatismo de las bestias. Fox Morcillo y Benito Pererio llevaron muy adelante la conciliación platónico-aristotélica, afirmando que la idea de Platón es la forma de Aristóteles cuando se concreta y traduce en las cosas creadas. Juan Ginés de Sepúlveda, Pedro Juan Núñez Monzó, Monllor, Cardillo de Villalpando y otros muchos, helenistas al par que filósofos, adelantaron grandemente la crítica y correccion del texto de Aristóteles y de Alejandro de Afrodisia. Surgieron partidarios de las diversas escuelas griegas en lo que no parecían hostiles al dogma, y hubo muchos estoicos, y Quevedo intentó la defensa de Epicuro, y el ingenioso médico Francisco Sánchez, en su extraño libro *De multum nobili, prima et universali scientia, quod nihil scitur*, enseñó el escepticismo aún más radicalmente que Montaigne y Charron; y también con vislumbres escépticas desarrolló Pedro de Valencia las enseñanzas de los antiguos sobre el criterio de la verdad en el precioso opúsculo que tituló Académica. No faltaron averroístas, al modo de los de la escuela de Padua donde con tanto crédito explicó, al mismo tiempo que Pomponazzi, el sevillano Montes de Oca. La rebelión antiaristotélica comenzó en España mucho antes que en Francia: las *Ocho levadas*, del salmantino Herrera, anteceden a Pedro Ramus, discípulo infiel de Vives. Y también Ramus tuvo aquí secuaces, especialmente el Brocense, que tanto se encarniza con la dialéctica aristotélica en su tratado *De los errores de Porfirio*.

Al lado de estos pensadores independientes, que libremente disputaban de todo lo opinable, se presentaban unidas y compactas las vigorosas falanges escolásticas de tomistas y escotistas y la nueva y brillantísima de filósofos jesuitas, que más adelante se llamaron suaristas. Porque, en efecto, no hay en toda la escolástica española nombre más glorioso que el de Suárez, ni más admirable libro que sus *Disputationes Metaphysicae*, en que la profundidad del análisis ontológico llega casi al último límite que puede alcanzar entendimiento humano. Y Suárez, insigne psicólogo en el *De anima*, es, con su trato *De legibus*, uno de los organizadores de la filosofía del derecho, ciencia casi española en sus orígenes, que a él y a Vitoria (*De indis et iure belli*), a Domingo de Soto (*De iusticia et iure*), a Molina (*De legibus*) y a Baltasar de Ayala (*De iure belli*) debe la Europa antes que a Grott ni a Puffendor.

¿Quién enumerará todos los jesuitas que con criterio sereno y desembarazado trataron todo género de cuestiones filosóficas, apartándose, en puntos de no leve entidad, de lo que pasaba por doctrina tomística pura? ¿Cómo olvidar la *Metafísica* y la *Dialéctica* de Fonseca, el tratado *De anima* del cardenal Toledo, el *De principiis*, de Benito Pererio, los cursos de Maldonado, Rubio, Bernaldo de Quirós, Hurtado de Mendoza y el atrevidísimo de Rodrigo de Arriaga (hombre de ingenio agudo, sutil y paradójico, que no tuvo reparo en impugnar a santo Tomás y a Suárez), y, sobre todo, las *Disputationes Metaphysicae*, pocas en número pero magistrales, que se han entresacado de los libros de Gabriel Vázquez? Además, casi todas las obras de los teólogos lo son a la vez de profundísima filosofía. ¡Cuántas luces ontológicas pueden sacarse del tratado *De ente supernaturali*, de Ripalda! Y las obras místicas de Álvarez de Paz, ¿no constituyen una verdadera *Suma teológica* y filosófica de la voluntad?

Bacon contaba todavía entre los desiderata de las ciencias particulares el estudio de sus respectivos tópicos, lugares o fuentes, cuando ya este anhelo estaba cumplido en España, por lo que hace a la teología, en el áureo libro de Melchor Cano, al cual rodean como *minora sidera* el de fray Luis de Carvajal. *De restituta theologia*, y el de fray Lorenzo de Villavicencio, *De formando theologiae studio*. Y, descendiendo a otras ciencias más del agrado de los racionalistas modernos, ciencia española es la gramática general y la filosofía del lenguaje, a cuyos principios se remontó, antes que nadie, el Brocense en su *Minerva*, si bien con aplicación a la lengua latina. Simultáneamente, Arias Montano, luz de los estudios bíblicos entre nosotros, concebía altos pensamientos de comparación y clasificación de las lenguas, que anunciaban la aurora de otra ciencia, la cual solo llegó a granazón en el siglo XVIII, y también, por fortuna nuestra, en manos de un español: la filología comparada.

Y al mismo tiempo, Antonio Agustín, aplicando al Derecho la luz de la arqueología y de las humanidades, daba nueva luz al texto de las *Pandectas* y enmendaba el *Decreto* de Graciano; Antonio Gouvea rivalizaba con Cuyacio, hasta despertar los celos de éste, y don Diego de Covarrubias y otra serie innumerable de romanistas y canonistas daban fehaciente y glorioso testimonio de la transformación que por influjo de los estudios clásicos venía realizándose en el Derecho.

La Inquisición no ponía obstáculos; ¿qué digo?, daba alas a todo esto, y hasta consentía que se publicasen libros de política llenos de las más audaces doctrinas, no solo la de la soberanía popular, sino hasta la del tiranicidio, aquí nada peligroso, porque no entraba en la cabeza de ningún español de entonces que el poder real fuese tiránico, y siempre entendía que se trataba de los tiranos populares de la Grecia antigua.

Como a nadie se le ocurría entonces tampoco que los estudios clásicos fueran semilla de perversidad moral, brillaban éstos con inusitado esplendor, como nunca han vuelto a florecer en nuestro suelo. Abierto el camino por Antonio de Nebrija, maestro y caudillo de todos; por Arias Barbosa, que fue para el griego lo que Nebrija para el latín, pronto cada universidad española se convirtió en un foco de cultura helénica y latina. En Alcalá, Demetrio el Cretense; Lorenzo Balbo, editor de Quinto Curcio y de Valerio Flaco; Juan de Vergara, traductor de Aristóteles, y su hermano, que lo fue de Heliodoro; Luis de la Cadena, elegantísimo poeta latino; Alvar Gómez de Castro, el clásico biógrafo del Cardenal; Alonso García Matamoros, apologista de la ciencia patria y autor de uno de los mejores tratados de retórica que se escribieron en el siglo XVI; Alfonso Sánchez, a quien no impidieron sus aficiones clásicas hacer plena justicia a Lope de Vega, y esto por altas razones de naturalismo estético, a pocos más que a él reveladas entonces. En Salamanca, el Comendador Griego, corrector de Plinio, de Pomponio Mela y de Séneca, seguido por sus innumerables discípulos, sin olvidar, por de contado, al iracundo León de Castro, tan rico de letras griegas como ayuno de letras orientales; ni mucho menos al Brocense, que basta por sí a dar inmortalidad a una escuela; ni a su yerno Baltasar de Céspedes, ni a su poco fiel discípulo Gonzalo Correas. En Sevilla, los Malaras, Medinas y Gironés, que alimentan o despiertan el entusiasmo artístico en los pechos de la juventud hispalense e infunden la savia latina en el tronco de la poesía colorista y sonora que allí espontáneamente nace. En Valencia, la austera enseñanza aristotélica de Pedro Juan Núñez, cuyos trabajos sobre el glosario de voces áticas de Frínico no han envejecido y conservan todavía interés; ¡rara cosa es un libro de filología! En Zaragoza, Pedro Simón Abril, incansable en su generosa empresa de poner al alcance del vulgo la literatura y la ciencia de los antiguos, desde las comedias de Terencio hasta la lógica y la política de Aristóteles. Y en los colegios de la Compañía, hombres como el padre Manuel Álvarez, cuya gramática por tanto tiempo dominó en las escuelas; como el padre Perpiñán, sin igual entre los oradores latinos, y como el padre Juan Luis de la Cerda, rey de los comentadores de Virgilio. ¿Qué mucho, si hasta en tiempos de relativa decadencia, en reinado de Felipe IV, tuvimos un Vicente Mariner, que interpretó y comentó cuanto hay que comentar de la literatura griega, desde Homero hasta los más farragosos escoliastas y hasta los más sutiles, tenebrosos e inútiles poemas bizantinos; y un don José Antonio González de Salas, que, en medio de las culteranas nebulosidades de su estilo tanto se adelantó, en fuerza de sagaces intuiciones a la crítica de su tiempo cuando hizo el análisis de la *Poética*, de Aristóteles, y buscó la idea de la tragedia antigua aún con más acierto que el Pinciano? ¿Y qué mucho, si en los ominosos días de Carlos II se educó el deán Martí, en quien todas las musas y las gracias derramaron sus tesoros, hombre que parecía nacido en la Alejandría de los primeros Ptolomeos o en la Roma de Augusto? ¿Quién ha escrito con más elegancia y donaire que él las cartas latinas? ¡Qué sazonada y copiosa vena de chistes en una lengua muerta!

Cerremos los oídos al encanto para no hacer interminables esta reseña, y no olvidemos que al mismo paso que los estudios de humanidades, y por recíproco influjo, medraron los de historia y ciencias auxiliares. Y a la vez que Antonio Agustín fundaba, puede decirse, la ciencia de las medallas, y Lucena, Fernández Franco, Ambrosio de Morales y muchos más comenzaban a recoger antigüedades, estudiar piedras e inscripciones y explorar vías romanas, nacía la crítica histórica con Vergara, escribía Zurita sus *Anales*, que «una sola nación posee para envidia de las demás», y Ocampo, Morales, Garibay, Mariana, Sandoval, Yepes, Sigüenza e infinitos más daban luz a la historia general, a la de provincias y reinos particulares, a las de monasterios y órdenes religiosas. Aún la ficción de los falsos cronicones fue, en definitiva, aunque indirectamente, beneficiosa, por haber suscitado una poderosa reacción de la crítica histórica, que nos dio en tiempo de Carlos II los hermosos trabajos de Nicolás Antonio, don Juan Lucas Cortés y el marqués de Mondéjar.

Más pobre fuimos en ciencias exactas y naturales, pero no ciertamente por culpa de la Inquisición, que nunca se metió con ellas; ni tanto, que no podamos citar con orgullo nombres de cosmógrafos, como Pedro de Medina, autor quizá del primer *Arte de navegar*, traducido e imitado por los ingleses aún a principios del siglo XVII; como Martín Cortés, que imaginó la teoría del polo magnético, distinto del polo del mundo, para explicar las variaciones de la brújula; como Alfonso de Santa Cruz, inventor de las cartas esféricas o reducidas; de geómetras, como Pedro Juan Núñez que inventó el *nonius* y resolvió el problema de la menor duración del crepúsculo; de astrónomos, como don Juan de Rojas, inventor de un nuevo planisferio; de botánicos, como Acosta, García de Orta y Francisco Hernández, que tanto ilustraron la flora del Nuevo Mundo y de la India Oriental; de metalurgistas, como Bernal Pérez de Vargas, Álvaro Alonso Barba y Bustamante; de escritores de arte militar, como Collado, Alava, Rojas y Firrufino, norma y guía de los mejores de su tiempo en Europa.

Y, sin embargo, ¡cesó de escribirse desde que se estableció la Inquisición! ¿Cesó de escribirse, cuando llegaba a su apogeo nuestra literatura clásica, que posee un teatro superior en fecundidad y en riquezas de invención a todos los del mundo; un lírico a quien nadie iguala en sencillez, sobriedad y grandeza de inspiración entre los líricos modernos, único poeta del Renacimiento que alcanzó la unión de la forma antigua y del espíritu nuevo; un novelista que será ejemplar y dechado eterno de naturalismo sano y potente; una escuela mística, en quien la lengua castellana parece lengua de ángeles? ¿Qué más, si hasta los desperdicios de los gigantes de la decadencia, de Góngora, de Quevedo o de Baltasar Gracián, valen más que todo ese siglo XVIII, que tan neciamente los menospreciaba?

Nunca se escribió más y mejor en España que en esos dos siglos de oro de la Inquisición. Que esto no lo supieran los constituyentes de Cádiz, ni lo sepan sus hijos y sus nietos, tampoco es de admirar, porque unos y otros han hecho vanagloria de no pensar, ni sentir, ni hablar en castellano. ¿Para qué han de leer nuestros libros? Más cómodo es negar su existencia.

En el volumen siguiente veremos cómo se desmoronó piedra a piedra este hermoso edificio de la España antigua y cómo fue olvidando su religión y su lengua y su ciencia y su arte, y cuanto la había hecho sabia, poderosa y temida en el mundo, a la vez que conservaba todo lo malo de la España antigua: y cómo, a fuerza de oírse llamar bárbara, acabó por creerlo. ¡Y entonces sí que fue de veras el ludibrio de las gentes, como pueblo sin tradición y sin asiento, esclavo de vanidades personales y torpe remedador de lo que no entendía más que a medias!

Libros a la carta
A la carta es un servicio especializado para
  empresas,
  librerías,
  bibliotecas,
  editoriales
  y centros de enseñanza;
  y permite confeccionar libros que, por su formato y concepción, sirven a los propósitos más específicos de estas instituciones.

Las empresas nos encargan ediciones personalizadas para marketing editorial o para regalos institucionales. Y los interesados solicitan, a título personal, ediciones antiguas, o no disponibles en el mercado; y las acompañan con notas y comentarios críticos.

Las ediciones tienen como apoyo un libro de estilo con todo tipo de referencias sobre los criterios de tratamiento tipográfico aplicados a nuestros libros que puede ser consultado en Linkgua-ediciones.com.

Linkgua edita por encargo diferentes versiones de una misma obra con distintos tratamientos ortotipográficos (actualizaciones de carácter divulgativo de un clásico, o versiones estrictamente fieles a la edición original de referencia).

Este servicio de ediciones a la carta le permitirá, si usted se dedica a la enseñanza, tener una forma de hacer pública su interpretación de un texto y, sobre una versión digitalizada «base», usted podrá introducir interpretaciones del texto fuente. Es un tópico que los profesores denuncien en clase los desmanes de una edición, o vayan comentando errores de interpretación de un texto y esta es una solución útil a esa necesidad del mundo académico.

Asimismo publicamos de manera sistemática, en un mismo catálogo, tesis doctorales y actas de congresos académicos, que son distribuidas a través de nuestra Web.

El servicio de «libros a la carta» funciona de dos formas.

1. Tenemos un fondo de libros digitalizados que usted puede personalizar en tiradas de al menos cinco ejemplares. Estas personalizaciones pueden ser de todo tipo: añadir notas de clase para uso de un grupo de estudiantes, introducir logos corporativos para uso con fines de marketing empresarial, etc. etc.

2. Buscamos libros descatalogados de otras editoriales y los reeditamos en tiradas cortas a petición de un cliente.